Spannende Pfade

Wilde Wasserfälle und Klammen im Allgäu

Erfrischende Wanderungen zu grandiosen Naturschauplätzen

J. BERG

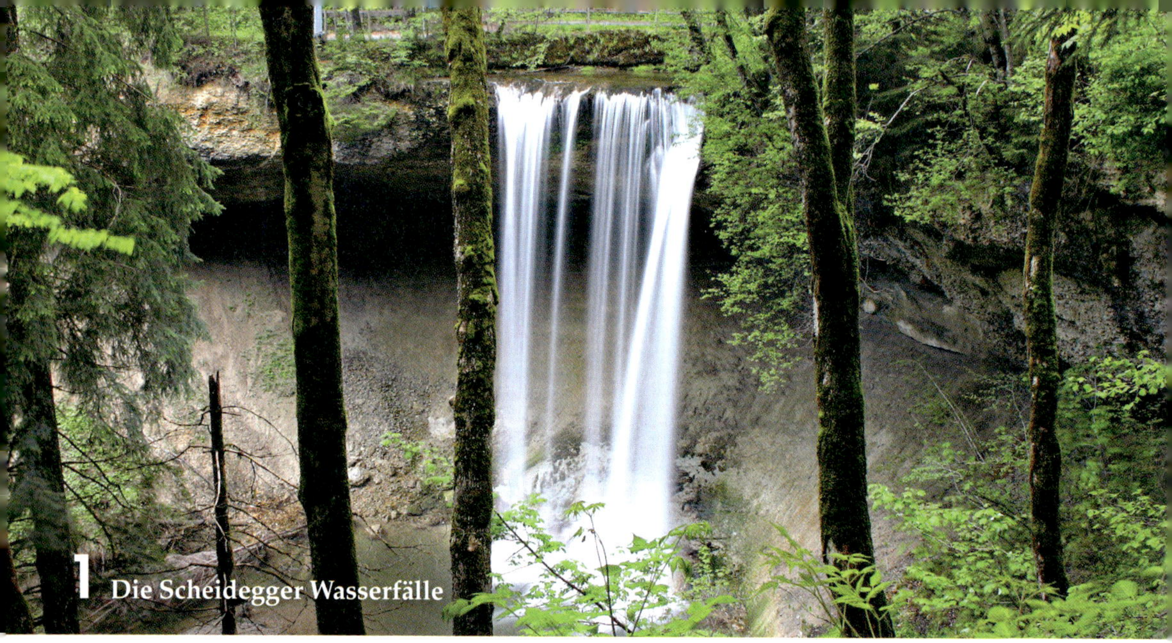

1 Die Scheidegger Wasserfälle

Inhalt

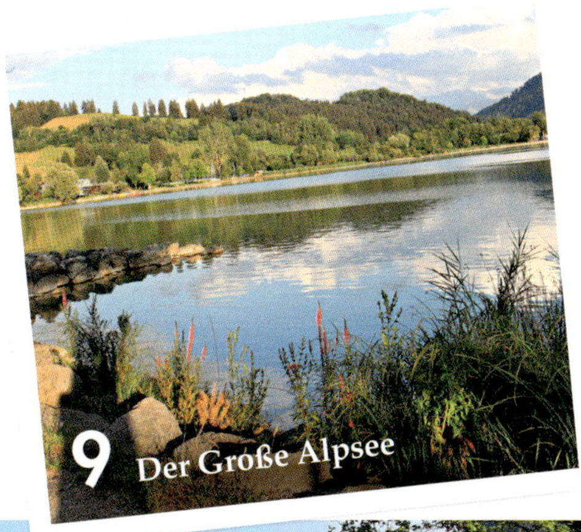
9 Der Große Alpsee

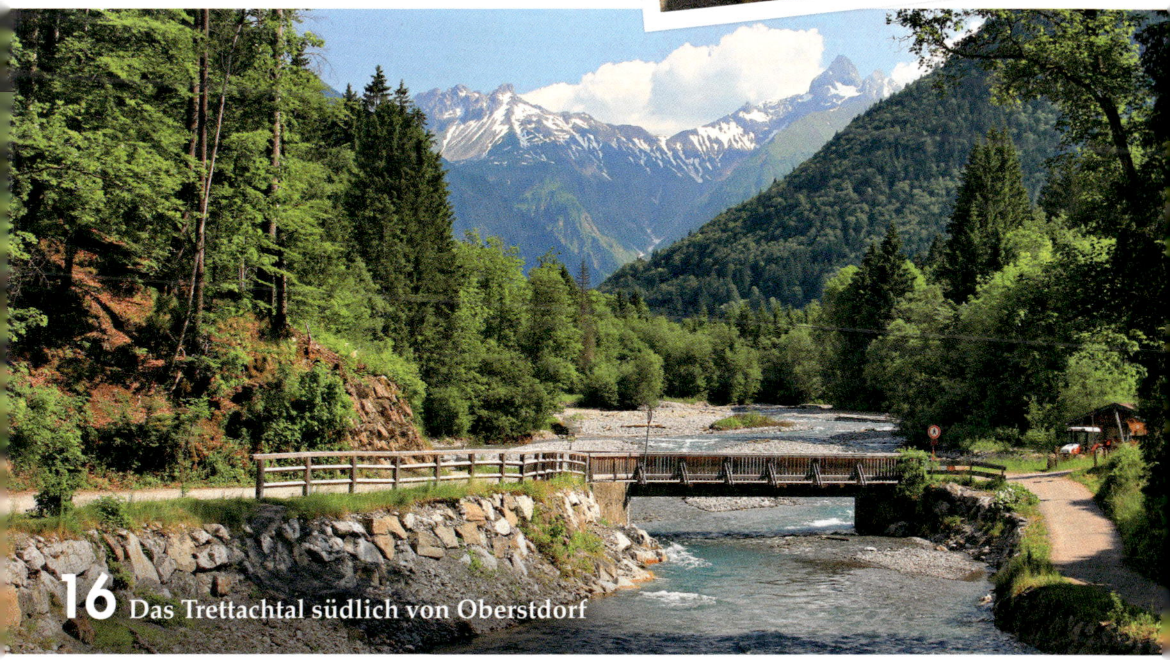
16 Das Trettachtal südlich von Oberstdorf

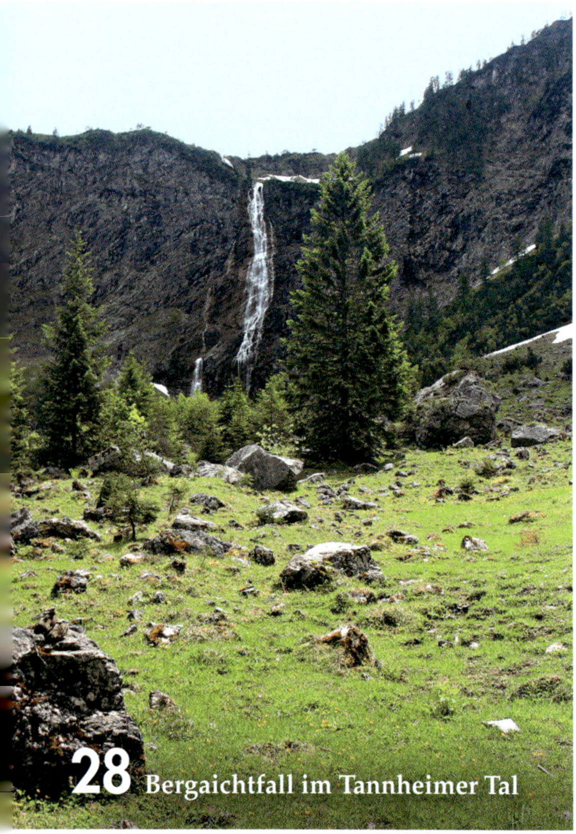
28 Bergaichtfall im Tannheimer Tal

Tourenüberblick

Tour			km	Hm									
1	●	Vom Waldsee zu den Scheidegger Wasserfällen	9,6 km	150 Hm	3.45 Std.	•	•					•	
2	●	Hausbachklamm	10,0 km	250 Hm	3.00 Std.		•			•		•	
3	●	Ellhofer Tobel	9,5 km	175 Hm	3.15 Std.					•			
4	●	Eistobel	5,2 km	150 Hm	2.00 Std.	•	•			•		•	
5	●	Rohrdorfer Tobel und Herrenberghaus	8,9 km	300 Hm	3.15 Std.								
6	●	Buchenegger Wasserfälle und Mittelbachtal	8,4 km	300 Hm	3.30 Std.	•	•		•		•	•	
7	●	Falltobel	8,1 km	270 Hm	3.15 Std.	•	•			•		•	
8	●	Rohrbachtobel	6,7 km	150 Hm	2.30 Std.					•		•	
9	●	Großer Alpsee und Gschwender Wasserfall	11,1 km	170 Hm	3.30 Std.	•	•	•	•		•	•	
10	●	Mittagberg und Steigbachtobel	6,4 km	60/700 Hm	2.30 Std.	•	•		•			•	•
11	●	Ostertaltobel	3,5 km	100 Hm	1.30 Std.	•	•			•		•	
12	●	Haldertobel	6,3 km	200 Hm	2.30 Std.		•			•		•	
13	●	Breitachklamm	5,5 km	250 Hm	2.15 Std.	•	•	•		•		•	
14	●	Breitachtal	6,0 km	200/100 Hm	2.00 Std.	•	•			•		•	
15	●	Schwarzwasserbach	6,0 km	260/110 Hm	2.30 Std.	•	•			•		•	
16	●	Hölltobel und Gerstruben	11,2 km	350 Hm	4.00 Std.	•	•					•	
17	●	Faltenbachtobel und Seealpe	8,7 km	550 Hm	3.45 Std.	•	•			•		•	•
18	●	Gaisalptobel und Gaisalpsee	8,2 km	650 Hm	3.45 Std.	•					•	•	
19	●	Eybachtobel	7,6 km	500 Hm	3.00 Std.	•						•	
20	●	Hinanger Wasserfall	5,0 km	200 Hm	2.15 Std.		•					•	
21	●	Leybachtobel	7,0 km	250 Hm	2.45 Std.		•					•	
22	●	Wasserfälle im Bärgündeletal	8,3 km	350 Hm	3.00 Std.	•	•					•	
23	●	Schleierfall und Zipfelsbachfälle	9,1 km	300 Hm	3.45 Std.	(•)	•					•	
24	●	Wildbach- und Hirschbachtobel	7,0 km	400 Hm	2.45 Std.	(•)				•		•	
25	●	Starzlachklamm	4,0 km	225 Hm	1.45 Std.	•				•		•	
26	●	Schießbachtobel und Elleghöhe	7,5 km	225 Hm	3.00 Std.		•					•	
27	●	Höllschlucht und Wasserfallweg	8,7 km	570 Hm	3.30 Std.	•				•		•	
28	●	Vilsalpsee und Bergaicht-Wasserfall	7,0 km	150 Hm	2.30 Std.	•	•		•		•	•	
29	●	Pöllatschlucht und Alpsee	10,5 km	325 Hm	3.45 Std.	•	•		•		•	•	
30	●	Vom Buchenberg zur Kenzenhütte	11,1 km	650/200 Hm	4.15 Std.	•						•	

Vorwort

Das Allgäu ist ein wahres Eldorado für jeden Wasserliebhaber. Dabei soll es in diesem Buch nicht um die unzähligen Seen im Alpenvorland gehen, die beim Blick auf eine Allgäu-Karte sofort ins Auge fallen. Vielmehr handelt dieser Wanderführer von den etwas versteckten Zielen: von malerischen Tobeln und wilden Klammen sowie eindrucksvollen Wasserfällen, die sich in den Hängen der Allgäuer Berge sowie in den zahlreichen Tälern und Tälchen verbergen.

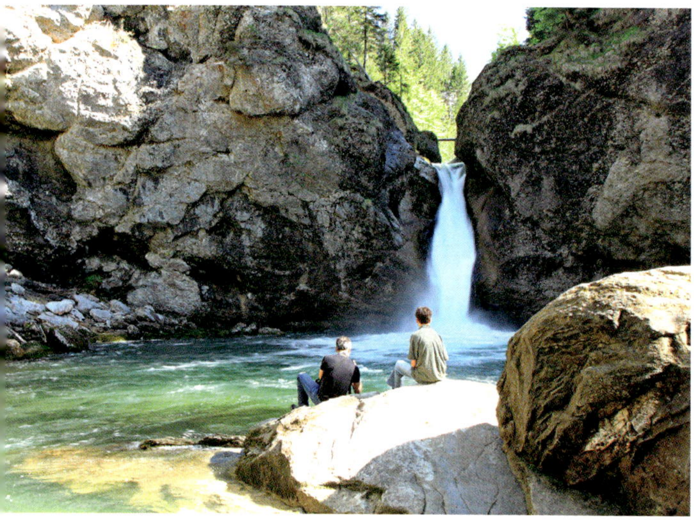

Rast an den Buchenegger Wasserfällen bei Oberstaufen

Der Begriff »Tobel« ist im alemannischen Sprachraum (Ostschweiz, Oberschwaben, Vorarlberg, Allgäu) sehr weit verbreitet. Im Allgäu versteht man darunter enge, bewaldete Schluchten, durchströmt von einem Bach oder einem kleinen Fluss, oft mit beträchtlichem Gefälle, nackten Felspartien, Stromschnellen und Wasserfällen. Kurzum: romantische, oft auch wilde Taleinschnitte, durch die erlebnisreiche Wanderwege und Steige hindurchführen.

In diesem Buch haben wir die schönsten Wanderungen durch Tobel und Klammen sowie zu imposanten Wasserfällen zusammengestellt, die das Allgäu sowie das angrenzende Kleinwalsertal und Tannheimer Tal zu bieten haben. Eine abwechslungsreiche Mischung aus idyllischen Wegen und spannenden Pfaden. Und manche Tour wird durch eine gemütliche Alphütte, einen hübschen See, einen Aussichtsberg oder einen beschaulichen Talspaziergang abgerundet.

Ich wünsche Ihnen schöne Naturerlebnisse und eindrucksvolle Momente im Wasserparadies Allgäu.

Gerald Schwabe

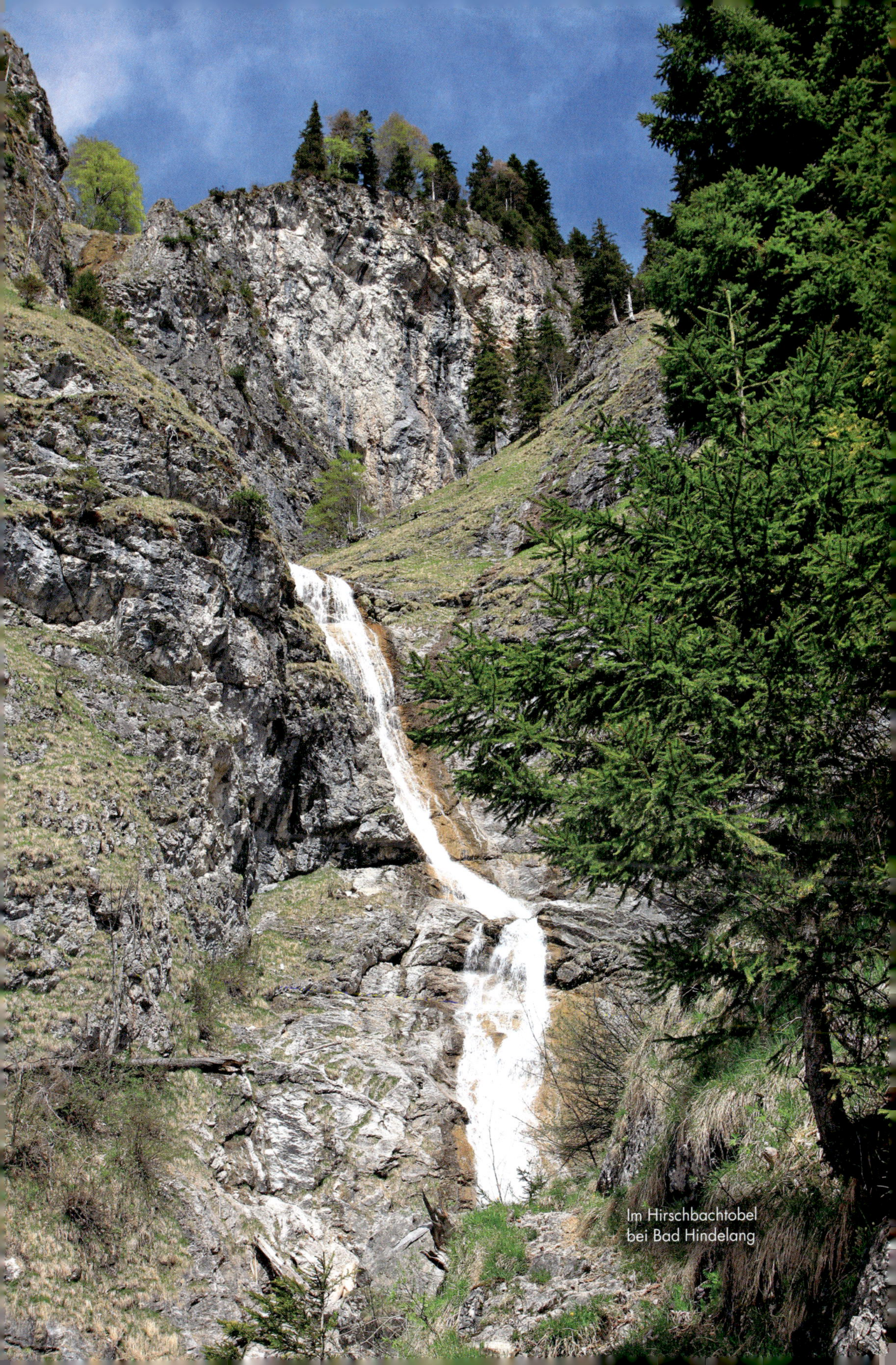

Im Hirschbachtobel
bei Bad Hindelang

Wanderregion Allgäu

Das Allgäu, gelegen im äußersten Südwesten von Bayern, hat keine genau definierte geografische Begrenzung und geht oft fließend in benachbarte Regionen über. Zum einen gibt es die Landkreise Ober- und Ostallgäu. Der Landkreis Unterallgäu hingegen hat mit dem Allgäu nur am Rande zu tun, während sich im Westen Teile des (bayerischen) Landkreises Lindau sowie Teile des (baden-württembergischen) Landkreises Ravensburg dazugehörig fühlen. Gleichzeitig sind auch die Allgäuer Alpen nicht auf das Allgäu begrenzt, sondern reichen bis in die benachbarten österreichischen Bundesländer Vorarlberg und Tirol hinein, weshalb ein Wanderführer über das Allgäu in der Regel auch das Kleinwalsertal und das Tannheimer Tal umfasst. Aber wo auch immer man die genaue Grenze ziehen mag: Das Allgäu ist ein Paradies für Bergwanderer und Naturliebhaber und nicht ohne Grund eine der beliebtesten Urlaubsregionen Deutschlands.

Die Iller bei Fischen

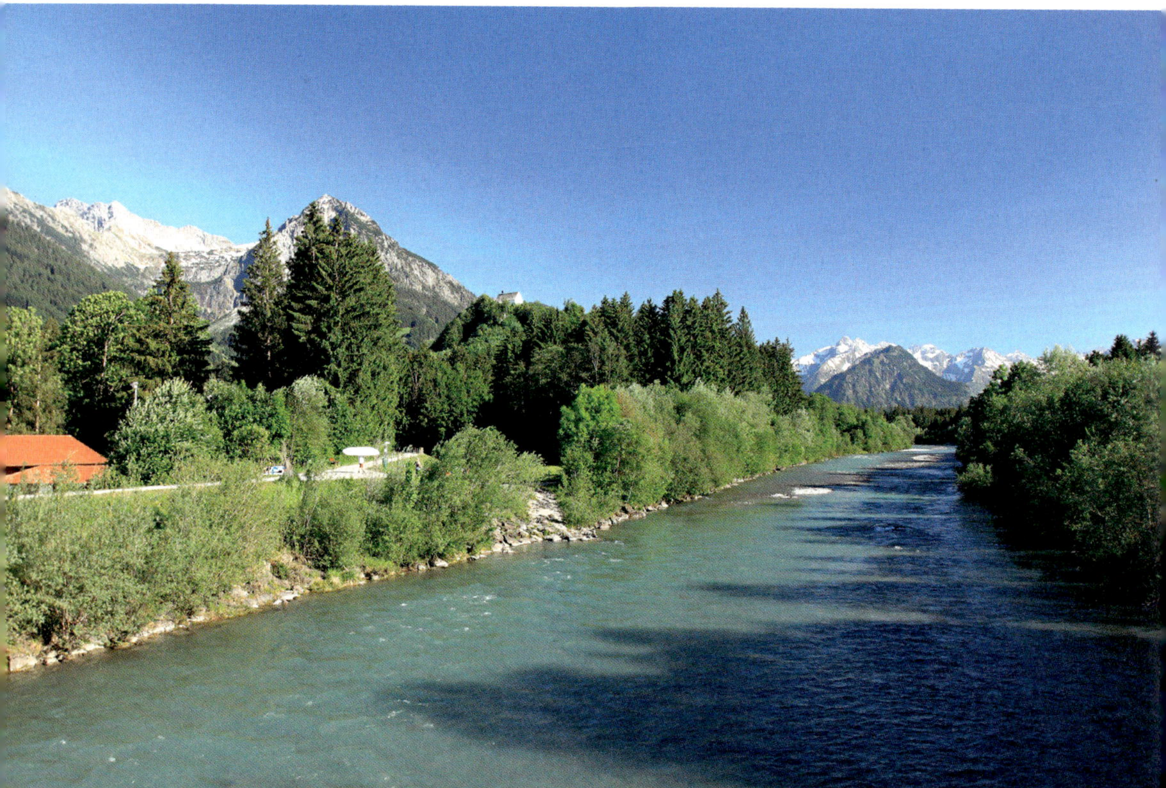

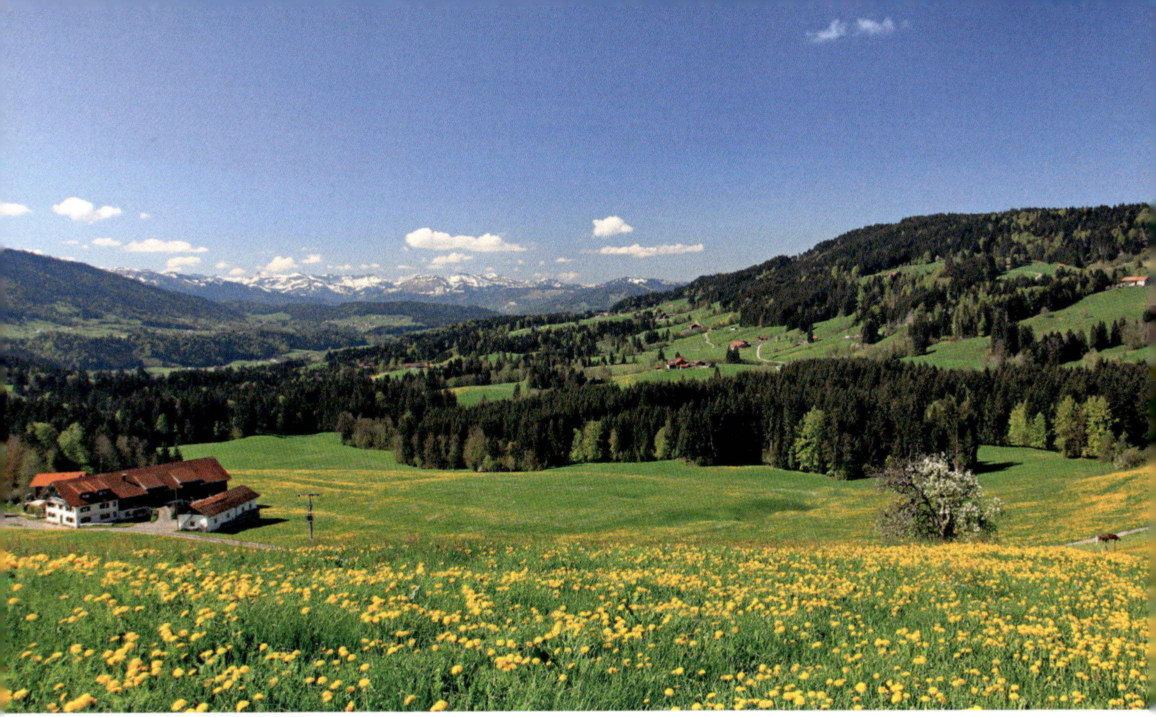

Frühling im Westallgäu bei Oberreute

Westallgäu

Da das »Westallgäu« im strengen Sinne nur den in Bayern liegenden Bereich (den Osten des Landkreises Lindau) umfasst – worauf manche Lokalpatrioten durchaus Wert legen –, wird oft der etwas unschärfere Begriff »Westliches Allgäu« verwendet, wenn auch das baden-württembergische Allgäu mitgemeint ist. Zumal landschaftlich kein entscheidender Unterschied zwischen beiden besteht. Das westliche Allgäu ist eine sehr offene Landschaft, Grünland so weit das Auge reicht, überall verstreut kleine Moore und Seen, tief eingeschnittene, breite Täler im Wechsel mit oft bewaldeten Höhenrücken, kleine Städtchen mit teils langer Geschichte und wunderschönen Altstadtkernen, dazu unzählige einzelne Bauernhöfe und kleinste Weiler.

Echte Berge gibt es hier nicht, wobei im Süden die Hintergrundkulisse in Gestalt der hohen Gipfel von Bregenzerwald und Nagelfluhkette allgegenwärtig ist. Nach Norden hin werden die Unterschiede zwischen Tälern und Bergrücken immer geringer und die Landschaft flacher, während nach Südwesten das Gelände insgesamt sehr viel steiler in Richtung Bodensee abfällt. Das westliche Allgäu ist im Vergleich zum restlichen Allgäu sehr viel weniger touristisch, hält aber eine Vielzahl von wunderschönen Entdeckerzielen bereit.

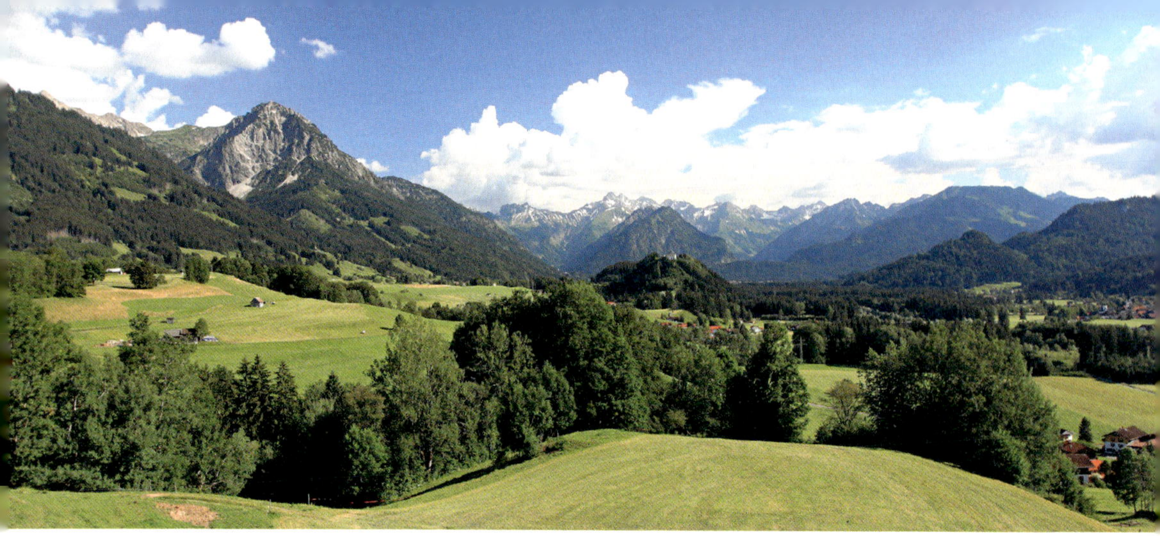

Blick ins Illertal bei Fischen vor der Kulisse der Allgäuer Alpen

Oberallgäu

Im Süden des Oberallgäus bildet der Hauptkamm der Allgäuer Alpen die imposante Hintergrundkulisse sowie die Grenze zu Österreich. Mächtige Felsgipfel aus grauem Dolomitgestein, die in Höhen bis über 2600 Meter reichen und dort dem Allgäu einen hochalpinen Charakter verleihen. Zahlreiche lange und meist komplett autofreie Täler durchschneiden diese Bergwelt – wie Oytal, Trettachtal und Stillachtal – und streben sternförmig auf Oberstdorf zu, wo das touristische Herz der Region schlägt. Sowie das Hintersteiner Tal, das hinüber Richtung Bad Hindelang zieht, ein weiterer der vielen kleinen Allgäuer Urlaubsorte, die unter Wanderern und Alpenurlaubern in ganz Deutschland bekannt sind. Von Oberstdorf in Richtung Norden zieht sich das breite Illertal, die Berge werden allmählich niedriger und formen zusammen die bei unzähligen Urlaubern so beliebte Erholungslandschaft des Allgäus: offene Wiesen und Weiden, weite Horizonte, sanfte, von Almwiesen überzogene Bergkuppen mit familienfreundlichen Höhenwegen und aussichtsreiche Gipfel mit prächtigen Panoramen.

Gut 20 Kilometer nördlich von Oberstdorf gehen bei Immenstadt die hohen Berge ins Alpenvorland über mit seinen lang gezogenen Bergrücken, die mit zunehmendem Abstand vom Alpenrand immer mehr an Höhe verlieren. In Richtung Westen beginnt beim kleinen, beliebten Urlaubsort Oberstaufen das Westallgäu: eine offene Landschaft mit Grünland bis zum Horizont, in der sich immer wieder breite Täler mit langen Höhenzügen abwechseln und die weite Ausblicke bis zum Bregenzerwald gewährt.

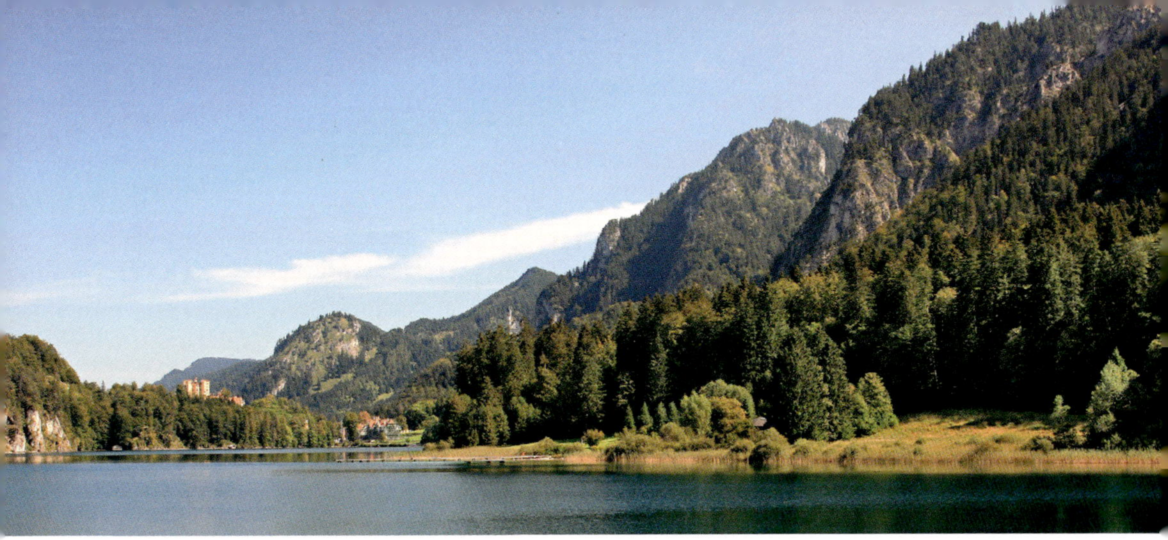

Ostallgäu

Der Alpsee bei Füssen mit Schloss Hohenschwangau links und Neuschwanstein rechts

Im Ostallgäu ist der Übergang zwischen Hochgebirge und Alpenvorland etwas abrupter als im Oberallgäu. Den Blick in Richtung Süden dominieren die hellen Kalkgipfel der Tannheimer Berge in Tirol. Im Südosten bildet das Ammergebirge – wie die Ammergauer Alpen kurz genannt werden – den Rahmen, eine überwiegend dicht bewaldete Landschaft, aus der vereinzelt hohe Felsgipfel herausragen. Der Tourismus im Ostallgäu spielt sich hauptsächlich entlang des Alpenrandes ab, in kleinen Orten wie Nesselwang und Pfronten, die sommers wie winters fest in Urlauberhand sind. Unbestrittene – oft auch sehr überlaufene – touristische Zentren sind Schwangau mit den Königsschlössern Neuschwanstein und Hohenschwangau sowie das benachbarte Füssen mit seinem mittelalterlichen Zentrum und dem Hohen Schloss. Dieser sogenannte Königswinkel ist sicherlich eine der malerischsten Landschaften Deutschlands und bietet – ebenso wie das restliche Ostallgäu – eine Fülle an herrlichen Wandermöglichkeiten auf aussichtsreiche Gipfel wie Tegelberg, Breitenberg und Alpspitz.

Nördlich der hohen Berge schließt sich eine wunderschöne voralpine, leicht gewellte Landschaft an. Hier findet man weite, offene Wiesen, durchzogen von einzelnen Höhenzügen, unzählige Seen und Weiher – vom riesigen Forggensee bis hin zu schilfumsäumten Teichen –, kleine Moore und stille Wäldchen. Und im Süden bilden die Alpen die ständig präsente Kulisse. Eine sehr abwechslungsreiche Region mit einem reichhaltigen Angebot für Naturliebhaber, Wanderer und Radler.

Kleinwalsertal

Kaum ein Allgäu-Wanderführer kommt ohne das Kleinwalsertal aus, das direkt vor den Toren Oberstdorf beginnt. Denn obwohl es zu Vorarlberg gehört, bildet es geografisch und touristisch eher eine Einheit mit dem Allgäu. Da die hohen Gipfel ringsherum eine Verkehrserschließung nach Österreich unmöglich machen, ist das Tal nur über das Allgäu zu erreichen. Mit einer Länge von rund 16 Kilometern und einer Breite von bis zu sieben Kilometern ist es sehr viel offener und siedlungsfreundlicher als seine Nachbarn Stillach- und Trettachtal. Im 13. Jahrhundert durch die namensgebenden Einwanderer aus dem schweizerischen Wallis besiedelt, finden sich im Tal heute vier kleine Siedlungen, die den Lebensraum für etwa 5000 Menschen bilden.

Das Kleinwalsertal lebt fast ausschließlich vom Fremdenverkehr und ist eine der erfolgreichsten Tourismusdestinationen Österreichs mit schier unbegrenzten Wandermöglichkeiten auf engstem Raum: Markante Gipfel wie Widderstein und Hoher Ifen, die Karsthochfläche des Gottesackerplateaus, aussichtsreiche Grate am Fellhorn und Walmendinger Horn sowie eine Handvoll weiterer, kleiner Nebentäler gibt es zum Entdecken.

Das Kleinwalsertal mit Riezlern und dem Hohen Ifen

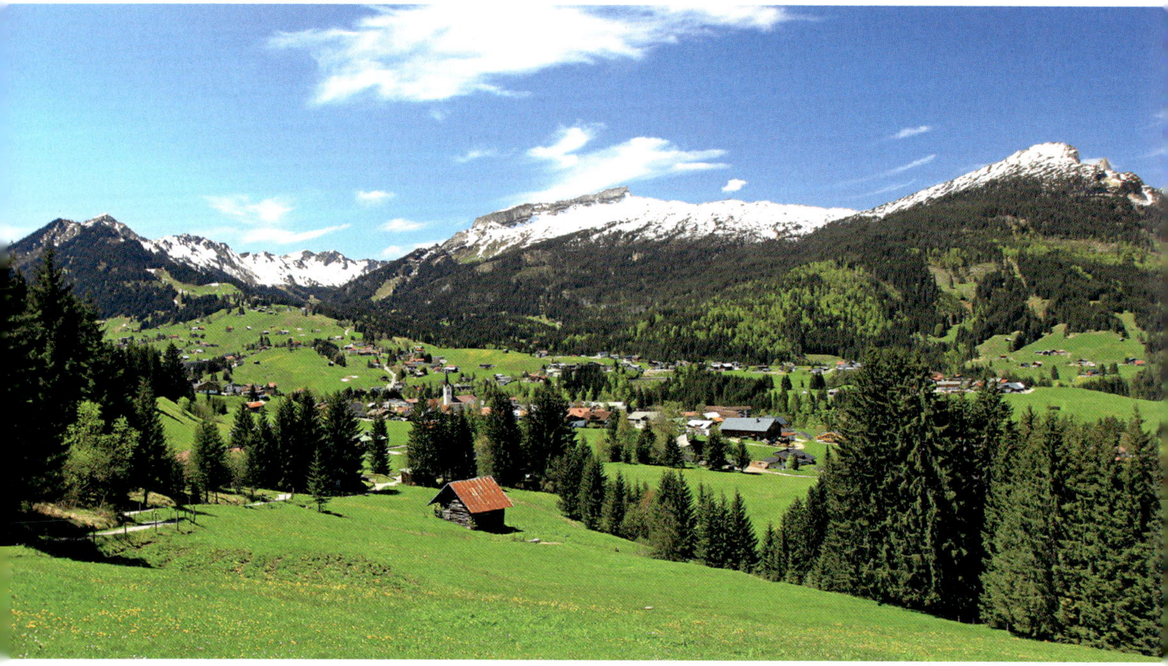

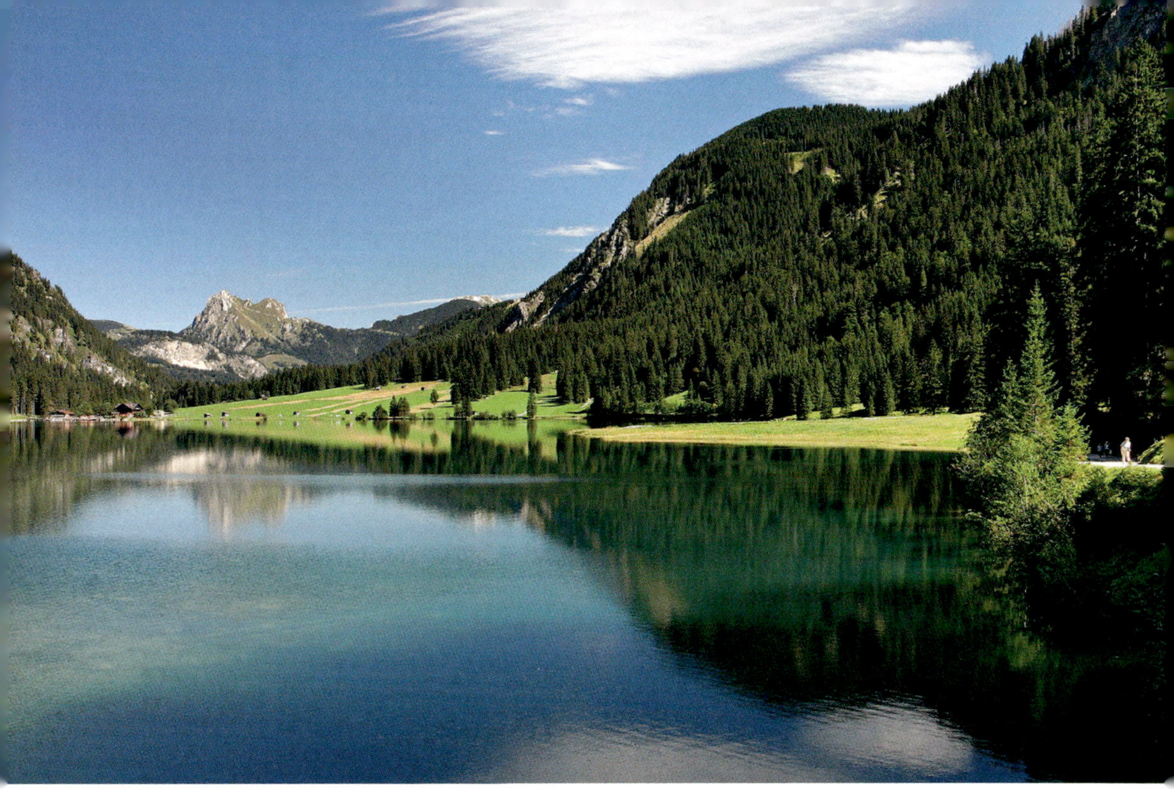

Tannheimer Tal

Naturjuwel Vilsalpsee im Tannheimer Tal

Auch das Tannheimer Tal darf nicht fehlen – seine hohen Gipfel sind für Ostallgäu-Besucher ständig präsent. Von Pfronten wie auch vom Oberallgäuer Bad Hindelang aus sind es nur wenige Kilometer hinein ins Tal mit seinem großartigen Wanderangebot. Das Tannheimer Tal gehört zu Tirol, ist etwa 15 Kilometer lang und verläuft in rund 1100 Meter Meereshöhe in Ost-West-Richtung zwischen dem Gaichtpass (hinüber zum Lechtal), dem Oberjoch (zum Ostrachtal im Oberallgäu) und dem Ostallgäu im Norden. Gespickt mit einigen kleineren Orten hat sich das Tal voll und ganz dem Tourismus verschrieben und bietet auf engstem Raum fast alles, was Urlauberherzen höherschlagen lässt.

Dominiert wird das Tal von den mächtigen Tannheimer Bergen, die mit ihren hellen Kalkgipfeln unzählige Tourenmöglichkeiten sowohl für Wanderer als auch für Kletterer bieten. Problemlos kann man hier eine ganze Wanderwoche verbringen, so vielfältig ist das Wanderangebot: großartige Panoramawege, fantastische Aussichtsgipfel, aussichtsreiche Kammwege oder entspannte Touren durch die weiten Wiesen im Tal und entlang der Ufer von einem der vielen Bergseen.

Tobel und Wasserfälle

Warum gibt es im Allgäu eigentlich so viele Tobel und Wasserfälle? Denn es ist wirklich verblüffend, dass fast jeder kleine Ort mit einem nennenswerten Berg oder Tal im Rücken seinen eigenen Tobel hat. Die Gründe dafür sind vielschichtig. Zum einen mag es für viele überraschend sein, dass das Allgäu eine der niederschlagsreichsten Regionen Deutschlands ist. In Oberstdorf fallen im Jahr etwa 1900 mm Niederschlag, gut 2,5-mal so viel wie z. B. in Hamburg mit seinem angeblichen Schmuddelwetter. Kein Grund, jetzt spontan seine Allgäu-Urlaubspläne zu überdenken, denn gleichzeitig belegen Allgäuer Urlaubsorte im jährlichen Ranking der »meisten Sonnenstunden in Deutschland« regelmäßig einen der vorderen Plätze.

Dieser vermeintliche Gegensatz lässt sich leicht erklären. Richtig schlechtes, längeres Regen- oder Nieselwetter ist im Allgäu nicht häufiger als im Rest des Landes, aber wenn es ein Tiefausläufer bis ins Allgäu schafft, dann sorgen die Berge und insbesondere die Staulage am Nordwestrand der Alpen dafür, dass es oft richtig (!) regnet und ordentliche Mengen zusammenkommen. Hinzu kommen sommerliche Hitzegewitter über den Bergen. Und zu guter Letzt im Winter gefallener Schnee, der nach und nach wegtaut und bis in den Frühsommer hinein für meist beständigen Wassernachschub in den Bächen und Flüssen sorgt. Es fließt im Allgäu also Jahr für Jahr eine gewaltige Menge Wasser von Berg zu Tal.

Ein zweiter Grund ist in der letzten Eiszeit zu suchen: Gewaltige Gletscher haben damals die Täler ausgeschürft, wobei in den Nebentälern die Gletscher oft kleiner waren und entsprechend weniger tief geschürft haben als in den großen Haupttälern. Zum Ende der letzten Kaltzeit tauchten dann unter den allmählich abtauenden Gletschern tiefe Haupttäler auf und nicht ganz so tiefe Nebentäler, die oft gut 100 Höhenmeter über dem Niveau des Haupttales endeten. Flüsse, die aus diesen Nebentälern ins Haupttal (z. B. das Illertal oder das Trettachtal bei Oberstdorf) strömen, mussten diese Steilstufe überwinden und haben im Laufe der Zeit dabei die schönsten Tobel erschaffen, inkl. dem einen oder anderen eindrucksvollen Wasserfall. Besonders imposante Beispiele der Kraft des Wassers sind die Breitach- und Starzlachklamm. In beiden Fällen lag am Talausgang extrem hartes, festes Kalkgestein im Weg, das weder umflossen noch sonstwie aus dem Weg geräumt werden konnte. Stattdessen haben die Flüsse in mühevoller Arbeit enge Durchlässe und Klammen durch den Fels gefräst.

Ein letzter Faktor ist der geologische Untergrund. Insbesondere am Alpenrand sowie im nahen Voralpenland besteht der Untergrund aus Nagelfluh bzw. Molasse. Ohne zu sehr ins geologische Detail zu gehen, ist ein Hauptmerkmal dieser Formation ein ständiger Wechsel von harten und eher weichen Gesteinsschichten. Wenn man durch einen Tobel in einer dieser Regionen wandert (z. B. in der Adelegg oder im Naturpark Nagelfluh), ist dieser Wechsel ganz deutlich in der Landschaft zu erkennen: Im »weichen« Gestein plätschert der Tobelbach gemütlich dahin bis zur nächsten »harten« Schicht, wo der Fluss nicht so leichtes Spiel hat und sich ein Wasserfall gebildet hat. Danach wieder ein idyllischer Abschnitt, gefolgt vom nächsten Wasserfall …

Alldem haben wir es zu verdanken, dass wir ein ganzes Buch füllen können mit den schönsten Tobeln, Klammen und Wasserfällen im Allgäu.

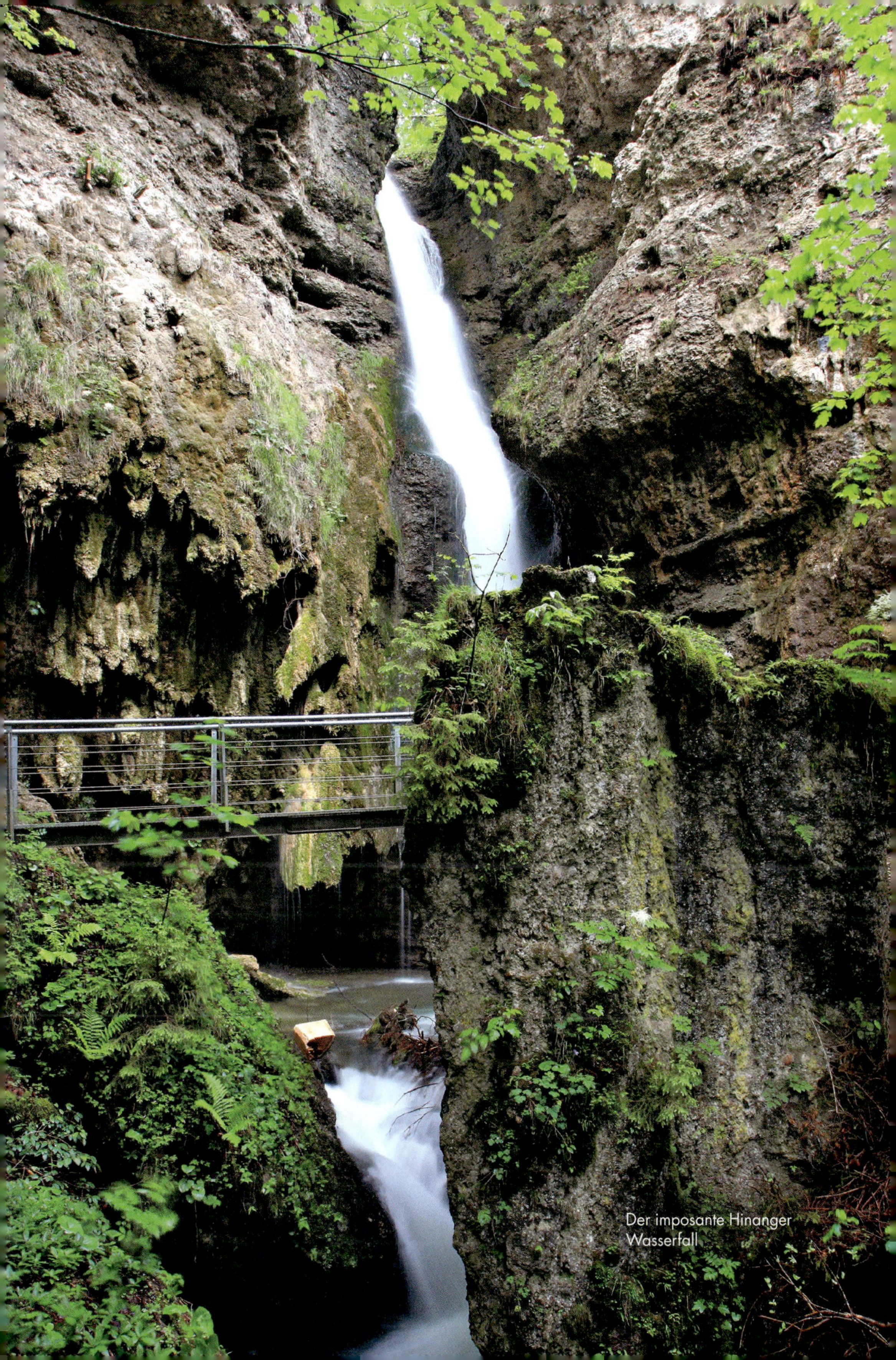

Der imposante Hinanger Wasserfall

Praktische Informationen

Anforderungen und Gehzeiten

Die Angaben zu Schwierigkeit und Gehzeit sind angesichts individuell unterschiedlicher Kondition und Bergerfahrung naturgemäß etwas subjektiv und deshalb nur als Orientierung zu verstehen. Die Zeitangaben beziehen sich auf die reine Gehzeit ohne Pausen. Sind bei Wanderungen heikle Stellen, Kletterpassagen, Seilsicherungen und besondere Schwierigkeiten zu bewältigen, wird dies in den jeweiligen Wegbeschreibungen explizit aufgeführt.

Die Weißach bei Steibis

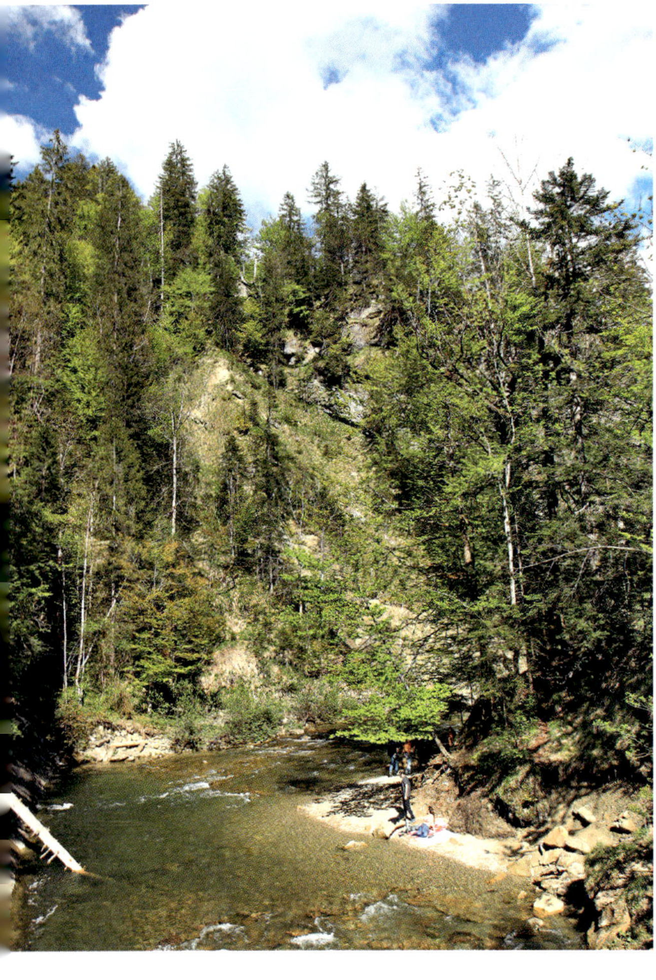

Die drei verschiedenen Anforderungskategorien auf einen Blick:

Leicht: Auf diesen Touren sind die Wege eher breit und weitgehend eben, es sind nur wenige Höhenmeter zu bewältigen und die wenigen Steigungen sind recht gemächlich. Oft haben die Wege Spaziergang-Charakter.

Mittel: Diese Touren sind für durchschnittliche Bergwanderer mit guter Kondition geeignet. Es gibt durchaus längere, steilere Wegpassagen, allerdings ohne besondere Herausforderungen. Die Wege sind oft schmal, setzen also gut profilierte Wanderschuhe und eine gewisse Trittsicherheit voraus.

Schwer: Diese Touren setzen aufgrund der Wegbeschaffenheit absolute Trittsicherheit voraus. Mitunter sind recht große Höhenunterschiede zu bewältigen mit teils sehr steilen Wegpassagen.

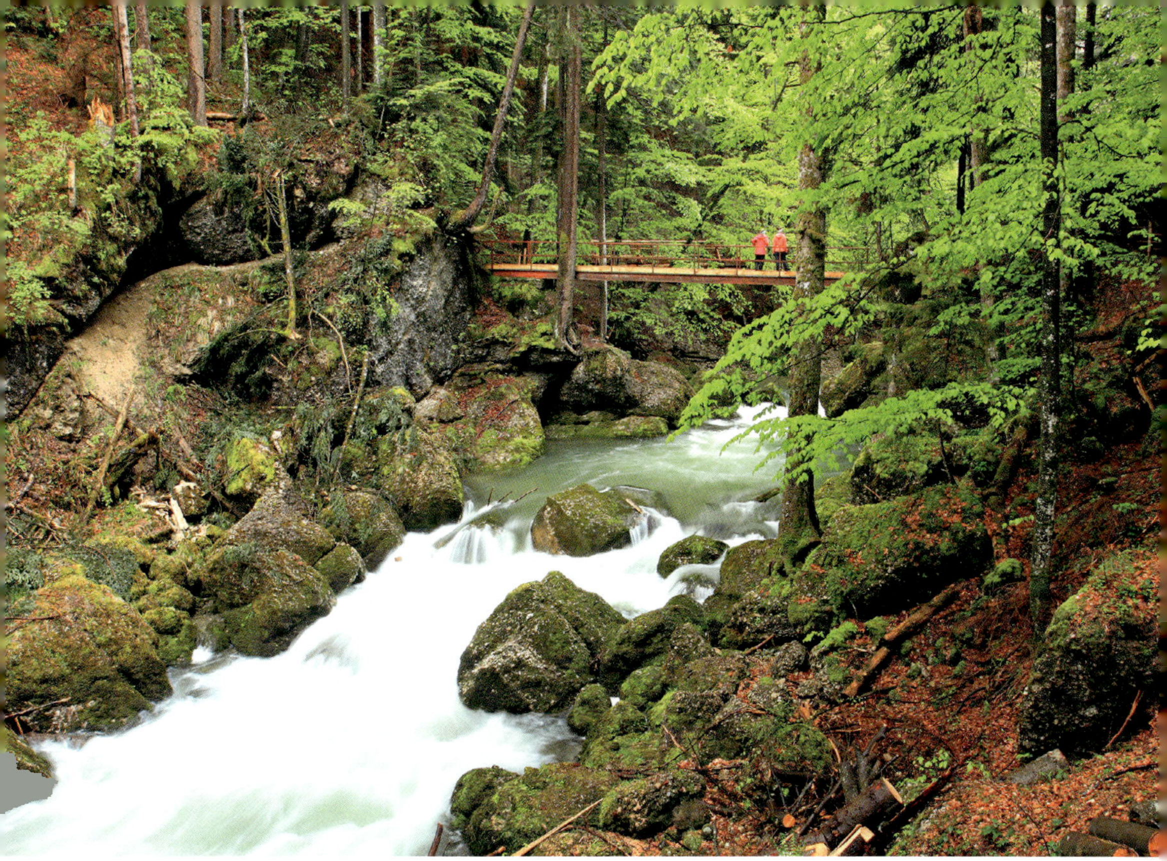

Sicherheit

Im wilden Haldertobel bei Blaichach

Da eigentlich alle Touren in den »unteren Stockwerken« verlaufen und selbst bei schlechtem Wetter begangen werden können, sind die sonst in Wanderführern üblichen Hinweise auf alpine Gefahren etc. im Grunde überflüssig. Besonderes Augenmerk verlangt dagegen die Wegbeschaffenheit: Bei Tobeln handelt es sich um bewaldete, enge, oft schattige und feuchte Taleinschnitte. Die Wege sind mitunter schmal und holprig, manchmal geht es über Stufen oder glatte Holzbohlen und Stege. Selbst an trockenen Sommertagen gibt es hier und da rutschige und nasse Passagen. Nach längeren Regentagen kann es streckenweise sehr (!) matschig zugehen. Vernünftiges Schuhwerk ist also unerlässlich, und auch Teleskopstöcke sind beim Bergabgehen auf potenziell rutschigem Untergrund eine große Hilfe.

Warnung im Gaisalptobel

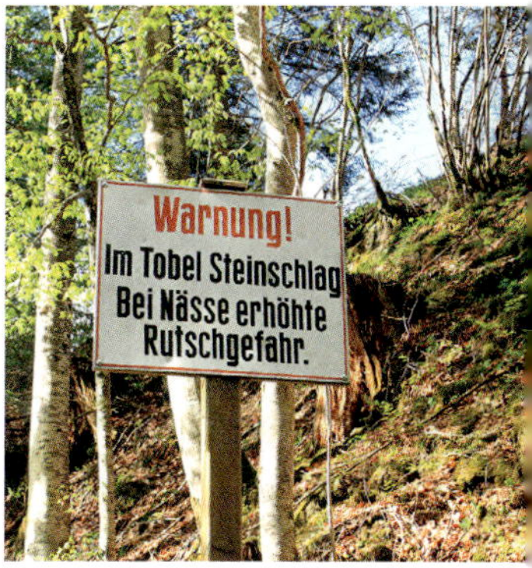

Nach länger anhaltendem Regen oder Starkregen – und auch generell – sollte man unbedingt vorab Informationen zur Begehbarkeit einholen und auch die Wetterberichte verfolgen (Hochwasser-, Sturzflutgefahr).

Anreise mit ÖV und mobil vor Ort

Von ganz wenigen Ausnahmen abgesehen (siehe jeweilige Kurzinfo) sind alle in diesem Buch beschriebenen Touren mit öffentlichen Verkehrsmitteln machbar – bei einigen ist allerdings etwas Geduld gefragt. Oberstdorf bzw. Füssen werden i. d. R. stündlich von Zügen angefahren. Info: www.bahn.de.

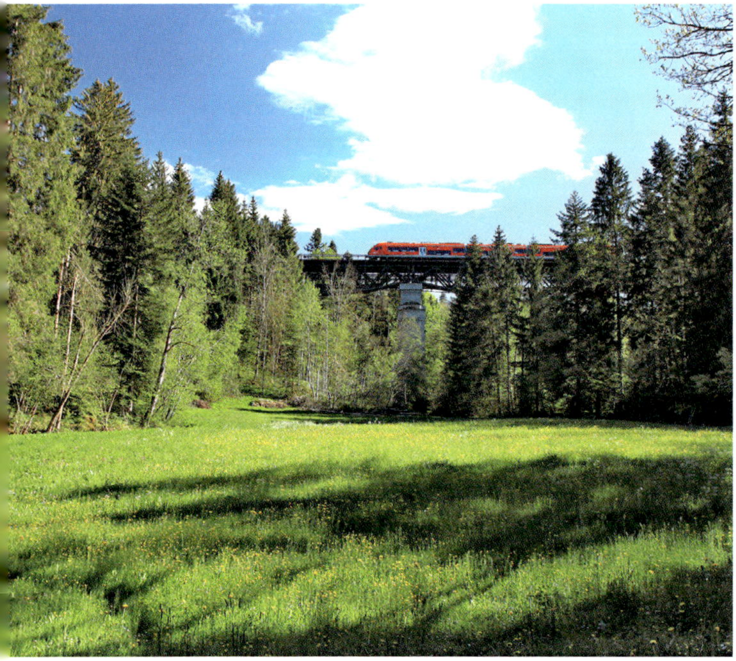

Die Busverbindungen bzw. -anschlüsse vor Ort sind sehr unterschiedlich ausgeprägt: Die Verbindungen im Kleinwalsertal sind optimal (Busse einmal längs durchs gesamte Tal von Oberstdorf bis Baad alle 10 bis 20 Min.), und von Oberstdorf kommt man im südlichen Oberallgäu ebenfalls gut herum. Im übrigen Ober- und Ostallgäu und im Tannheimer Tal ist das Busnetz brauchbar, erfordert allerdings manchmal etwas Geduld und Vorausplanungen, da Busse teilweise nur alle 1 bis 2 Stunden verkehren.

Eisenbahnbrücke über den Ellhofer Tobel

Fahrpläne und Verbindungen von öffentlichen Verkehrsmitteln in der Region sind auf folgenden Internetseiten abrufbar:

- Regionalverkehr Allgäu im Verbund DB Regio Bus in Bayern: www.dbregiobus-bayern.de
- Westallgäu: www.bodo.de
- Südliches Oberallgäu und angrenzende Gebiete: www.oberallgaeu.de und www.mona-allgaeu.de
- Südliches Ostallgäu: www.allgaeu-mobil.de
- Kleinwalsertal: www.kleinwalsertal.com
- Tannheimer Tal: www.tannheimertal.com

Wer sich länger in einer Region aufhält, für den lohnen sich evtl. die an Bahnhöfen und in Touristinfos erhältlichen kleinen, handlichen Fahrpläne mit allen Verbindungen, die oft auch zum Download bei o. a. Internetseiten zu finden sind.

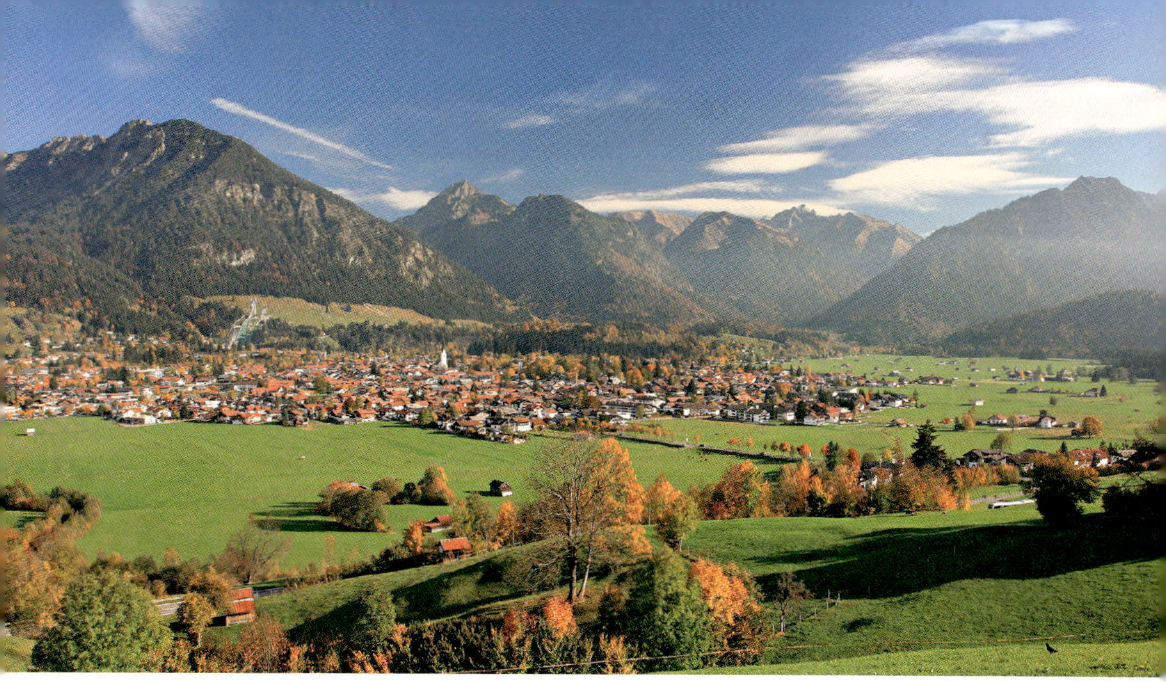

Oberstdorf liegt idyllisch in einem Talkessel im südlichen Illertal.

Aufgrund der zunehmenden Konkurrenz unter den Zielgebieten – und um mehr Tagesurlauber zu längeren Aufenthalten zu verleiten – werden fast überall Pauschalen für Mehrtagesgäste angeboten: kostenlose Busbenutzung bzw. stark ermäßigte Fahrpreise, teilweise Seilbahnen inklusive u. v. m. Wegen der Vielzahl der Angebote und der häufigen Änderungen lohnt sich ein Besuch der Homepage des jeweiligen regionalen Tourismusbüros.

Anreise mit dem eigenen Kfz

Das Allgäu ist mit dem Auto gut erreichbar: Auf der A7 bzw. der ausgebauten B19 kommt man weitgehend ungehindert bis Sonthofen im Oberallgäu, die 10 Kilometer von hier bis Oberstdorf setzen an schönen Wochenenden allerdings häufig ein wenig Geduld voraus, denn die vermeintlich problemfreie Anreise zieht sehr viele Tagesbesucher ins Allgäu; Richtung Ostallgäu führt die Autobahn bis vor die Tore Füssens. Generell muss man am Wochenende, insbesondere am Samstag (Quartierwechsel), mit teilweise etwas zähem Verkehr rechnen.

Parkplätze gibt es in der gesamten Wanderregion ausreichend, allerdings sind fast alle kostenpflichtig – und das gilt auch am Wochenende. Bei der Benützung von Seilbahnen erstatten einige Betreiber einen Teil der Parkgebühren.

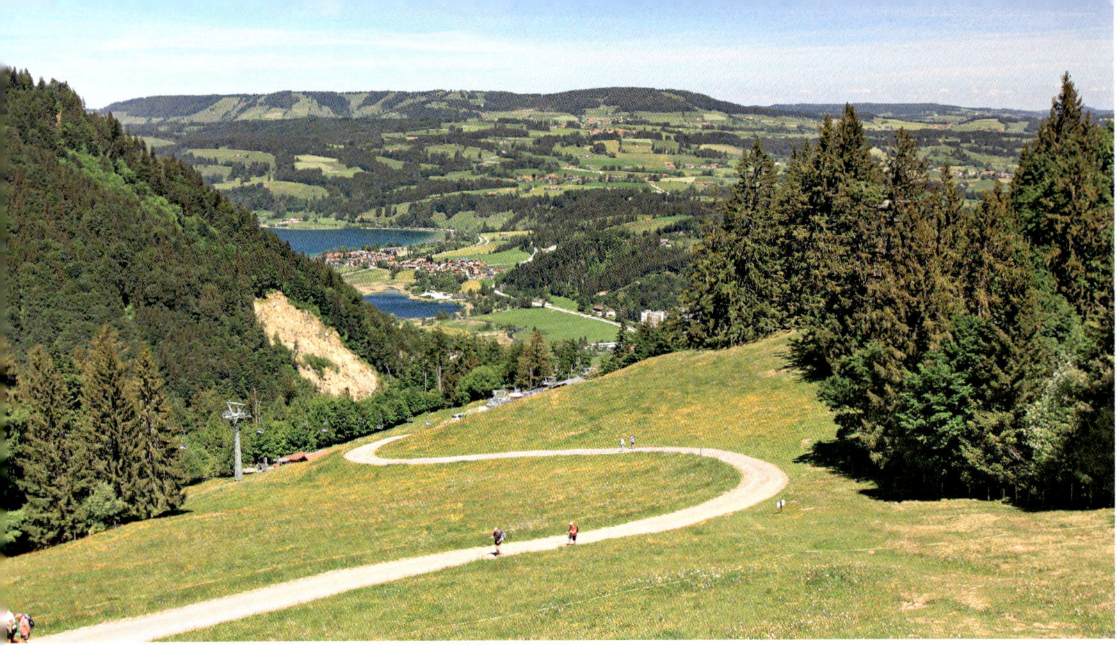

Ein Panoramaweg führt durch die Wiesen am Mittag oberhalb von Immenstadt.

Bergbahnen

Auf einigen der Touren werden Seilbahn oder Sessellift für den Aufstieg benutzt. Die Bahnen sind i. d. R. ganzjährig in Betrieb, mit Revisionszeiten in den geschäftstechnisch eher lauen Übergangsmonaten November und April, wobei in manchen Jahren aufgrund fehlenden Schnees an Tagen mit gutem Wanderwetter einige Bahnen die Saison etwas verlängern (es lohnt also im Zweifel ein Blick auf die Internetseite zwecks aktueller Infos). Die täglichen Betriebszeiten liegen in etwa zwischen 8:30 Uhr und 16:30 Uhr. Genauere Informationen sowie Telefonnummern und Internetseiten sind in den Kurzinfos angegeben.

Bei vielen Gastgebern sind bei längeren Aufenthalten Seilbahnen inklusive. Das freut den Geldbeutel von Übernachtungsgästen, aber dadurch ist die Zahl der Bahnbenutzer in den letzten Jahren stark angestiegen, sodass man sich – insbesondere an Wochenenden bei den Bahnen mit Großkabinen wie Tegelberg und Fellhorn – teilweise auf längere Wartezeiten einstellen muss.

Gästekarten

Übernachtungsgäste erhalten bei Ihrer Ankunft in den teilnehmenden Übernachtungsbetrieben eine Gratis-Chipkarte, wie z. B. die Allgäu-Walser-Card oder die Königscard (Infos unter www.allgaeu.de/gaestekarten). Darauf enthalten sind diverse kostenlose Leistungen bzw. Ermäßigungen (u. a. Busbenutzung, Seilbahnen, Freizeiteinrichtungen wie Freibäder und Thermen, Eintritte in Museen oder Naturattraktionen wie die Breitachklamm). Zudem können zusätzliche Pauschalarrangements (Seilbahn-Wochenticket etc.) auf die Karte geladen werden, was das tagtägliche Handling sehr vereinfacht.

Wanderkarten

Zusätzlich zu den Wanderkärtchen, die Bestandteil jeder Tour sind, ist folgendes analoges Kartenmaterial empfehlenswert:

- Landesamt für Digitalisierung, Breitband und Vermessung: UK 50-45 »Lindau« (Westallgäu), UK 50-47 »Allgäuer Alpen« (Oberallgäu) und UK 50-48 »Füssen« (Ostallgäu und Tannheimer Tal) im Maßstab 1:50 000 (www.ldbv.bayern.de)
- AVA-Verlag Allgäu GmbH: diverse Zumstein-Wanderkarten zur Region im Maßstab 1:35 000, 1:30 000 bzw. 1:25 000 (www.ava-verlag.de)
- KOMPASS Wanderkarten: Nr. 2 »Bregenzerwald, Westallgäu«, Nr. 3 »Allgäuer Alpen, Kleinwalsertal«, Nr. 4 »Füssen, Außerfern« im Maßstab 1:50 000 sowie weitere detailliertere Karten zum Allgäu, Tannheimer und Kleinwalsertal im Maßstab 1:25 000 bzw. 1:35 000 (www.kompass.de)

Wichtige Adressen und Telefonnummern

Notruf
112: europaweite Notrufnummer (Festnetz und Mobiltelefon) für Rettungsdienst und Feuerwehr, in Bayern auch Bergrettung
140: Bergrettung Tirol (direkt)
144: Bergrettung Kleinwalsertal (direkt)
SOS-EU-Alp App: Mit der kostenlosen App kann ein Notruf abgesetzt werden, der GPS-Koordinaten und Telefonnummer an die jeweilige Rettungsleitstelle (Bayern, Tirol, Südtirol) übermittelt.

Wetterberichte online
www.alpenverein.de oder www.alpenverein.at: Wetterbericht für Alpenraum gesamt und Ostalpen
www.dwd.de: Deutscher Wetterdienst
http://wetter.orf.at: (Berg-)Wetterbericht für alle österreichischen Bundesländer
www.zamg.ac.at: Zentralanstalt für Meteorologie und Geodynamik, Österreich

Touristeninformationen online
Die offiziellen Internetauftritte der Ferienregionen bieten viele thematische Links und leiten weiter zu den Homepages der einzelnen Ferienorte:
www.allgaeu.de
www.westallgaeu.de
www.oberallgaeu.de
www.schlosspark.de (Ostallgäu)
www.kleinwalsertal.com
www.tannheimertal.com

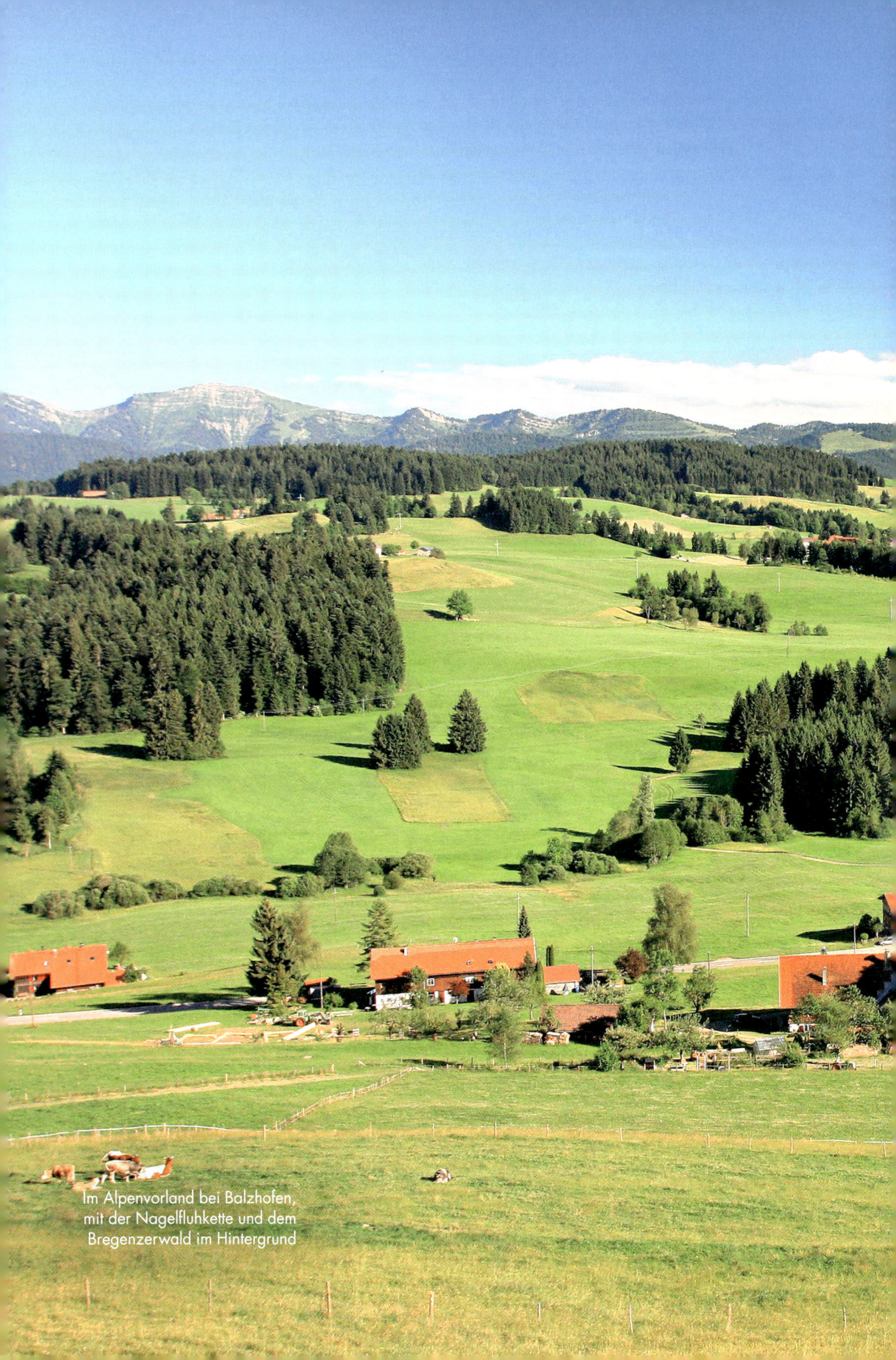

Im Alpenvorland bei Balzhofen, mit der Nagelfluhkette und dem Bregenzerwald im Hintergrund

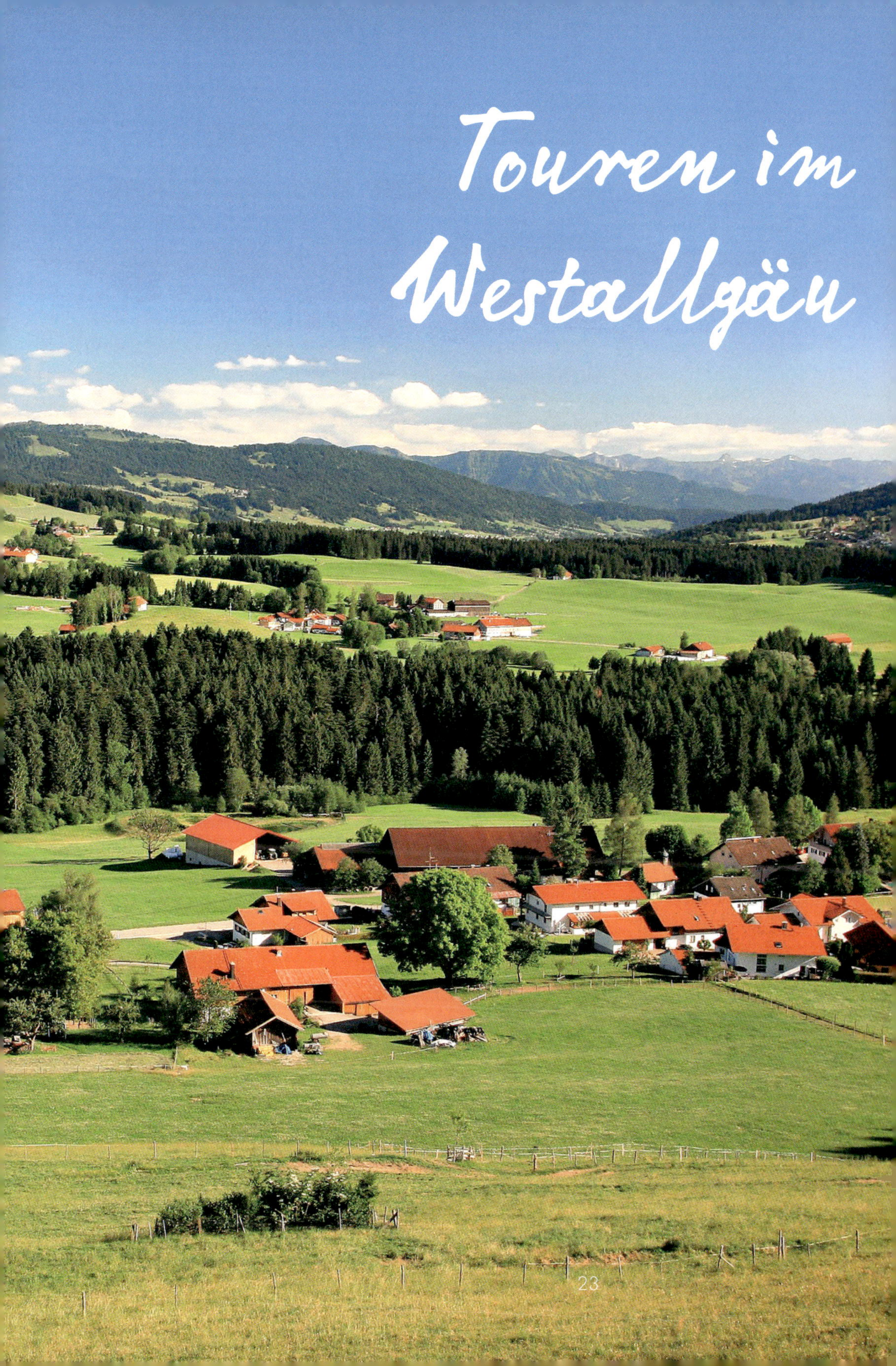

Touren im Westallgäu

1 Vom Waldsee zu den Scheidegger Wasserfällen

Weite Wiesen und hohe Kaskaden

Mittel | 9,6 km | 150 Hm | 3.45 Std.

Tourencharakter
Leichte, breite Wege mit mäßigen Steigungen.

Ausgangs-/Endpunkt
Lindenberg im Allgäu, Parkplatz am Waldsee, 765 m

Anfahrt
ÖPNV: Busverbindungen zum ZOB Lindenberg, von dort ca. 1,5 km bzw. 20 Min. Fußweg zum Ausgangspunkt.
Auto: Vom Ortszentrum Lindenberg ca. 1 km auf Ortstraßen zum Parkplatz direkt am Waldsee, am nordwestlichen Ortsrand (Navi: 88161 Lindenberg, Austraße 41).

Einkehr
Kiosk an den Scheidegger Wasserfällen und am Waldsee; Restaurant Rohrachblick in Gretenmühle; Restaurant im Hotel Waldsee

Die hohen, eindrucksvollen Scheidegger Wasserfälle stehen nicht ohne Grund auf der Liste der »Schönsten Geotope Bayerns«. Wir verbinden einen Besuch mit einer aussichtsreichen Wanderung durch Moore und Wiesen und starten am stillen Waldsee in Lindenberg.

Vom Waldsee zu den Scheidegger Wasserfällen Vom Parkplatz (781 m) sind es nur wenige Schritte zum stillen Waldsee. Wir bleiben am rechten Ufer und spazieren hinüber zum Freibad und gleich dahinter links (Wegweiser »Allmansried«). Nun geht es nördlich des Sees in westlicher Richtung weiter durch einen Mix aus Wald, Moor und kleinen Lichtungen und schließlich über offene Weideflächen nach Allmansried (820 m). Geradeaus durch das kleine Dorf hindurch, am hinteren/westlichen Dorfende links (Wegweiser »Lötz«) und über eine Wiesenkuppe kommen

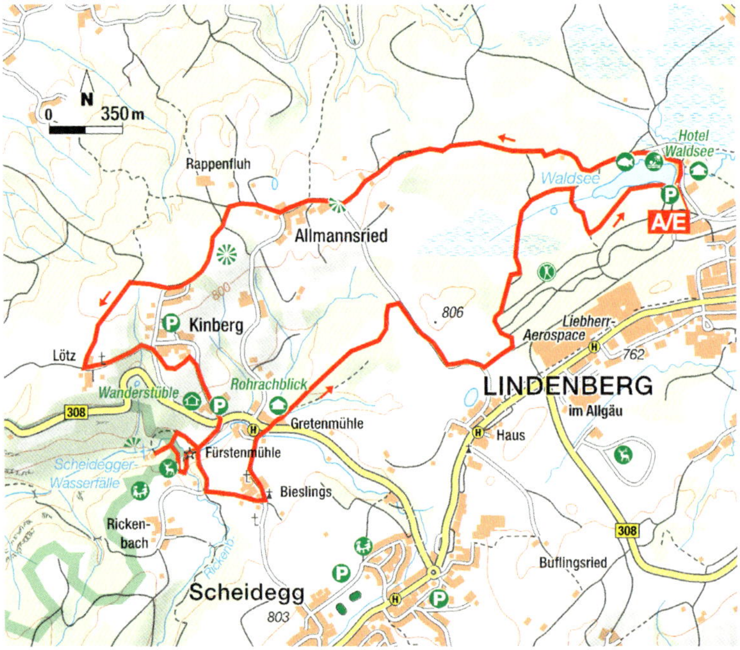

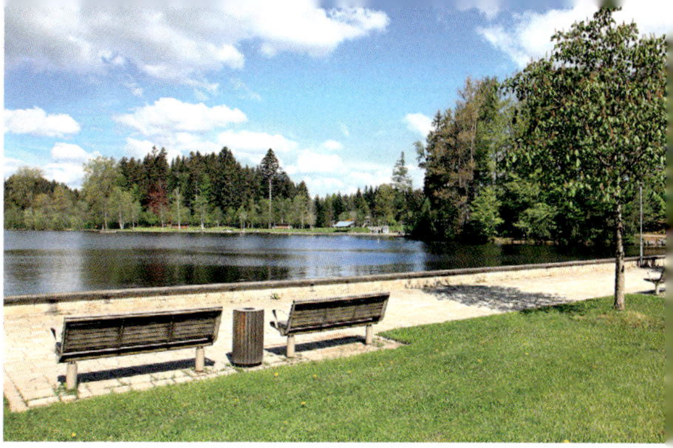

wir zu einer Ansammlung leerstehender Bungalows einer ehemaligen Feriensiedlung, am oberen Rand eines steil nach Süden abfallenden Hanges. Richtung Süden öffnet sich ein schöner Blick über Scheidegg mit der Nagelfluhkette und den Gipfeln des Bregenzerwaldes in der Ferne.

Wir wandern am oberen Rand der Feriensiedlung am Waldrand westwärts, dann kurz über einen Wiesenweg und schließlich auf einem Schotterweg – mit herrlichem Blick über weite Wiesen bis hinab zum fernen Bodensee – gemütlich hinab zu den Häusern von Lötz (785 m). Dort links, kurz durch Wald und erneut vorbei an Ferienhaus-Bungalows und nach weiteren 200 Metern auf einem Sträßchen rechts abwärts zur B 308. Direkt gegenüber gelangt man in wenigen Schritten zum Eingang zu den Scheidegger Wasserfällen (718 m; Eintritt). Das Wasser des Rickenbachs stürzt hier über zwei insgesamt gut 40 Meter hohe Stufen in die tiefe Rohrachschlucht. Ein schöner, ca. 30- bis 45-minütiger Rundweg führt zu mehreren Aussichtspunkten unterwegs; im Eingangsbereich gibt es einen hübschen Wasserspielplatz für junge Mitwanderer.

Am Waldsee bei Lindenberg startet die Tour.

Der Weg führt unter einem der Scheidegger Wasserfälle hindurch.

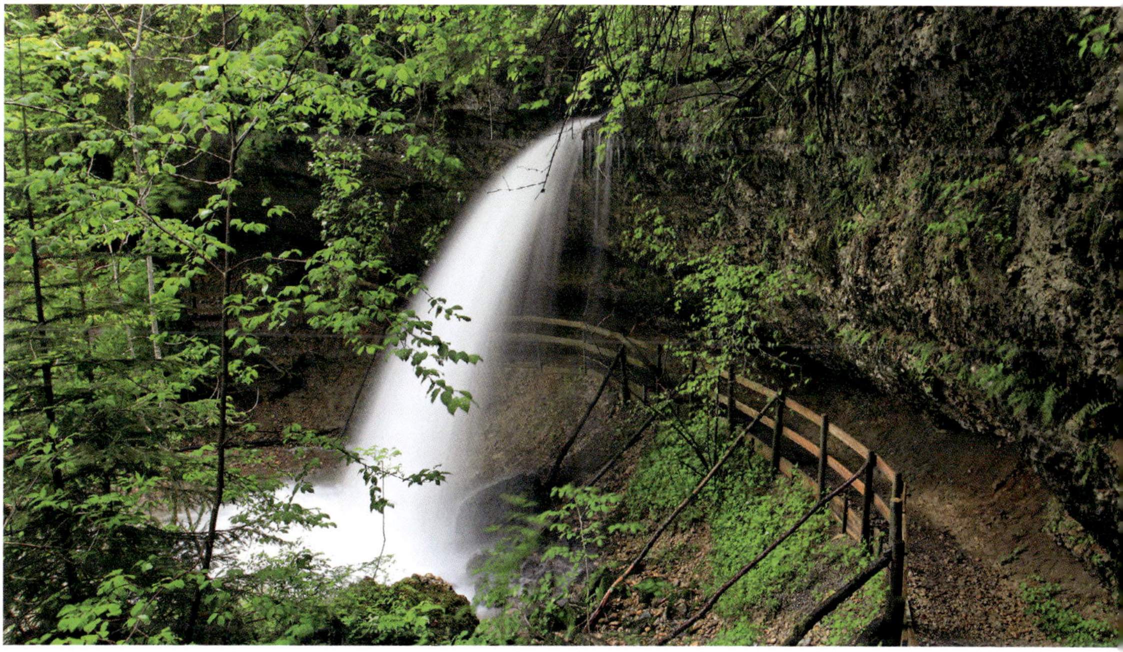

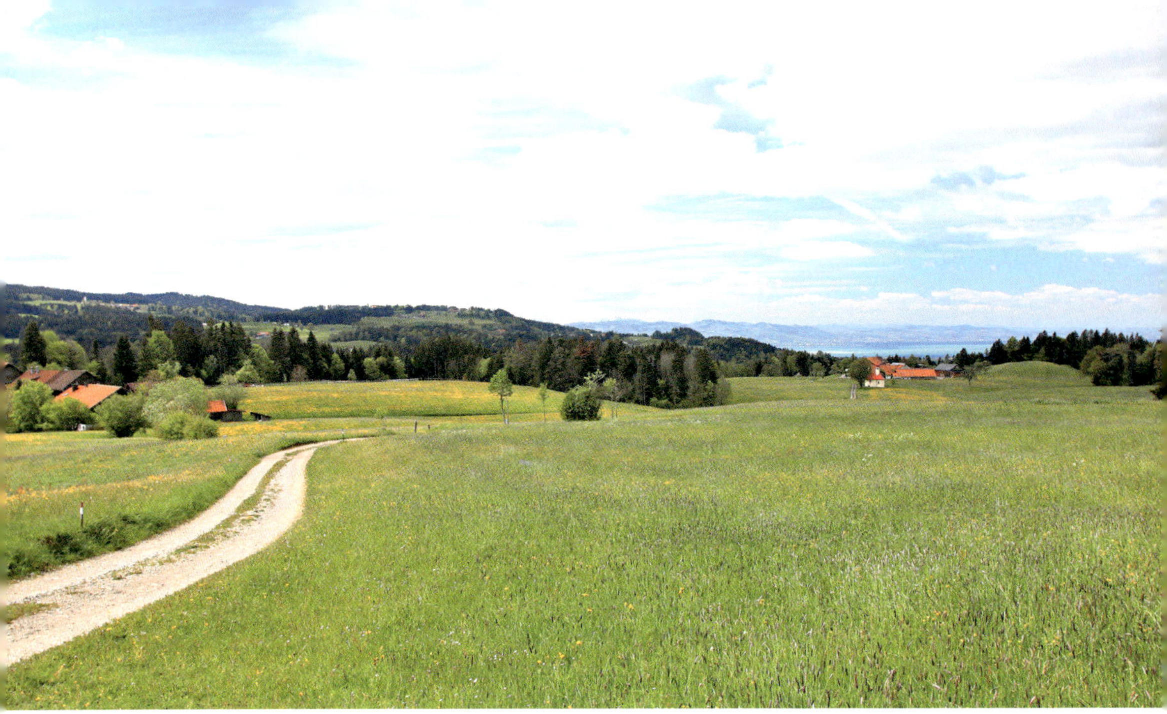

Weite Wiesen bei Lötz

Im Sommer lädt der Waldsee zum Baden ein.

Zurück nach Lindenberg Für die weitere Wanderung folgen wir etwa 200 Meter der kleinen Straße südlich des Eingangs, um in der ersten Kurve links abzubiegen. Kurz darauf an den Häusern von Bieslings vorbei und erneut links überqueren wir bei Gretenmühle wieder die B 308. Genau gegenüber folgen wir einem Fahrweg etwa einen Kilometer einen bewaldeten Hang hinauf bis zu einer Teerstraße, dort rechts und nach etwa 10 Minuten (unter einem Hochspannungsmast) links. Nach 200 Metern erreichen wir erneut einen Waldrand, gehen dort gut 100 Meter links, dann rechts hinauf über eine bewaldete Kuppe und in wenigen Minuten auf der anderen Seite wieder hinab in eine Feuchtwiesen-Ebene. Dort spazieren wir im leichten Rechtsbogen hinüber Richtung Waldsee. An der ersten Verzweigung halten wir uns scharf rechts, über einen kleinen Holzsteg und gut 200 Meter später scharf links. Auf dem folgenden Weg gelangen wir kurz darauf zum Südufer des Waldsees und dann am Wasser entlang zum Ausgangspunkt am Parkplatz.

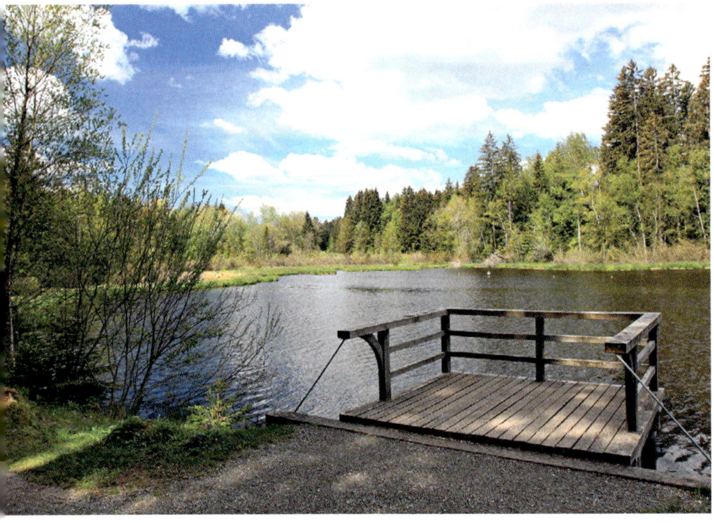

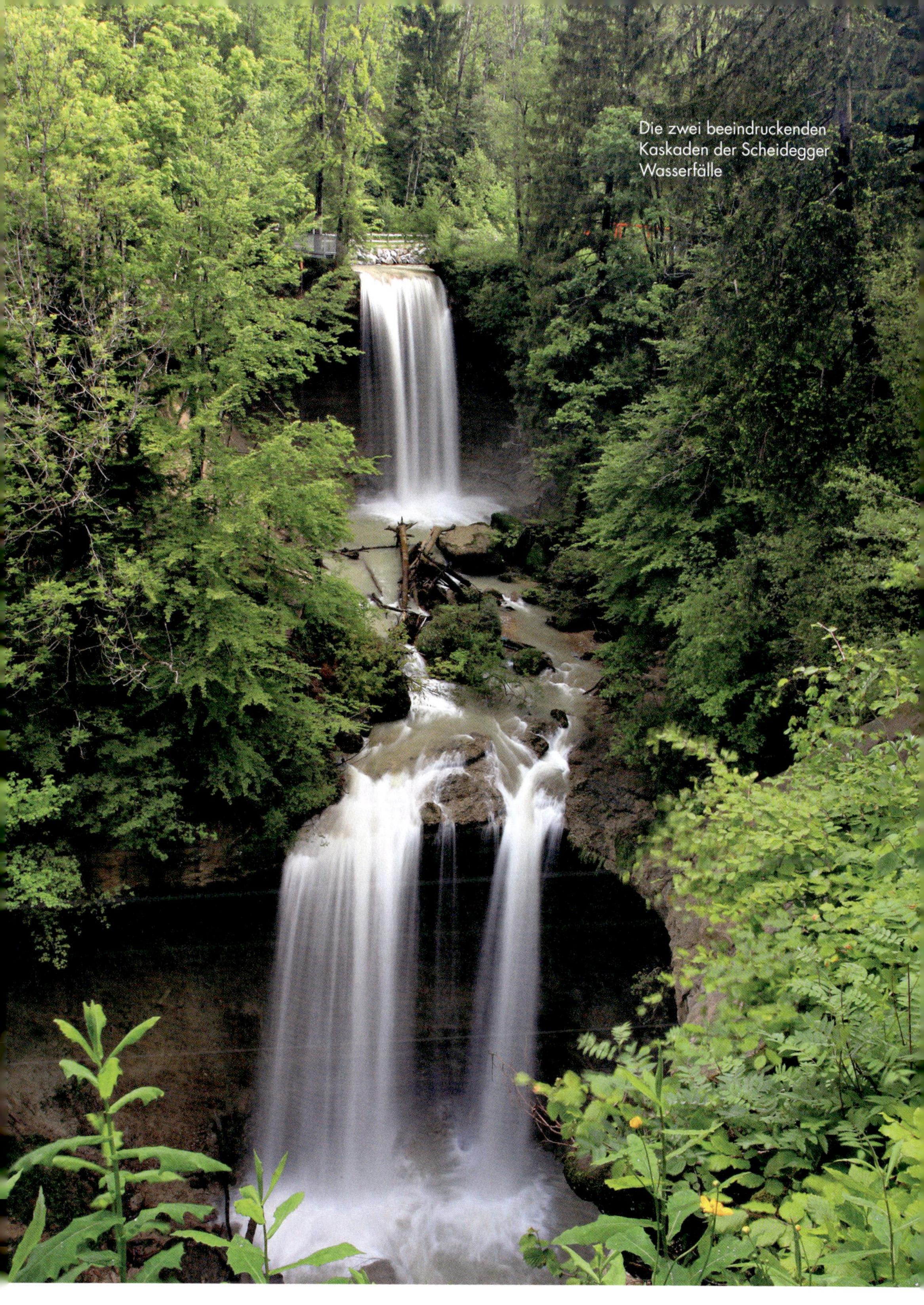
Die zwei beeindruckenden Kaskaden der Scheidegger Wasserfälle

2 Durch die Hausbachklamm

Idyllische Bachwanderung bei Weiler

Mittel	10,0 km	250 Hm	3.00 Std.

Tourencharakter
Leichte Tobelwanderung auf teils schmalen Pfaden, teils breiteren Wald- und Schotterwegen, meist am Bach entlang ohne größere Steigungen.

Ausgangs-/Endpunkt
Weiler im Allgäu, Zentrum, 632 m; Parkplätze neben der Kirche, Bushaltestelle

Anfahrt
ÖPNV: Ca. stündlich RBA-Busse Linie 12 ab Lindenberg bzw. Röthenbach Bhf. (dort Zug-Anschluss nach Immenstadt/Kempten bzw. Lindau). Der Umkehrpunkt Schnellers, 865 m, ca. 5 km südlich von Weiler, hat eine sehr schlechte Busanbindung. Wer nicht denselben Weg durch die Klamm zurücklaufen will, für den ist die Rückfahrt nach Weiler fast nur per Taxi möglich.
Auto: Der Ort Weiler liegt wenige Kilometer südöstlich von Lindenberg, an der B308 zwischen Oberstaufen und Lindau (Navi: 88171 Weiler-Simmerberg, Kirchplatz 1).

Einkehr
Keine unterwegs; Gastronomie in Weiler

Der Hausbach ist ein kleiner, gemütlicher Fluss, der von den Höhen bei Sulzberg hinab nach Weiler fließt und dabei einen engen, bewaldeten Taleinschnitt durchquert. Es ist keine Klamm im eigentlichen Sinn, aber eine ganz idyllische Bachlandschaft, die wir auf dieser Tour in ihrer ganzen Länge durchwandern.

Auf gemütlichen Uferwegen Die Wanderung beginnt direkt gegenüber der Rückseite der großen Kirche im Ortszentrum von Weiler (632 m). Ein Fußweg führt zwischen zwei Wohnhäuser hindurch in den Einschnitt des Hausbaches. Auf den ersten 500 Metern verläuft der Bach noch innerhalb des Ortes, an Gärten und Hinterhöfen entlang, und ist – aus Hochwasserschutz-

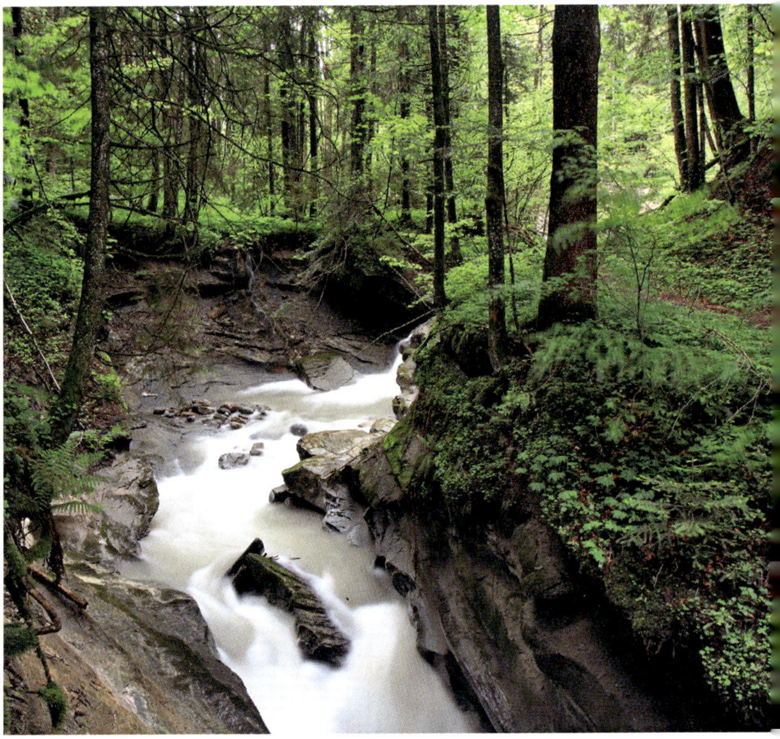

In der Hausbachklamm

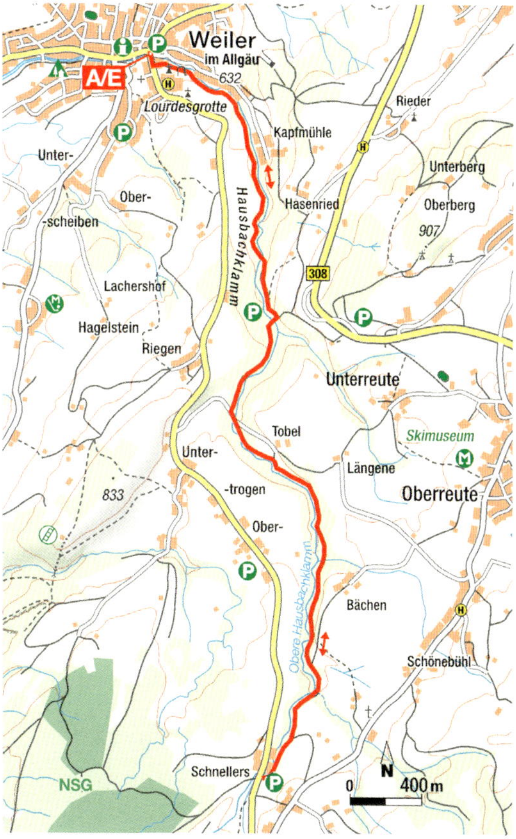

Gründen – etwas eingeengt und mit Steinmauern eingefasst. Aber kaum haben wir das letzte Haus des Ortes hinter uns gelassen, wird die gesamte Szenerie natürlicher: Der Bach plätschert gemütlich durch sein stilles Tal, ein hübscher Wald umgibt uns, und der Weg verläuft auf der gesamten Strecke fast immer direkt am Ufer entlang – abgesehen von einem Abschnitt gleich im ersten Drittel der Tour, an dem wir uns ein gutes Stück vom Wasser entfernen. Auf der gemütlichen Wanderung wechseln sich Wald- und Schotterwege ab, gelegentlich geht es an steileren Hängen über Holzstege, die bei Nässe etwas unangenehm rutschig sein können.

Die Hausbachklamm ist keine Klamm im eigentlichen Sinn, keine tief in den Fels erodierte Schlucht mit steilen Wänden. Es ist eher die gesamte Atmosphäre, die eine Wanderung hindurch reizvoll macht: hier eine Stromschnelle, dort ein kleiner Wasserfall, Felswände, glattpolierte Steine, eine Wasseramsel, die knapp über der Wasseroberfläche entlangflitzt, dazu der hübsche Mischwald. Auf halber Strecke wechseln wir auf die linke Bachseite und erreichen – etwa 15 Minuten vor dem oberen Ende der Klamm – einen direkt am Bach angelegten Abenteuerspielplatz, an dem eventuell mitwandernder Nachwuchs viel Zeit verbringen kann, um Dämme zu bauen, Wasser umzuleiten und was so getan werden muss an einem schönen Bergbach. Etwas später haben wir das obere Ende des Taleinschnitts und die kleine Häuseransammlung von Schnellers (865 m) erreicht.

Rückweg nach Weiler Zurück geht es auf demselben Weg, der ja nicht allzu lang ist und in anderer Richtung und mit anderer Perspektive schon wieder ganz anders wirkt. Oder man ruft sich ein Taxi.

Weiler im Allgäu

Am unteren Ausgang der Hausbachklamm liegt der kleine Ort Weiler mit seiner großen Kirche St. Blasius und einem hübschen Ortskern mit einigen sehenswerten alten Bürgerhäusern. Das Westallgäuer Heimatmuseum präsentiert hier regionales Mobiliar, Bilder und Gebrauchsgegenstände von Gotik bis zur Neuzeit sowie eine Sammlung von Hinterglasbildern aus dem 18. Jh. (Info: www.weiler-simmerberg.de).

3 Ellhofer Tobel

Stiller Tobel bei Röthenbach

Leicht	9,5 km	175 Hm	3.15 Std.

Tourencharakter
Oft schmale, aber nicht schwierige Pfade, teils breite Wege. Einige wenige, kurze steile Passagen.

Ausgangs-/Endpunkt
Röthenbach im Allgäu, 664 m

Anfahrt
ÖPNV: Keine Verbindung mit Bus oder Bahn.
Auto: Der kleine Ort Röthenbach liegt zwischen Isny und Lindenberg im Allgäu und ist erreichbar über die Kreisstraße St2378, 13 km von Isny bzw. 6 km von Lindenberg entfernt. Parkplätze gibt es direkt neben der Kirche im Ortszentrum, am Tobelbeginn (Navi: 88167 Röthenbach, Mühlenstraße 1).

Einkehr
Keine unterwegs; Landgasthof Post in Röthenbach

Südlich von Röthenbach hat der kleine Tobelbach ein rund fünf Kilometer langes Tal in die weite, wellige Landschaft gegraben. Auf einem recht stillen Wanderweg erkunden wir fast den gesamten Tobel mit seinen idyllischen Wiesen, steilen Hängen und dichten Wäldern, über weite Strecken direkt am Wasser entlang.

Durchs untere Wiesental Vom Parkplatz unterhalb der Kirche von Röthenbach (650 m) steuern wir den weiten Taleinschnitt an, der sich im Süden öffnet. Gleich an der ersten Straßenverzweigung halten wir uns rechts (Kirchweg), und folgen im Anschluss daran einem breiten Weg am rechten Talrand entlang.

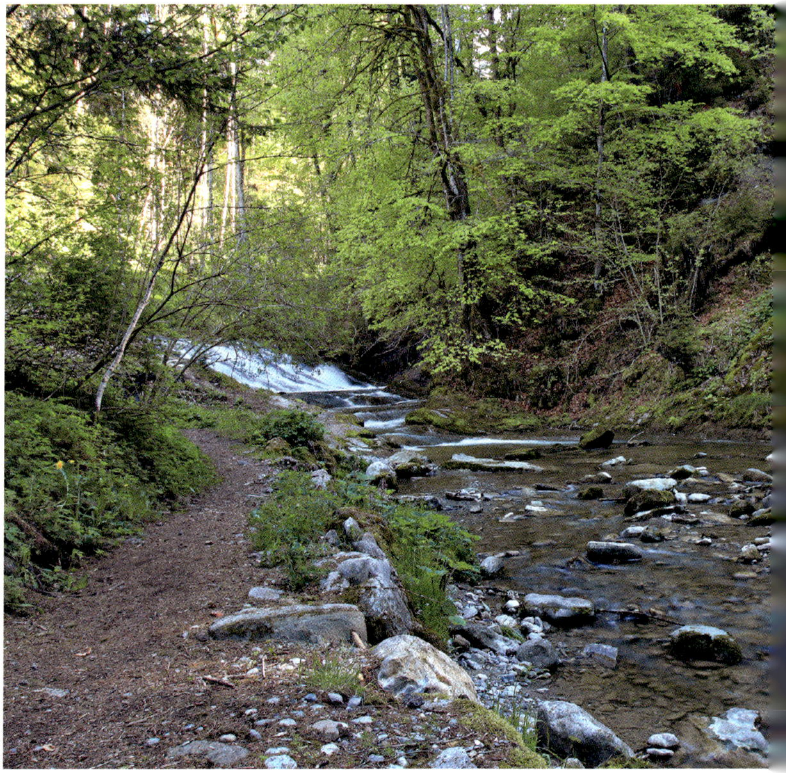

Pfad entlang des Ellhofer Tobelbaches

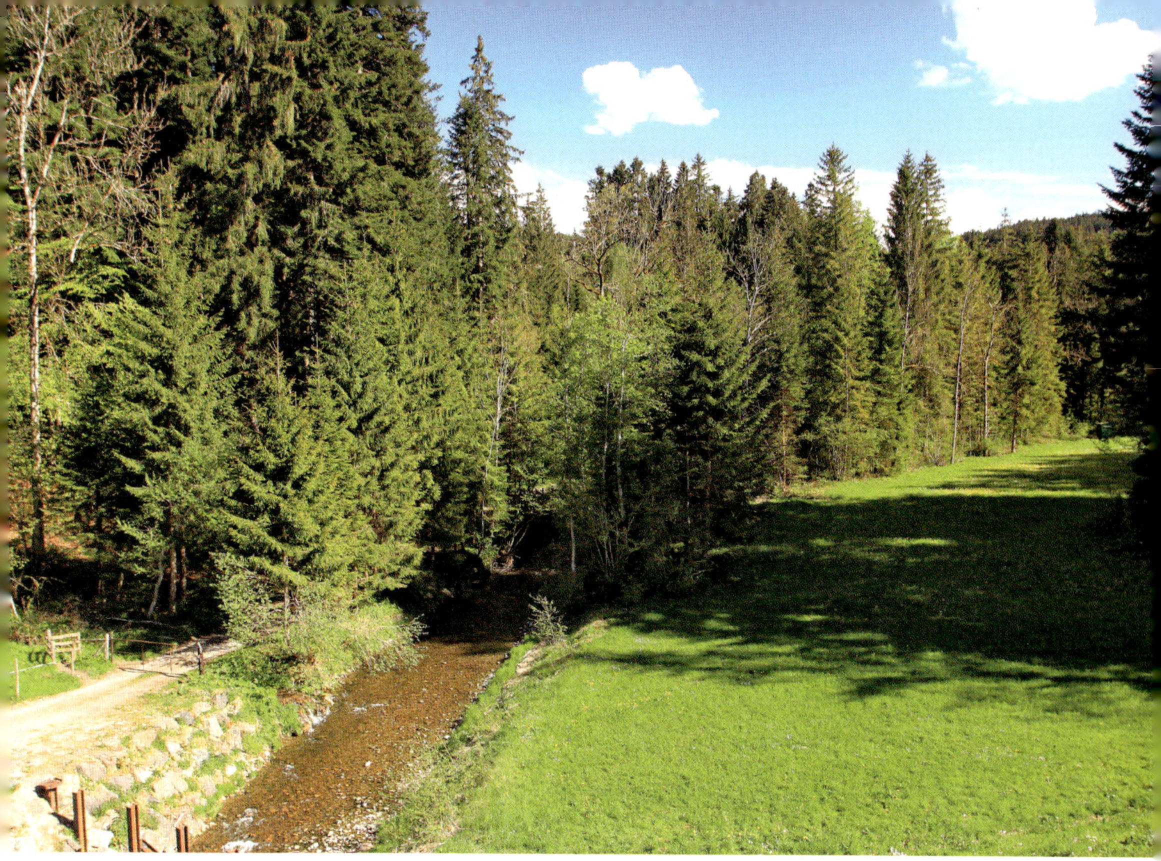

Der Weg taucht in den Wald am Ellhofer Tobel ein.

Nach etwa 300 Metern stoßen wir auf den Tobelbach und spazieren an seinem rechten, bewaldeten Ufer auf schmalem Pfad weiter taleinwärts. Einen Fußgängersteg ignorieren wir, bleiben am rechten Ufer und gelangen kurz darauf zu einer überraschend hohen Staumauer. Im Starkregen-Notfall soll dahinter der Bach aufgestaut werden, um eine Überschwemmung von Röthenbach zu verhindern. An einem sonnigen Frühlingstag wirkt das Bauwerk jedoch arg überdimensioniert, insbesondere angesichts des so harmlos dahinplätschernden Baches. Hier wechseln wir aufs linke Ufer und biegen gleich dahinter rechts ab.

Die untere Hälfte des gesamten Tobels ist kein Tobel im eigentlichen Sinn, sondern eher ein idyllisches Tälchen, in dem sich Wald und größere Wiesen abwechseln mit einem munter dahinfließenden Tobelbach mittendrin. Unterhalb einer hohen Eisenbahnbrücke wechseln wir wieder die Bachseite. Da im folgenden Abschnitt aus dem Tälchen tatsächlich ein wilder, enger Tobel mit rutschigen Steilhängen wird, verlässt der Weg den Einschnitt und führt zum Tobelrand hinauf, der wie mit einem Messer gezogen scharfkantig in eine Wiesenebene übergeht.

Der weitere Pfad verläuft als »Tobelrandweg« direkt an der Kante entlang. Dabei schweift schweift der Blick rechts weit über das leicht wellige Westallgäu, links fällt das Gelände sehr steil in die tiefe, bewaldete Schlucht ab.

Im steilen, oberen Tobel Nach ca. einem Kilometer folgen wir wieder einem steilen Pfad hinab zu einer Brücke über den Tobelbach. Wir passieren die Tobelmühle (718 m), bleiben für wenige Schritte auf einer Straße und wandern dann wieder auf einem schmalen Wanderweg am linken Bachufer taleinwärts. Hier zeigt sich der enge Tobel mit seinen steilen Hängen von einer ganz anderen Seite als zu Beginn der Tour. Kurz darauf stoßen wir zu einem weiteren Gebäude (Hammerschmiede), hinter dem sich der Weg erneut vom Wasser entfernt. Auf einigen Stufen steigen wir den linken Hang hinauf, ehe es etwas erhöht weiter in Richtung Süden geht. Nach knapp 10 Minuten wechseln wir schließlich ein letztes Mal auf das gegenüberliegende Ufer.

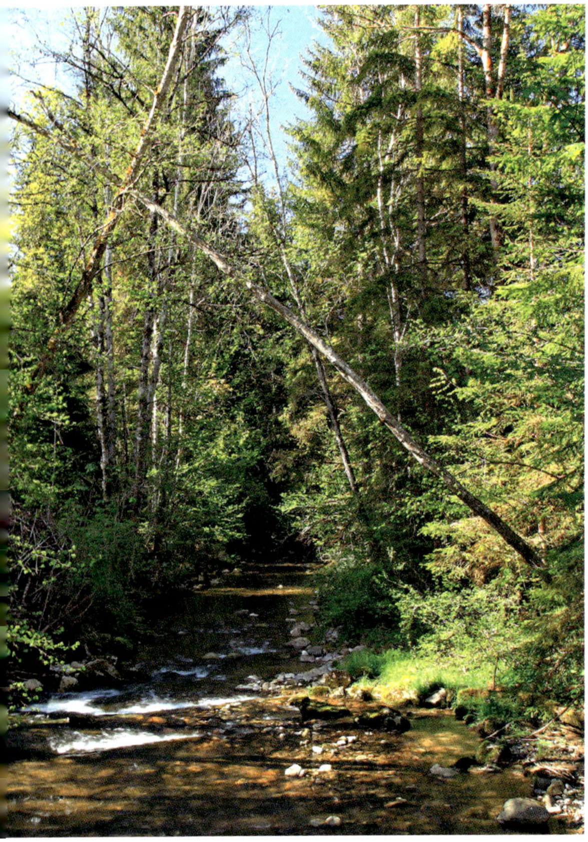

Im Ellhofer Tobel

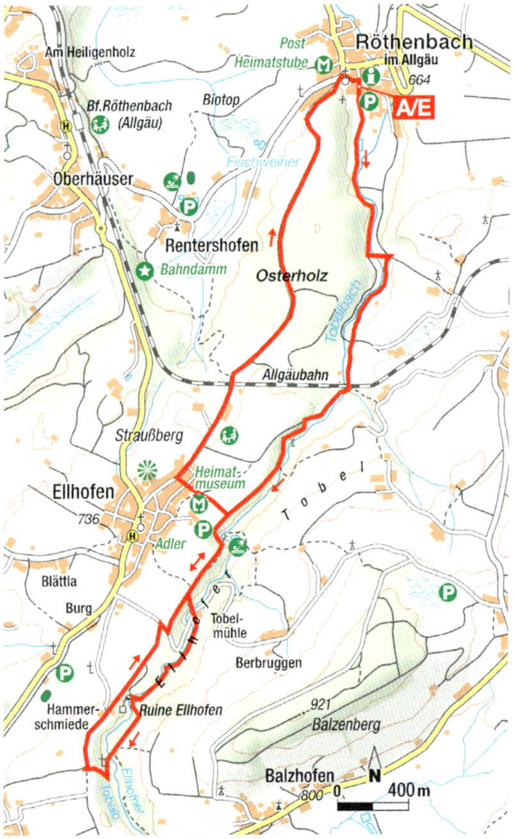

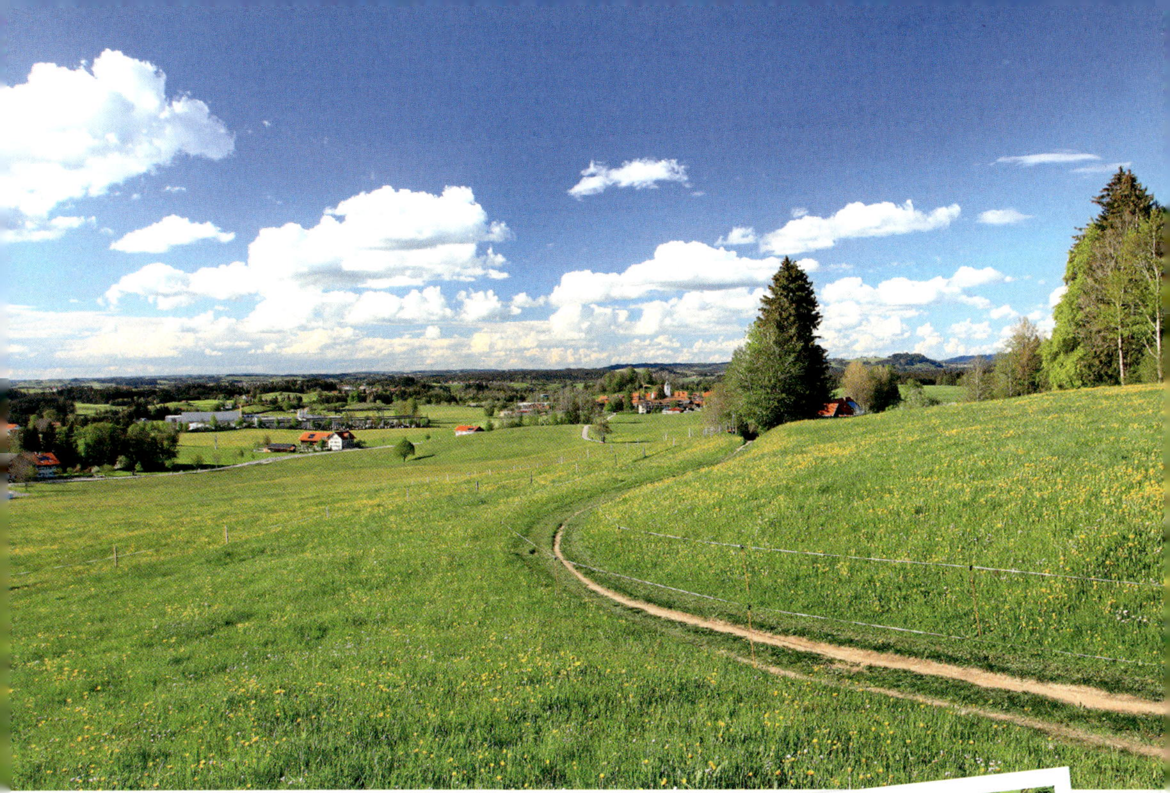

Der Tobel und auch der Tobelweg führen zwar noch einen knappen Kilometer weiter, aber für eine abwechslungsreiche Rundwanderung treten wir hier den Rückweg an.

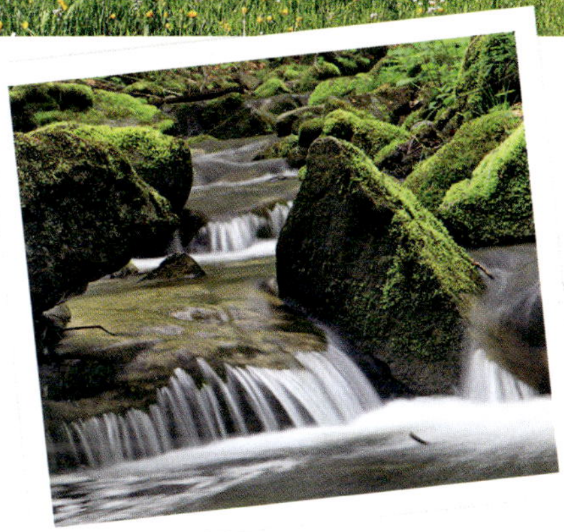

Bemooste Felsen im Tobelbach

Ganz oben: Ein schöner Wiesenweg führt zurück nach Ellhofen.

Rückweg über Ellhofen Wir steigen durch den steilen Westhang aus dem Tobel hinaus, erreichen wieder offene Wiesen und halten uns oben rechts. Begleitet von schönen Ausblicken Richtung Westen spazieren wir zu einem nehen Gebäude – rechts liegen versteckt im Wald die kümmerlichen Reste der Burg Ellhofen – und immer weiter am Tobelrand entlang. Nach insgesamt knapp 30 Minuten auf dem Tobelrandweg biegen wir schließlich links ab und steuern auf Ellhofen (735 m) zu. Dort nehmen wir die zweite Straße rechts und wandern wieder aus dem Ort hinaus.

Ab hier geht es immer geradeaus und fast völlig eben zurück zum Ausgangspunkt. Die Straße führt anfangs durch Wiesen, dann über die Eisenbahnschienen und im Anschluss als autofreier Forstweg durch Wald nordwärts. Zum Ende geht es bergab bis zur Kirche von Röthenbach sowie zum Ausgangspunkt.

4 Durch den Eistobel

Beliebtes Wanderziel im Westallgäu

Mittel | 5,2 km | 150 Hm | 2.00 Std.

Tourencharakter
Insgesamt recht leichte Tobelwanderung, meist direkt am Bach entlang. Teilweise Holzbohlenwege, die tückisch glatt sein können, deshalb gutes Schuhwerk ratsam. Retour geht es auf leichten Wegen durch bäuerliche Landschaft.

Ausgangs-/Endpunkt
Argentobelbrücke, 709 m

Anfahrt
ÖPNV: Busse zwischen Isny und Oberstaufen via Eistobelbrücke verkehren fast nur an Schultagen und unregelmäßig ca. alle 1 bis 3 Stunden.
Auto: Die Argentobelbrücke liegt ca. 5 km Luftlinie südlich von Isny, auf halber Strecke zwischen Maierhöfen und Grünenbach (Navi: 88167 Grünenbach, Hauptstraße 83).

Einkehr
Keine unterwegs; Gasthof Argentobelbrücke 500 m nördlich des Ausgangspunktes

Südlich von Isny hat sich die Obere Argen tief ins Umland eingegraben und dabei den Eistobel geschaffen – einen engen bewaldeten Taleinschnitt mit zahlreichen Wasserfällen und idyllischen Bachlandschaften. Ein gut zu begehender Uferweg führt einmal durch den gesamten Tobel, der als Naturschutzgebiet ausgewiesen ist.

Hinab ins tiefe Tal der Oberen Argen Die Obere Argen hat in die Landschaft ein erstaunlich tiefes Tal gegraben, sodass wir zu Beginn unserer Wanderung vom Parkplatz (709 m) steil hinunter zum Fluss absteigen müssen. Am Talboden angelangt halten wir uns rechts und wandern gemütlich direkt am Wasser entlang flussaufwärts. Das Tal hat hier noch einen recht friedlichen Charakter, das Wasser plätschert gemütlich durch einen lichten Laubwald, hier und da breitet sich eine kleine Wiese aus.

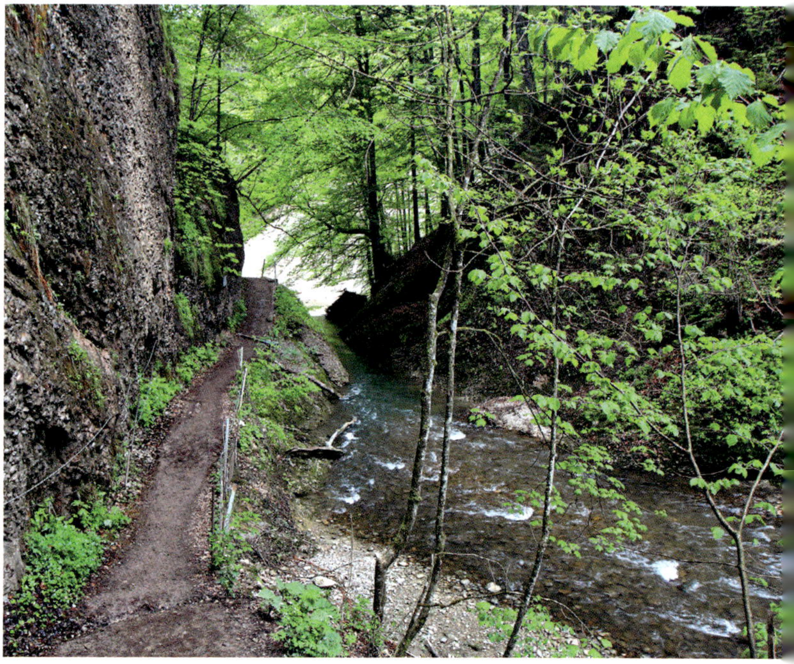

Auf schmalem Pfad geht es durch den Eistobel.

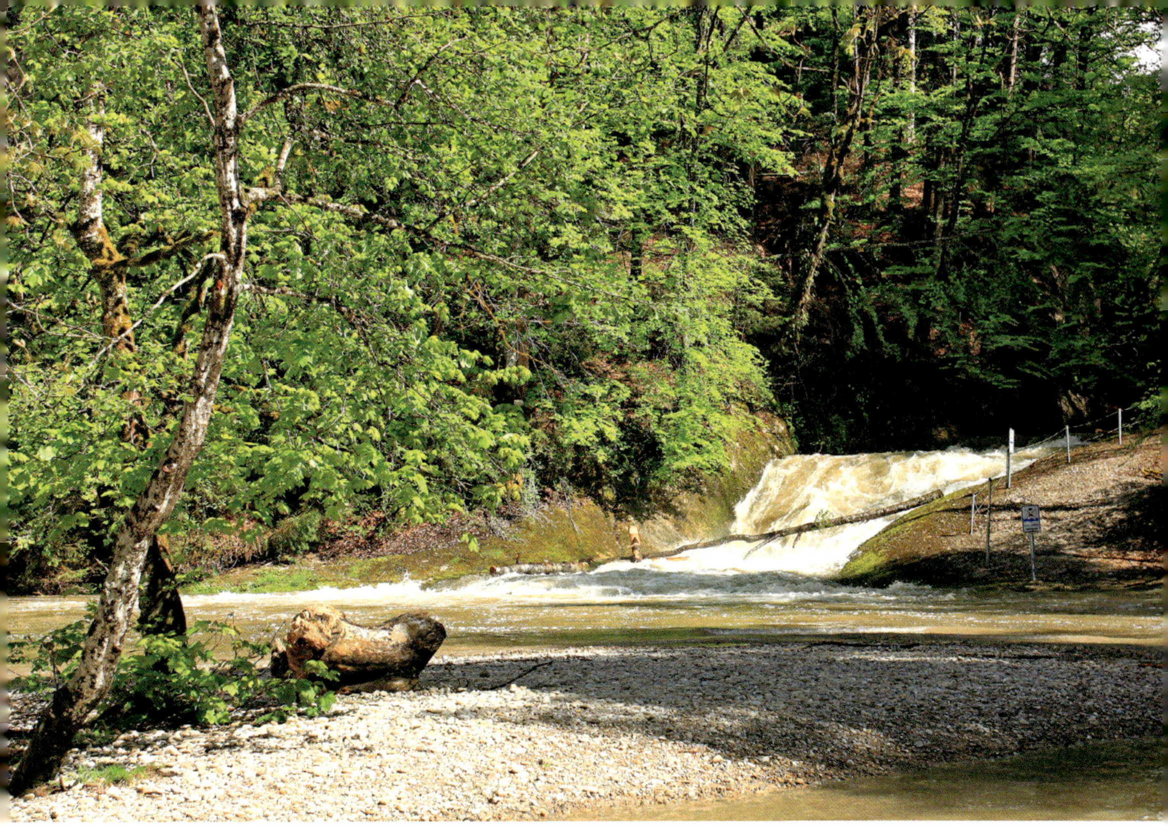

Die Obere Argen im ersten Abschnitt des Eistobels

Nach gut 15 Minuten beginnt der eigentliche Tobel mit teils mächtigen Felsblöcken, zwischen denen das Wasser hindurchströmt, mit Wasserfällen, Stromschnellen und glatt polierten Felsen, über die der Fluss hinwegschießt. Unterhalb der »Ersten Wasserfälle« weitet sich das Flussbett ein wenig, breite Kiesbänke locken mitwandernde Kinder zum Spielen, und bei Niedrigwasser kann man auf den im Flussbett freiliegenden Nagelfluhfelsen herumklettern (Vorsicht: sehr rutschig!). Ein sehr idyllisches Plätzchen!

Durch den wilden Tobel Ab hier wird es etwas anstrengender, es geht auf und ab, ohne allerdings wirklich schwierig zu werden. Wir passieren den »Großen Wasserfall« sowie die »Hohe Wand« – ebenfalls mit schön gelegenen Picknickbänken und Spielmöglichkeiten für Kinder am und im Wasser – und gelangen schließlich zum Eissteg (730 m). Hier befindet sich unser Umkehrpunkt. Aber wer mag und einen kurzen, aber knackigen Anstieg nicht scheut, kann noch einen gut 10-minütigen Abstecher zu einem nahen Stausee mit einer eindrucksvollen Nagelfluhwand als Hintergrundkulisse machen.

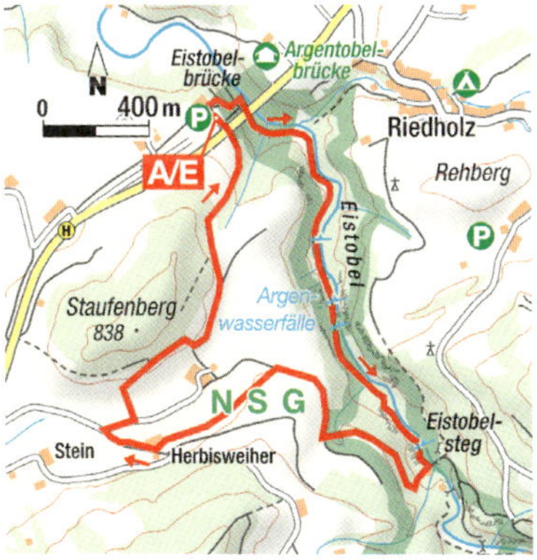

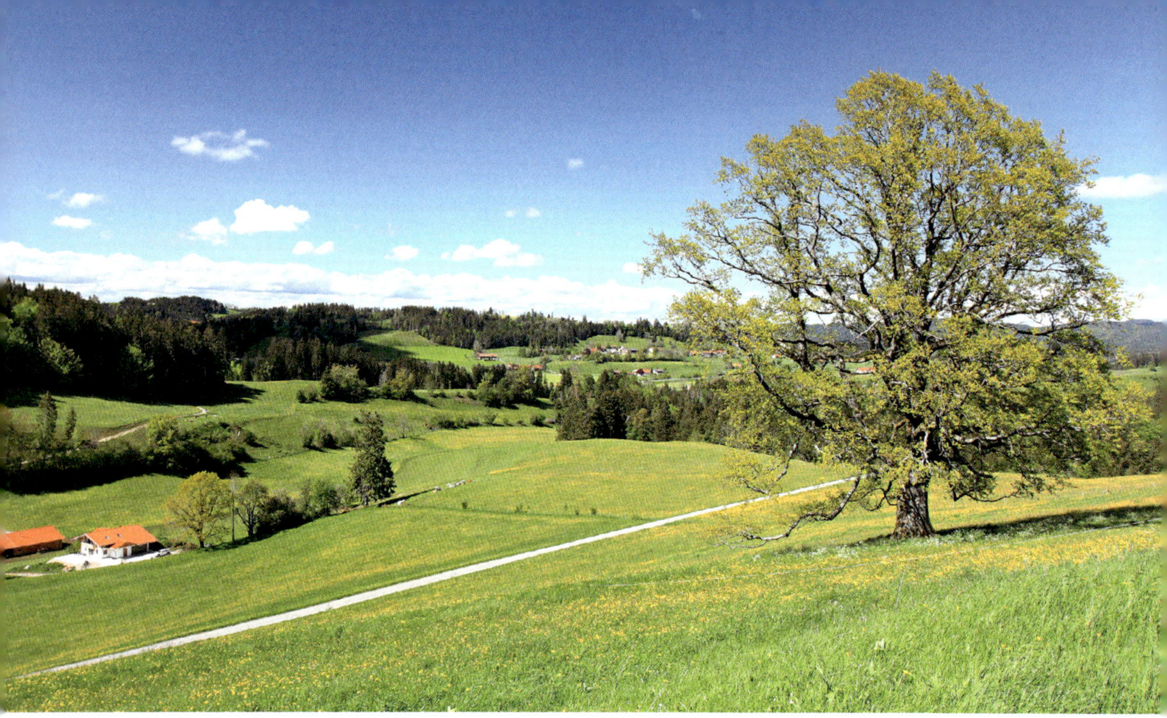

Die Tobelrunde führt zurück über weite Wiesen.

Zurück über Wald und Wiesen Ansonsten verlassen wir hier am Eissteg den Tobel und steigen über den bewaldeten westlichen Hang aus dem Taleinschnitt hinaus. Oben geht es noch kurz am Waldrand entlang, dann öffnet sich das Gelände zu einem recht abgeschiedenen Hochtal. Auf einem breiten Fahrweg wandern wir in westlicher Richtung durch die Wiesenlandschaft, halten uns an einer Kreuzung rechts und wandern – nun auf der gegenüberliegenden Talseite – in östlicher Richtung zurück.

Der Wirtschaftsweg biegt dann allmählich links um und führt über eine kleine, bewaldete Kuppe. Dort verlassen wir den Fahrweg, biegen rechts in einen Pfad ein und wandern am Rand einer Wiese hinab zum Ausgangspunkt an der Argentobelbrücke.

Die Argentobelbrücke überspannt in gut 50 Metern Höhe die Obere Argen.

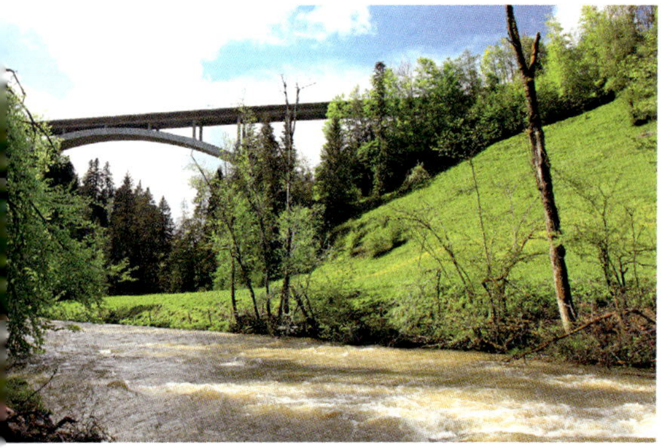

Die Argen

Die Westallgäuer Landschaft wird von zwei langen und über weite Strecken sehr naturnahen Flüssen geprägt: der Unteren und der Oberen Argen, die auf ihrem – im weiten Bogen verlaufenden – Weg hinab zum Bodensee zahlreiche kleine und größere Täler geschaffen haben.

Rohrdorfer Tobel und Herrenberghaus

5

Stille Pfade am Westrand der Adelegg

Das große Waldgebiet der Adelegg ist durchzogen von unzähligen Tobeln, von denen wir einen erkunden. Durch den Rohrdorfer Tobel und über die »Himmelsleiter« steigen wir auf den Herrenberg und wandern zum Herrenberghaus inmitten ausgedehnter Hochwiesen.

Mittel	8,9 km	300 Hm	3.15 Std.

Tourencharakter
Überwiegend breite (Fahr-) Wege. Am Tobelende steiler Anstieg über die sogenannte Himmelsleiter (zahllose Stufen), Abstieg nach Rohrdorf teils auf schmalem Waldweg.

Ausgangs-/Endpunkt
Rohrdorf bei Isny, Wanderparkplatz, 740 m

Anfahrt
ÖPNV: Keine Verbindung mit Bus oder Bahn.
Auto: Rohrdorf liegt ca. 4 km nordöstlich von Isny. Wanderparkplatz am Waldrand am östlichen Ortsrand am Tobelbeginn (Navi: 88316 Isny-Rohrdorf, Tobelweg 11).

Einkehr
Keine unterwegs; Gastronomie in Rohrdorf

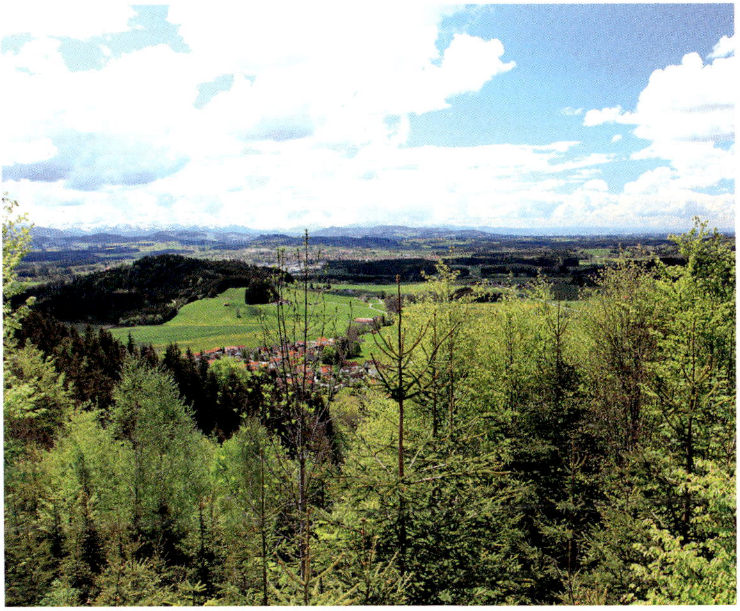

Blick über die Adelegg Richtung Rohrdorf

Aufstieg durch den Tobel Der Parkplatz liegt direkt am Rohrdorfer Bach, an dessen Ufer entlang wir sogleich taleinwärts spazieren. Der breite Weg steigt mäßig bergan, der Bach plätschert munter neben uns her, und uns umgibt eine hübsche Waldatmosphäre. Rechts und links steigt das Gelände steil an, wobei der Rohrdorfer Tobel allerdings – im Vergleich zu vielen anderen seiner Art im Allgäu – insgesamt recht »harmlos« ist. Es handelt sich eher um eine gemütliche Talwanderung mit Bach-Begleitung. Die künstlichen Stufen und kleinen Wehre im Bachbett sind der Tatsache geschuldet, dass ein solch idyllisches

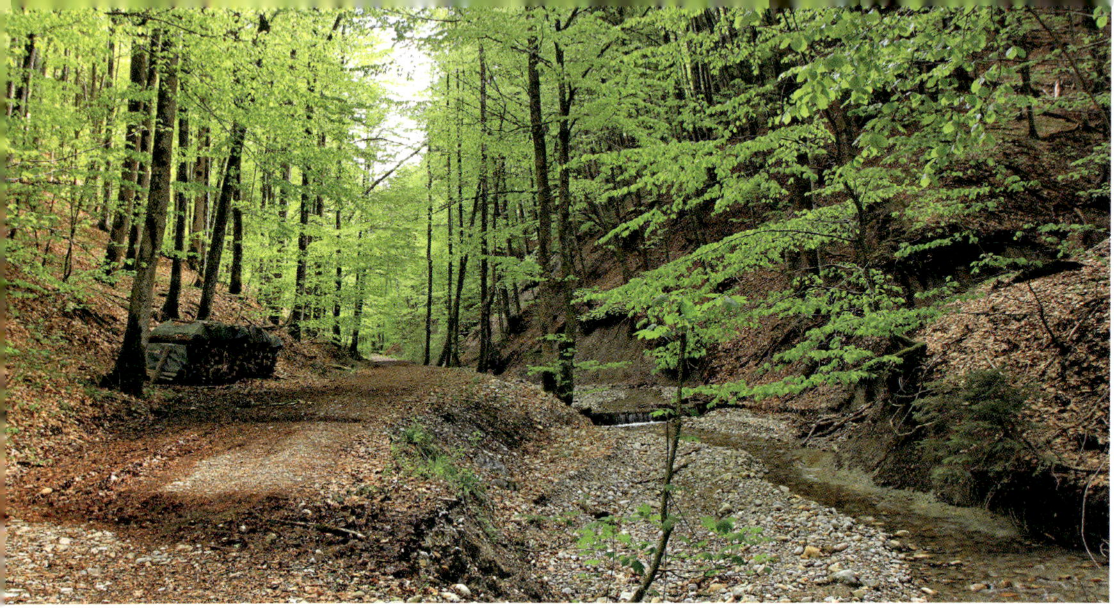

Unterwegs durch schönen Laubwald im Rohrdorfer Tobel

Flüsschen bei Starkregen gefährliche Dimensionen annehmen kann – insbesondere für den direkt am Tobelausgang gelegenen Ort Rohrdorf. Zum Ende wird der Taleinschnitt immer enger und steiler, sodass der Weg den Talboden verlässt. Uns erwartet die sogenannte »Himmelsleiter«, ein etwas poetischer Name für einen schmalen Pfad mit unzähligen Stufen, der den steilen Waldrand hinaufführt.

Höhenwege auf der Adelegg Nach vielen Höhenmetern erreichen wir schließlich eine Schotterstraße, halten uns links und steigen – nun weniger steil und mit Blick von oben auf den Tobeleinschnitt zur Linken – weiter an bis zum Kamm, wo wir uns links halten. Der breite, angenehme Forstweg windet sich in einigen Schleifen und mit leichtem Auf und Ab nordwärts, wobei der Wald immer wieder kleinen Lichtungen weicht. Dann öffnet sich das Gelände und vor uns breitet sich eine offene Hochebene mit weiten Wiesen aus. Den gesamten Hintergrund füllen die ausgedehnten bewaldeten Höhenrücken der Adelegg.

Wir spazieren gemütlich weiter und erreichen schließlich die Gebäude des Gutes Herrenberg – kurz davor passieren wir links einen ersten Abzweig Richtung Rohrdorf, aber schöner ist es, noch etwas weiter auf der Hochebene zu bleiben und erst etwas später abzusteigen. Das für die Adelegg sehr ungewöhnliche Gut war über Jahrhunderte Außenstelle des Benediktinerklosters Isny. Knapp 500 Meter hinter dem Herrenberghaus halten wir uns an einer Kreuzung links und tauchen wieder in den Wald ein.

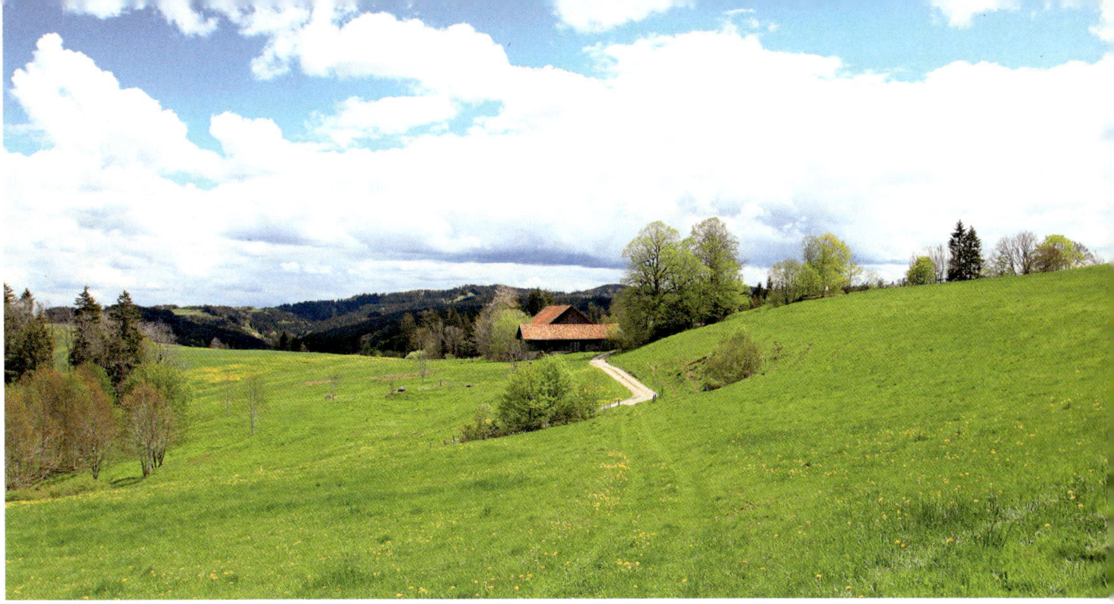

Abstieg nach Rohrdorf Wenige Minuten später biegen wir scharf links in einen breiten Weg ein. (Wer mag, kann aber vorher noch einen Abstecher zum Heidenkapf machen, einem recht hübschen Aussichtspunkt Richtung Westallgäu; ca. 300 Meter geradeaus.) Anfangs führt unser Rückweg noch weitgehend höhenparallel in südlicher Richtung, dann stößt von links oben erwähnter Abkürzer zu uns, und kurz darauf geht es bergab. Der Weg durch einen schönen Buchenwald ist schmal, ziemlich steil und verliert recht schnell an Höhe, sodass wir schon bald die Häuser von Rohrdorf vor uns sehen. An der Kirche vorbei, dann links und wieder zurück zum Waldrand und zum Ausgangspunkt am Wanderparkplatz.

Das einsam gelegene ehemalige Klostergut Herrenberg

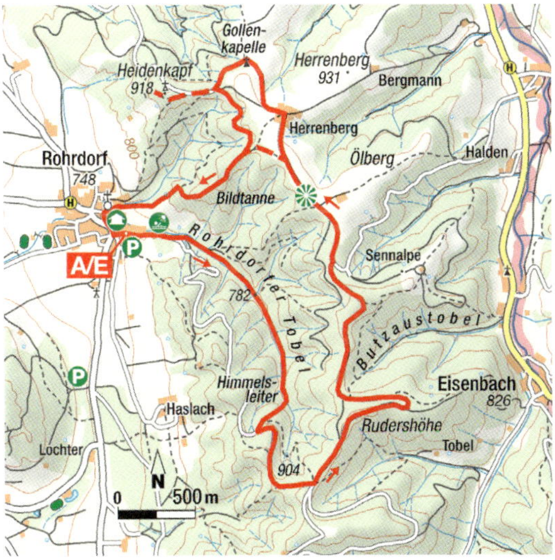

Die Adelegg

Die Adelegg ist ein über 100 Quadratkilometer großes, für Allgäuer Verhältnisse sehr dicht bewaldetes Gebiet zwischen Kempten und Isny. Lang gestreckte Bergrücken bis 1100 m Meereshöhe mit vielfältiger Fauna und Flora wechseln sich ab mit tief eingeschnittenen Tälern, in denen sich unzählige, meist unzugängliche Tobel verbergen. Schmidsfelden und Eisenbach sind bekannt für ihre Glasmachertradition (Info: www.leutkirch.de/adelegg).

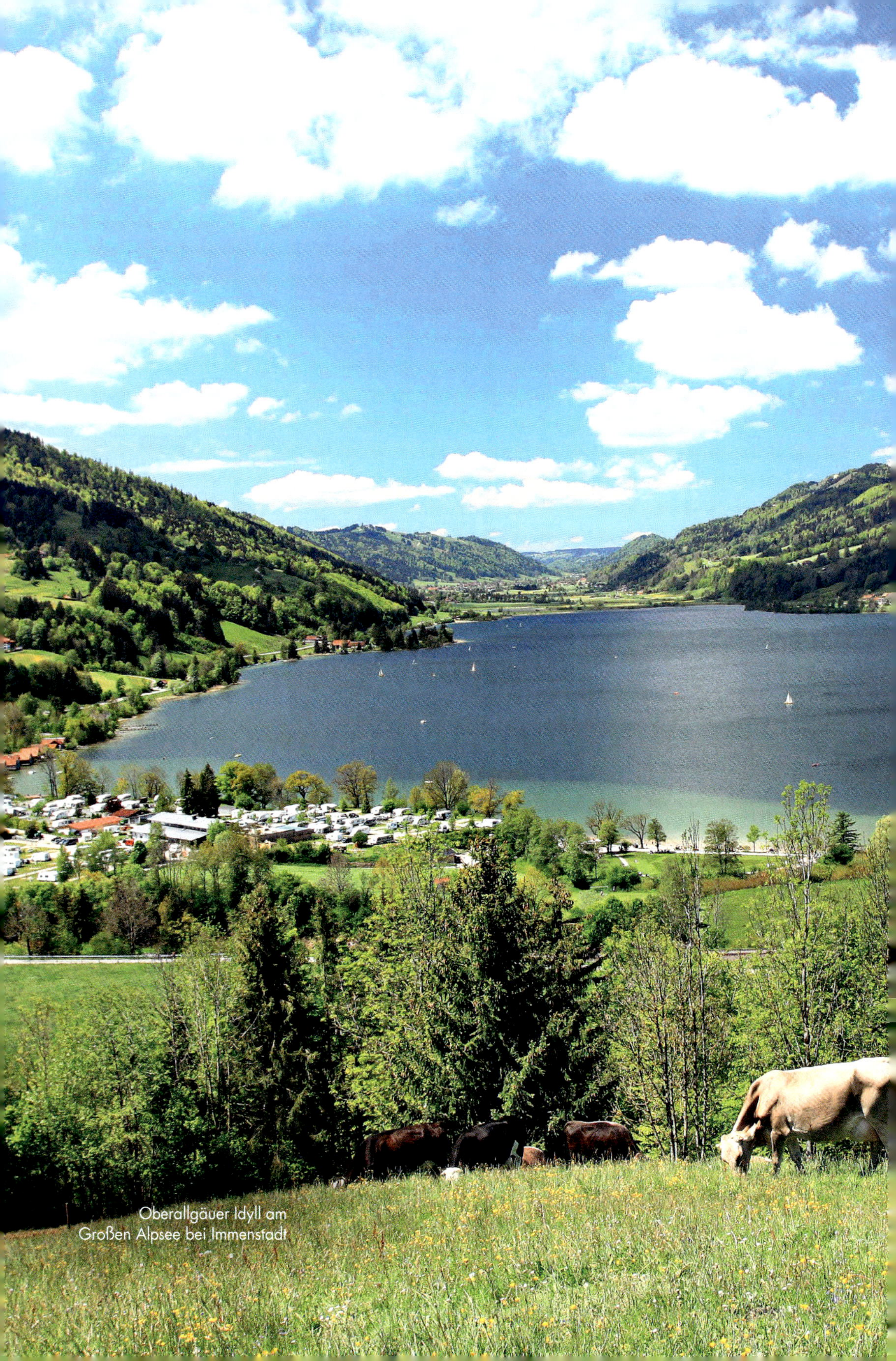

Oberallgäuer Idyll am Großen Alpsee bei Immenstadt

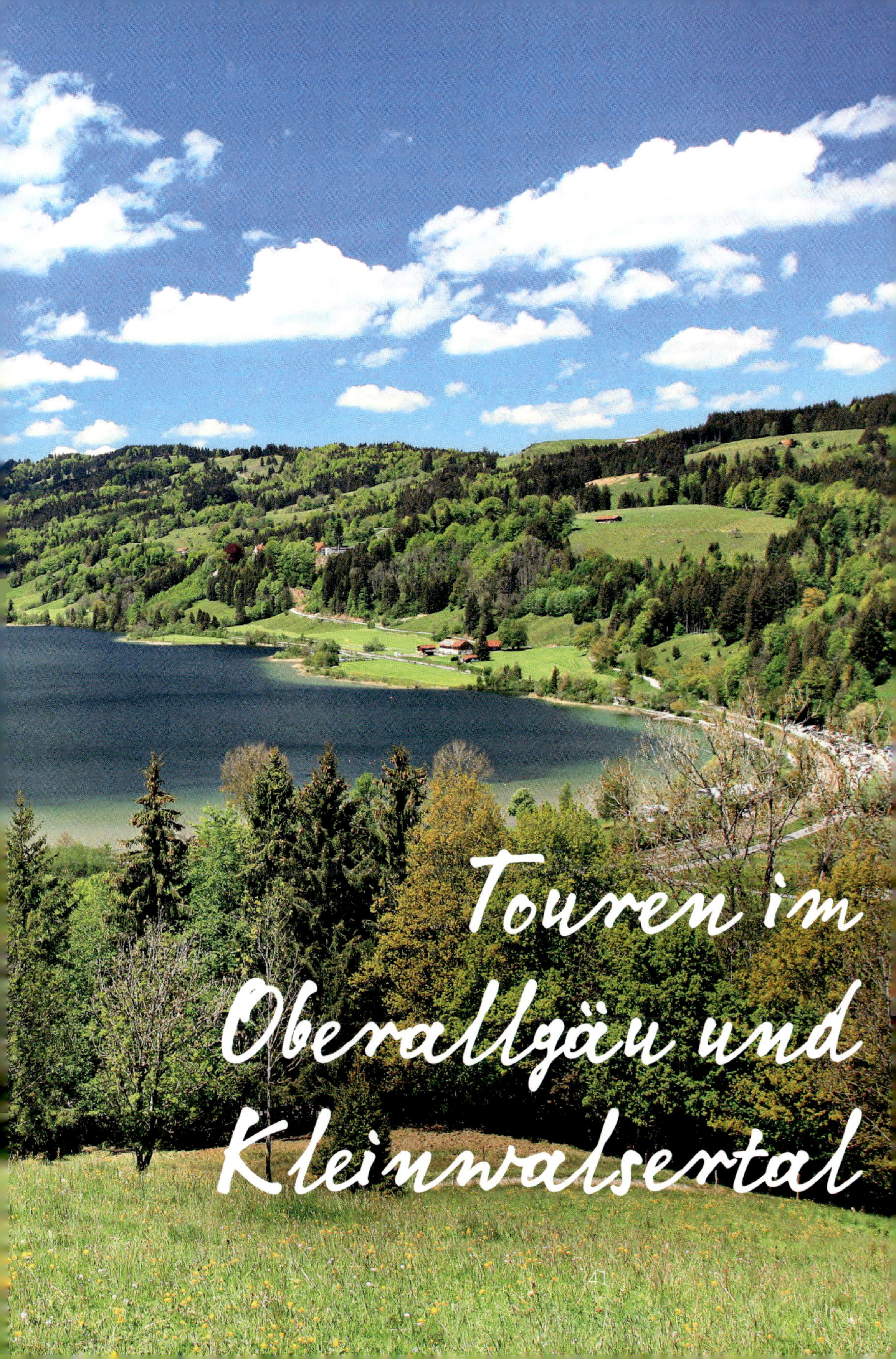

Touren im Oberallgäu und Kleinwalsertal

6 Buchenegger Wasserfälle

Durchs hübsche Mittelbachtal zur Weißach

Mittel | 8,4 km | 300 Hm | 3.30 Std.

Tourencharakter
Meist leichte Almsträßchen, am Ende steiler Aufstieg von den Wasserfällen zum Parkplatz.

Ausgangs-/Endpunkt
Oberstaufen-Buchenegg, 900 m, ca. 3 km südöstlich von Oberstaufen

Anfahrt
ÖPNV: Anderer Startpunkt, Gasthaus Hirsch hinter Steibis; per Bus von Oberstaufen Richtung Hochgrat bis Haltstelle Gasthaus Hirsch.
Auto: Vom großen Kreisel unterhalb der Hündlebahn-Talstation oder von Oberstaufen auf schmalen Straßen wenige Kilometer nach Buchenegg; ca. 1 km hinter Buchenegg Parkplatz Buchenegger Wasserfall am Ende der Stichstraße (Navi: 87534 Oberstaufen, Buchenegg 16).

Einkehr
Ochsenschwandalpe (904 m); Haspelalpe (869 m); Sonnhaldealpe (903 m); Neugschwendalpe (870 m); Neugreuthalpe (840 m)

Die Buchenegger Wasserfälle südlich von Oberstaufen gehören zu den schönsten Kaskaden des Allgäus und werden viel besucht. Wir verbinden dieses Wasserfall-Erlebnis mit einer reizvollen Almwanderung durch das Mittelbachtal mit seinen weiten Wiesen und herrlichen Ausblicken.

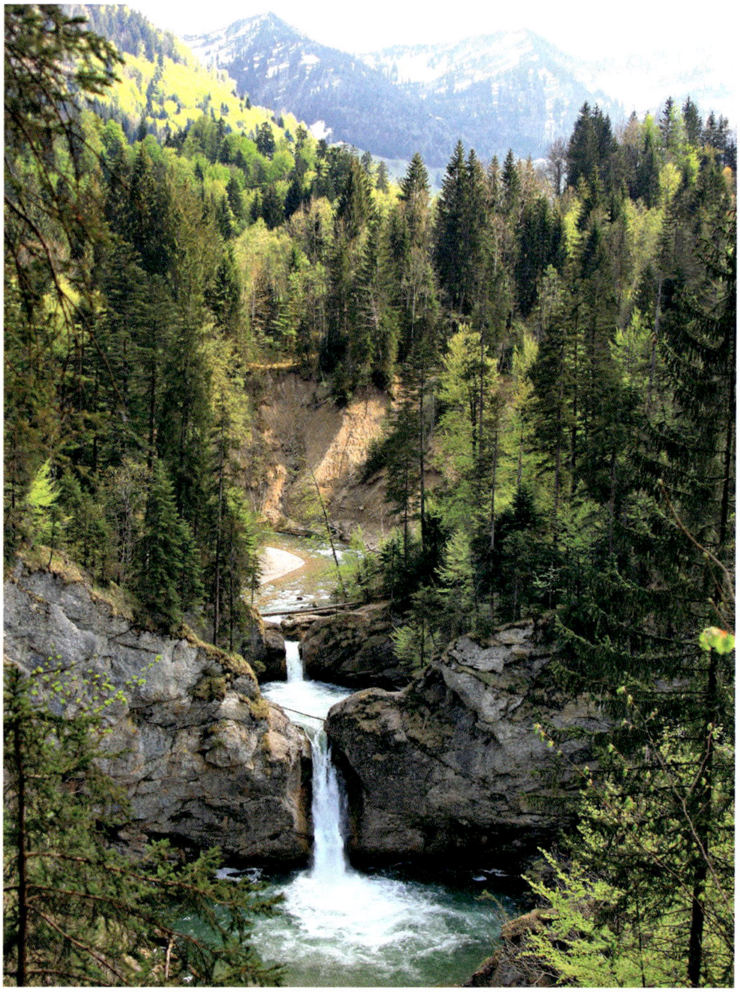

Die von der Weißach gebildeten Buchenegger Wasserfälle

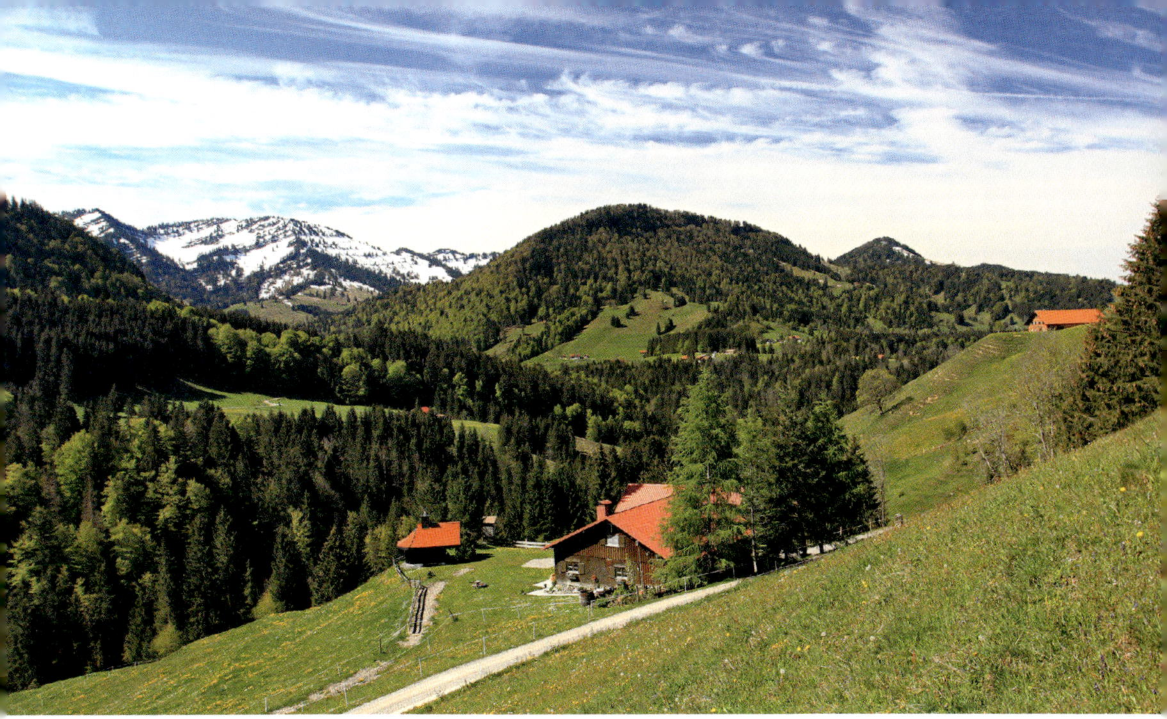

Die Turaalpe im Mittelbachtal

Hinein ins Mittelbachtal Vom Parkplatz in Buchenegg (900 m) wandern wir geradeaus auf einer Fahrstraße kurz steil eine Anhöhe hinauf, auf der anderen Seite wieder bergab und im Bogen durch einen kleinen, bewaldeten Taleinschnitt. Danach haben wir das Mittelbachtal erreicht und spazieren gemütlich taleinwärts. Der Weg verläuft mit leichtem Auf und Ab entlang der nördlichen Talseite und führt meist über freie Wiesenhänge. Links oben begleitet uns der Hündlegrat, während rechts das Gelände ins tief eingeschnittene Mittelbachtal abfällt. Rechts hinter uns rückt allmählich der Hochgrat ins Blickfeld. Wir passieren die Turaalpe sowie die Ochsenschwandalpe (904 m) und gelangen schließlich zum engen Talschluss.

Dort wenden wir uns scharf nach rechts, überqueren den Mittelbach und wandern – nun auf der südlichen Talseite – wieder westwärts. Vorbei an der Sonnhaldealpe (903 m) und etwas später an der etwas unterhalb des Weges gelegenen Haspelalpe (869 m) queren wir auf dem angenehmen Weg die freien Wiesenhänge und lassen das Mittelbachtal hinter uns. Es geht allmählich zur Weißach hinab, die wir auf einem Metallsteg (804 m) überqueren.

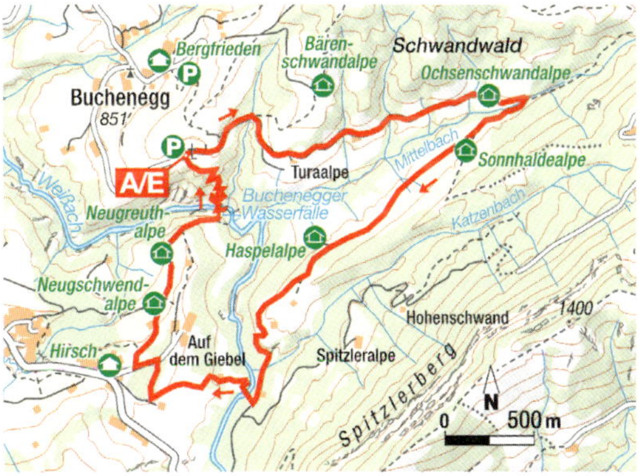

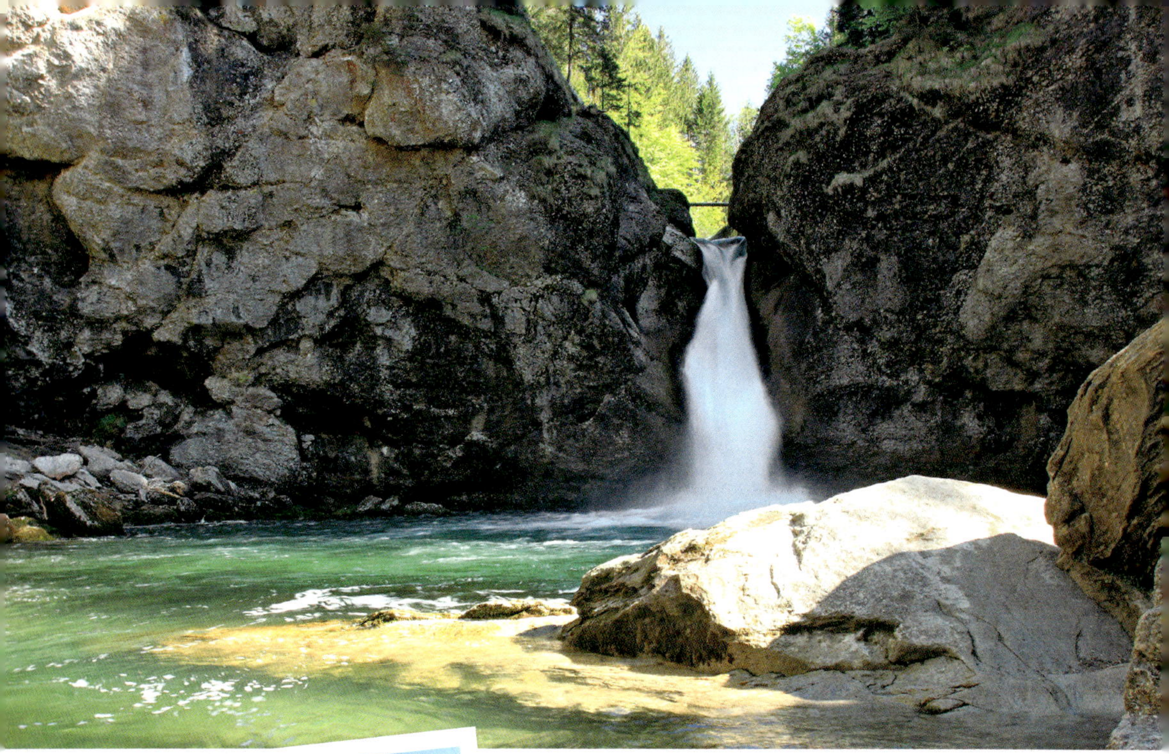

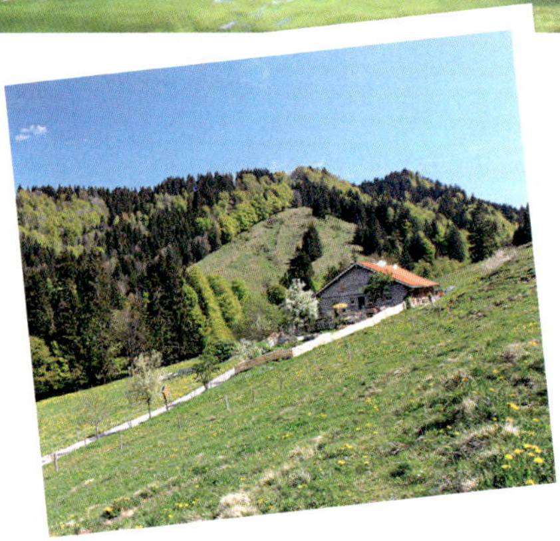

Die Sonnhaldealpe lädt im Mittelbachtal zur Einkehr.

Ganz oben: Malerische Gumpe an den Buchenegger Wasserfällen

Zu den Buchenegger Wasserfällen Während sich links im Hintergrund die Hochgrat-Nordwand erhebt, steigen wir auf der anderen Flussseite mäßig steil über Wiesen bergauf bis zu einem kleinen Wäldchen oben auf einer Kuppe (900 m). Am Waldrand halten wir uns rechts, nach 200 Metern links, durch den Wald und nach weiteren 150 Metern erneut rechts. Nun spazieren wir über freie Wiesen zur nahen Neugschwendalpe (870 m) und gleich darauf zur Neugreuthalpe (840 m).

Dann lassen wir die Wiesen hinter uns und steigen in den tiefen, bewaldeten Einschnitt der Weißach mit den Buchenegger Wasserfällen hinab. Unterwegs zweigt rechts ein Stichweg zum Oberen Wasserfall ab, während wir auf dem Hauptweg zu einem Steg über den Fluss gelangen (763 m). Vor der Brücke gehen wir rechts am Ufer entlang und erreichen ein weites Naturbecken mit den beeindruckenden Buchenegger Wasserfällen.

Steiles Finale Nach einer ausgiebigen Rast wartet nun der anstrengendste Teil der Rundtour auf uns. Es geht über die Brücke und dahinter in zahlreichen steilen Serpentinen einen hübschen Buchenwald hinauf bis zum Ausgangspunkt am Parkplatz.

Durch den Falltobel

Malerischer Tobel und aussichtsreiche Höhen

7

Westlich von Niedersonthofen führt ein hübscher Wanderweg in ein stilles bewaldetes Tal mit einem beeindruckenden Wasserfall als Höhepunkt. Der Rückweg der Tour verläuft hinauf über die freien Wiesenhänge des Stoffelberges mit weiten Ausblicken über das Illertal und die Alpengipfel im Süden.

Mittel | 8,1 km | 270 Hm | 3.15 Std.

Tourencharakter
Teilweise breitere Wirtschaftswege, überwiegend jedoch schmale Waldwege, die nach nassen Tagen an manchen Stellen recht matschig sind.

Ausgangs-/Endpunkt
Niedersonthofen, kleiner Wanderparkplatz am westlichen Ortsrand, 755 m

Anfahrt
ÖPNV: Busse zwischen Immenstadt und Niedersonthofen verkehren nur an Schultagen und unregelmäßig alle 1 bis 3 Stunden.
Auto: Von der B 19 Kempten–Oberstdorf Abfahrt Memhölz/Niedersonthofen, ca. 5 km nach Niedersonthofen. Von der Ortsmitte (Kirche) aus links am Gasthof zur Krone vorbei der Mühlenbergstraße etwa 1 km folgen, bis zum Waldrand kurz hinter den letzten Häusern; dort kleiner Parkplatz (Navi: 87448 Waltenhofen-Niedersonthofen, Mühlenstraße).

Einkehr
Berghof Alpenblick; Gasthof zur Krone in Niedersonthofen

Durch den malerischen Tobel zum Wasserfall Direkt hinter dem kleinen Parkplatz am Schrattenbach (750 m) beginnt der Wald, in dem wir auf einem breiten Forstweg einige Minuten kurz und knackig bergauf steigen. Bei einer Hütte biegen wir links ab und steigen wieder zum Bach hinab. Gemütlich geht es für einige Minuten direkt am munter plätschernden Wasser entlang taleinwärts, ehe wir uns wieder allmählich ansteigend vom Wasser entfernen.

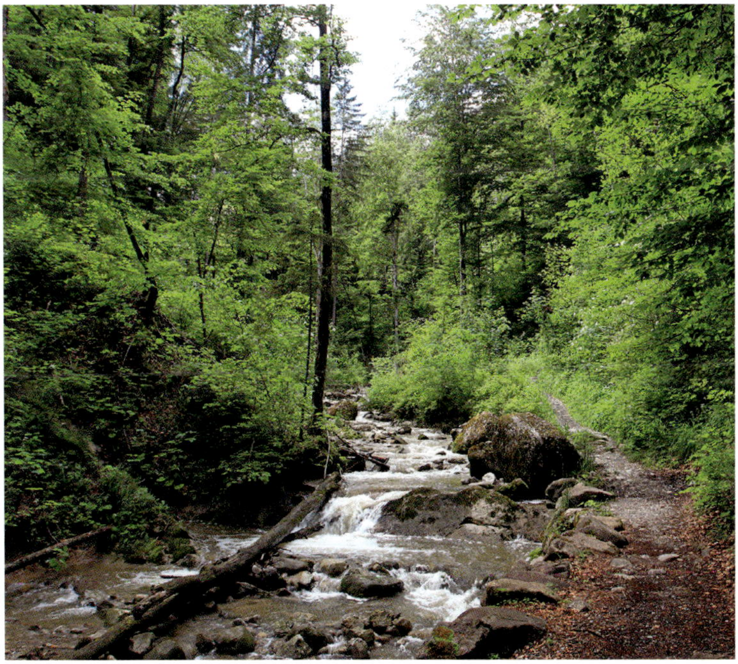

Auf schönem Waldweg geht es am Schrattenbach entlang.

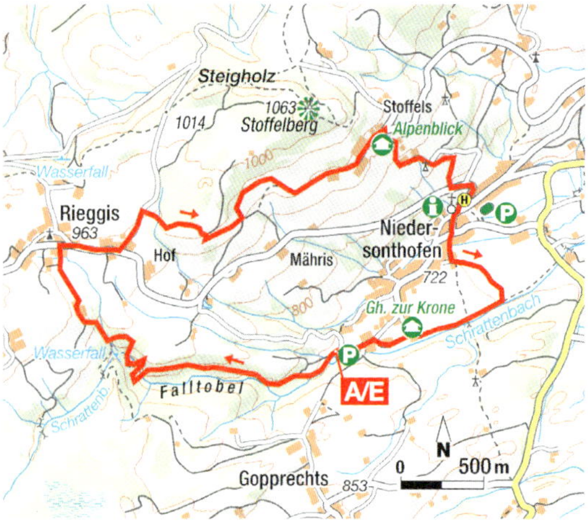

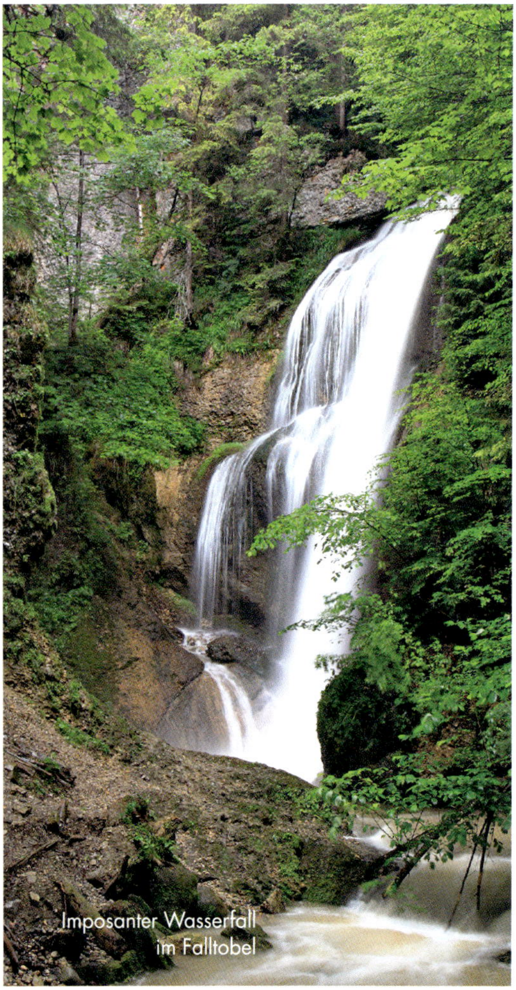

Imposanter Wasserfall im Falltobel

Bald verläuft der Weg gut 50 Höhenmeter oberhalb des Baches, wir genießen die schöne Stimmung inmitten des Laubwaldes und lauschen dem Rauschen tief unter uns. Der Weg ist allerdings durch viele Wurzeln streckenweise arg holprig und nach Regentagen sehr matschig. Schließlich verliert der Pfad wieder etwas an Höhe und nähert sich dem Bach, den wir anschließend mehrmals überqueren und mal am rechten, mal am linken Ufer entlangwandern. Dann stehen wir – am Ende eines kleinen Stichwegs – am Fuß des eindrucksvollen Wasserfalls (850 m).

Aussichtsreiche Hänge am Stoffelberg Hier ist direkt am Bach kein Weiterkommen, weshalb wir erneut über einen kleinen Steg auf die rechte Uferseite wechseln müssen, um dann recht steil im Wald bergan zu steigen. Schließlich erreichen wir den oberen Waldrand und offenes Wiesengelände, über das wir zum kleinen Weiler Rieggis (963 m) hinaufsteigen. Dort folgen wir der Hauptstraße rechts aus dem Ort hinaus, um gut 300 Meter weiter bei einigen Häusern links in einen Wirtschaftsweg einzubiegen. Es geht leicht bergan und nach wenigen Minuten, an einer Verzweigung, rechts weiter zum nahen Wald. Dort geht das Sträßchen in einen Wanderweg über. Auf diesem wandern wir mit einigem Rechts und Links über einen herrlich freien Wiesenhang – mit schöner Aussicht in Richtung Illertal und Berge – allmählich abwärts. Nach knapp 20 Minuten erreichen wir ein Gehöft sowie eine Straße, die uns in wenigen Minuten zum Berghof Alpenblick (900 m) bringt, der zur Einkehr lädt.

Etwa 200 Meter dahinter zweigt ein Fußweg nach rechts ab, der in einigen Kehren und an vereinzelten Häusern vorbei den steilen

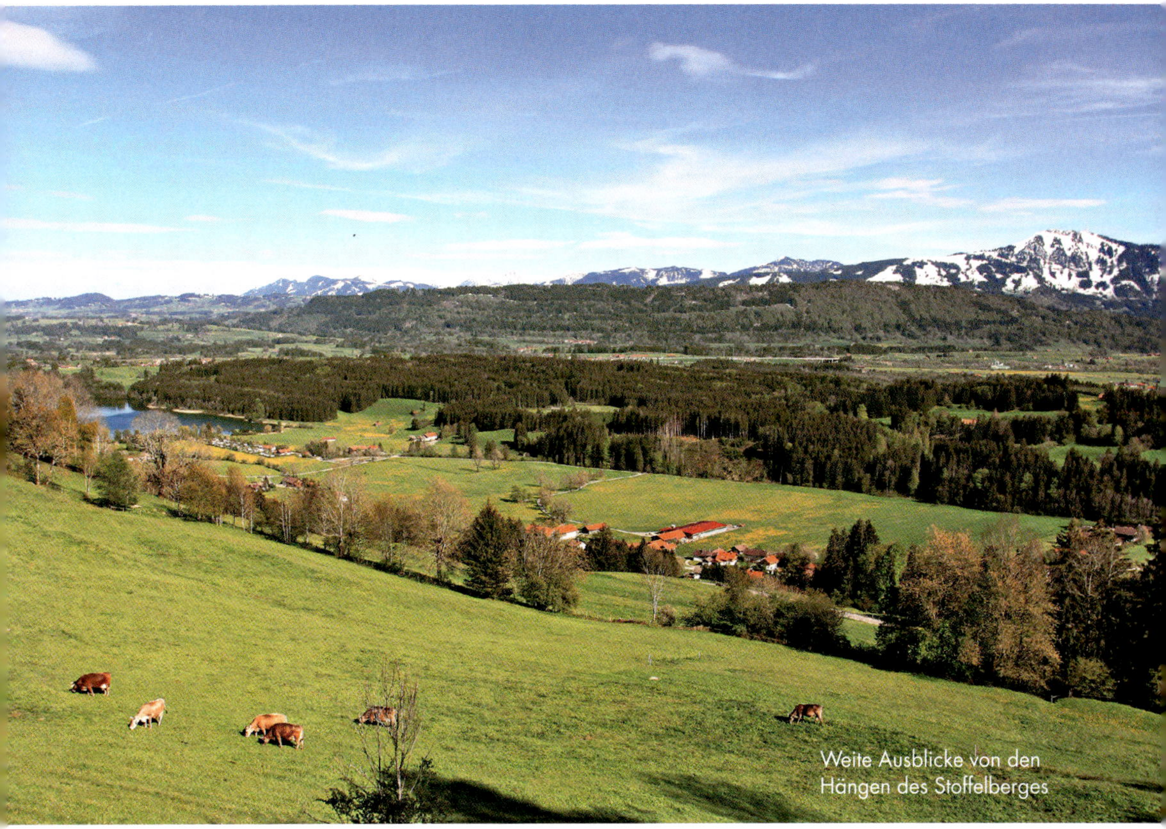

Weite Ausblicke von den Hängen des Stoffelberges

Wiesenhang hinabführt. Knapp oberhalb der Niedersonthofener Kirche stoßen wir auf eine Autostraße, an der wir über eine Kehre (ohne Fußweg, Vorsicht!) in den Ort hinabsteigen müssen. Dort geht es nach rechts, an der Kirche und am Gasthof zur Krone vorbei, gleich dahinter erneut rechts und sofort wieder links in den Holzachweg. An dessen Ende nehmen wir den Weg nach links, an einem Bauernhof vorbei und auf einer Allee mit großen, alten Bäumen im weiten Rechtsbogen bis zum Südrand der Wiesenebene. Dort wenden wir uns nach rechts und wandern am Schrattenbach entlang einen knappen Kilometer zurück zum Ausgangspunkt am Wanderparkplatz.

Niedersonthofener See

Abkühlung an heißen Sommertagen oder auch nur ein gemütliches Ausklingen am Ende der Tour bietet der wunderschöne Niedersonthofener See östlich von Niedersonthofen. Gleich am Westufer lockt ein hübscher Badestrand, ein weiterer bei Oberdorf. Auf einem gepflegten Rundweg (ca. 9 km) kann man auch um den See wandern, mit mehreren Einkehrmöglichkeiten unterwegs.

8 Im Rohrbachtobel

Stiller Tobel südlich von Buchenberg

Mittel	6,7 km	150 Hm	2.30 Std.

Tourencharakter
Im Wald breite Forstwege, im Tobel schmale Pfade, nach Regentagen arg matschig und rutschig.

Ausgangs-/Endpunkt
Buchenberg, Wanderparkplatz, 905 m

Anfahrt
ÖPNV: Busse von Kempten und Isny bis Buchenberg Kirche/Rathaus, von dort ca. 600 m Fußweg.
Auto: Buchenberg liegt ca. 6 km Luftlinie südwestlich von Kempten. Am östlichen Ortsende von Buchenberg, von der Straße Richtung Waltenhofen, auf einer Stichstraße ca. 400 m bis zum Parkplatz am Waldrand (Navi: 87474 Buchenberg, Wirlinger Straße 33).

Einkehr
Keine unterwegs

Auf dieser Wanderung kommen wir in den Genuss des urtümlichen und recht einsamen Rohrbachtobels mit seinen kleinen, aber sehenswerten Wasserfällen. Gemütliche Wege durch den Wirlinger Wald sowie ein Besuch des Aussichtspunktes Spießeck runden die Tour ab.

Durch den Wald zum Tobel Vom Wanderparkplatz spazieren wir auf einem breiten Forstweg in den Wald hinein und erreichen nach ca. 500 Metern eine Wegkreuzung am Beginn einer größeren Lichtung. Dort halten wir uns rechts, nach knapp 400 Metern an einer Gabelung am Ende der Lichtung geradeaus und an einer weiteren Kreuzung kurz darauf erneut geradeaus. An der dann nach wenigen Minuten folgenden Kreuzung im Wald wenden wir uns nach links. Nun geht es einen knappen Kilometer südwärts durch den Wald. Gegen Ende geht der breite Forstweg in einen Wanderweg über und verliert allmählich an Höhe, um schließlich in einen engen Taleinschnitt mit steilen Hängen hinunterzuführen, durch den der Rohrbach hindurchströmt.

Durch den Rohrbachtobel Dort erwartet uns gleich zu Beginn ein echtes Highlight. Vom Eisensteg, der über den Bach hinüberführt, haben wir einen schönen Blick auf einen eindrucksvollen Wasserfall zur Linken. Das Wasser stürzt zwei Steilstufen hinunter, die zwar nicht besonders hoch sind, aber mit ihrer ele-

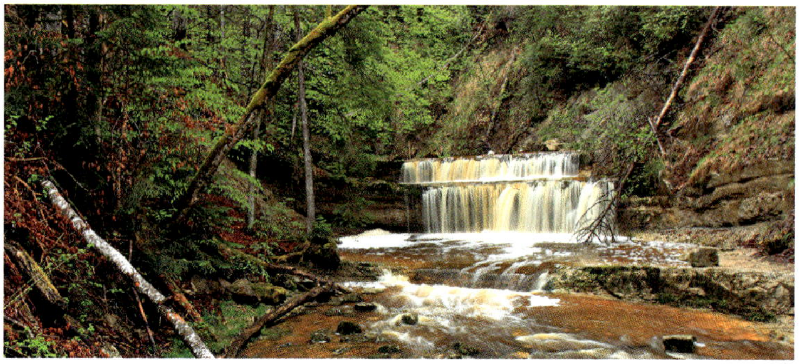

Im Rohrbachtobel

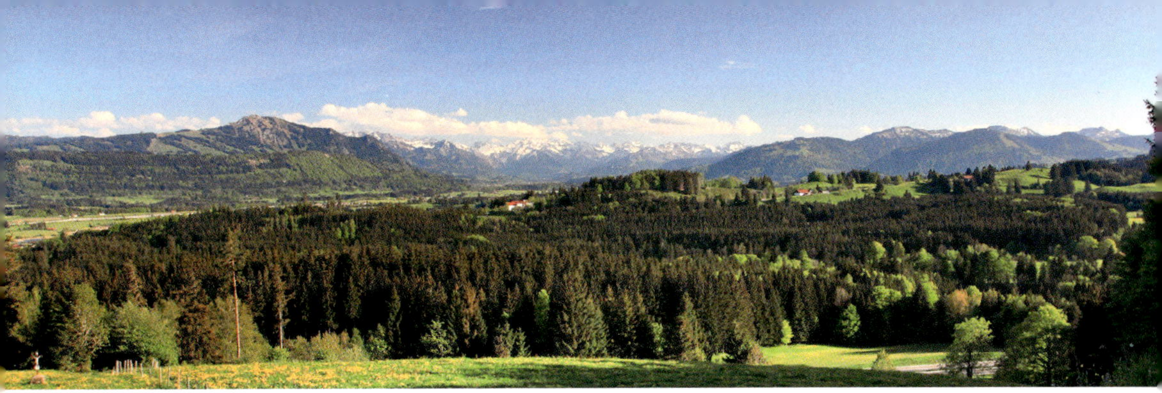

Panorama vom Spießeck

ganten Bogenform der ganzen Tobel-Szenerie fast etwas Künstlerisches verleihen. Eine schöne Stimmung ist es allemal! Die Tobelhänge sind nicht nur steil, sondern wirken auch insgesamt sehr rutschanfällig. Für einen Wanderweg am Ufer ist leider kein Platz, sodass der Weg kurz hinter der Brücke wieder allmählich links am Hang hinaufführt. Während rechts unter uns der Rohrbach munter vor sich hin rauscht, gewinnen wir so immer weiter an Höhe. Der Weg ist oft sehr schmal und durch Wurzeln holprig, die Hangneigung steil, und die gesamte Wald-Tobel-Landschaft sehr wild und urtümlich. Das schwierige Gelände entzieht sich ohnehin jeglicher forstwirtschaftlicher Nutzung.

Rückweg übers aussichtsreiche Spießeck Schließlich verlassen wir den Tobel und erreichen die linke Schulter des Taleinschnitts mit einer kleinen Schutzhütte (863 m). Wir halten uns rechts und folgen einem Wegweiser Richtung Spießeck. Ein schmaler Pfad verläuft am Rand des nach rechts tief abfallenden Taleinschnittes ostwärts, quert ein kleines Bächlein und steigt dann im Wald allmählich an bis zu einer Wegkreuzung. Dort kommen wir nach rechts in wenigen Minuten zum Spießeck (873 m). Vom nahen Waldrand öffnet sich ein schöner Blick über das Illertal bis zum Grünten und den Allgäuer Alpen im Hintergrund.

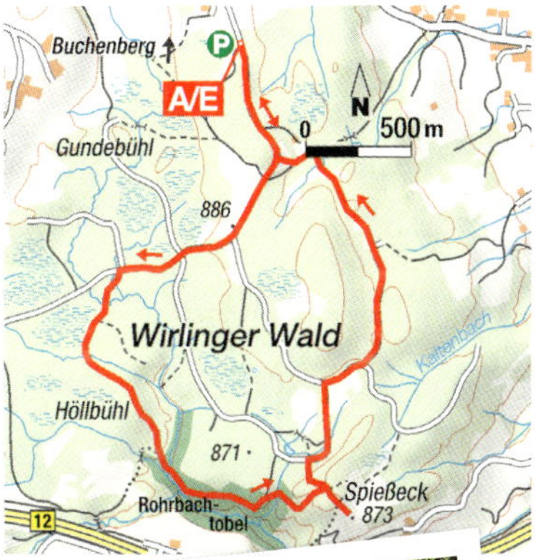

Zurück zur kleinen Wegkreuzung und ca. 200 Meter geradeaus auf einem schmalen Pfad gelangen wir zu einem breiten Forstweg. Auf diesem rechts kommen wir in wenigen Minuten zu einer Wegkreuzung, wo wir uns erneut rechts halten. Für die nun folgenden knapp 1,5 Kilometer geht es im leichten Bogen weiter nordwärts bis zu einem breiten Querweg, wo wir uns links halten. Wir queren eine kleine Lichtung und biegen kurz darauf rechts ab. Auf dem nun folgenden Forstweg gelangen wir in wenigen Minuten zurück zum Ausgangspunkt.

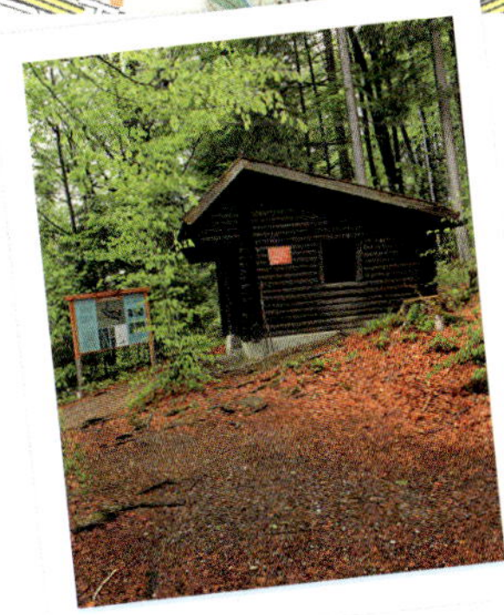

Unten: Schutzhütte im Wald auf dem Weg zum Spießeck

9 Großer Alpsee und Gschwender Wasserfall

Herrliche Seeumrundung mit Kaskaden

Leicht	11,1 km	170 Hm	3.30 Std.

Tourencharakter
Am Seeufer entlang Spaziergang-Charakter; auf dem Rückweg auf der Bergseite einige steilere Passagen mit holprigem Untergrund.

Ausgangs-/Endpunkt
Bühl am Alpsee, Parkplatz im Ort, 745 m

Anfahrt
ÖPNV: Vom Bahnhof Immenstadt ca. 2 km Fußweg entlang der Konstanzer Ach nach Bühl bzw. Busse Richtung Oberstaufen, ca. stündlich.
Auto: Von Immenstadt auf der B 308 Richtung Oberstaufen; großer Alpsee-Parkplatz oben in Bühl direkt an der Durchgangsstraße (nicht unten am Seeufer!) (Navi: 87509 Immenstadt-Bühl, Kirchsteige).

Einkehr
Seecafé Hauser; Restaurant Seemanns; Landgasthof Jägerhaus; diverse Möglichkeiten in Bühl am See

Zugegebenermaßen ist der Gschwender Wasserfall auf dieser Tour nur das Sahnehäubchen. Der eindrucksvolle Wasserfall dient als Einstimmung auf die schöne Wanderung um den Großen Alpsee, einen der herrlichsten Seen im gesamten Allgäu.

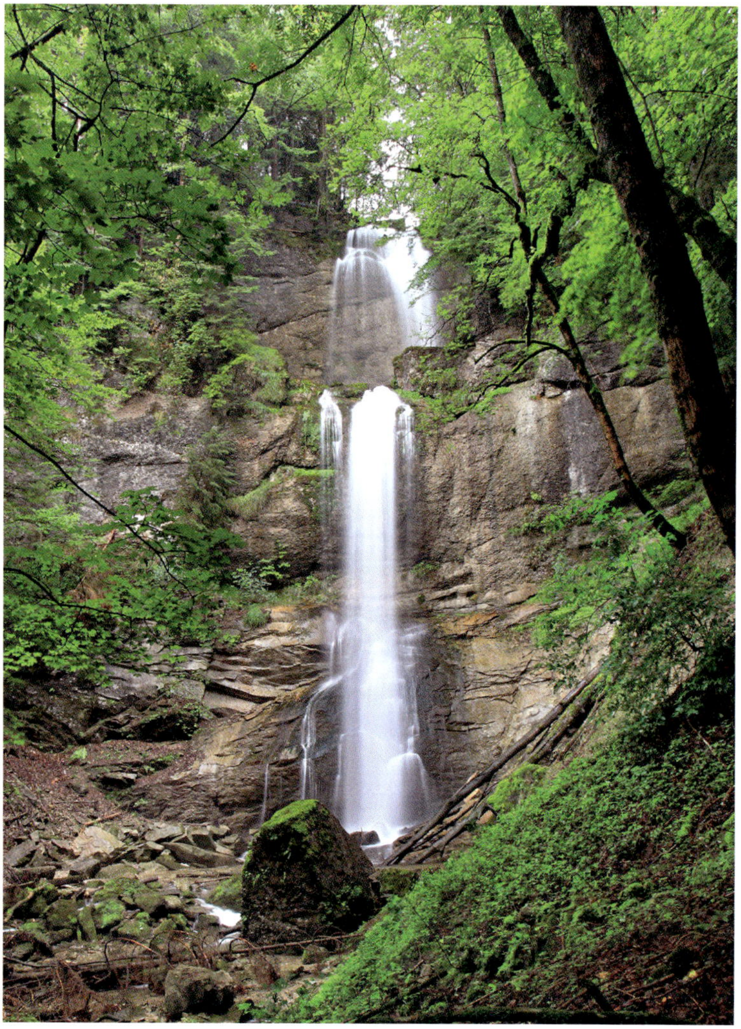

Naturschauspiel am Gschwender Wasserfall

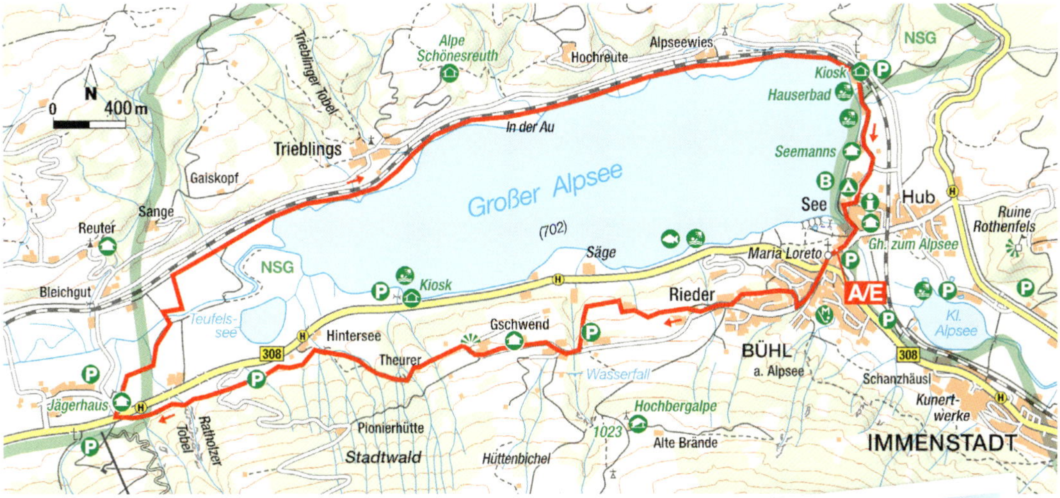

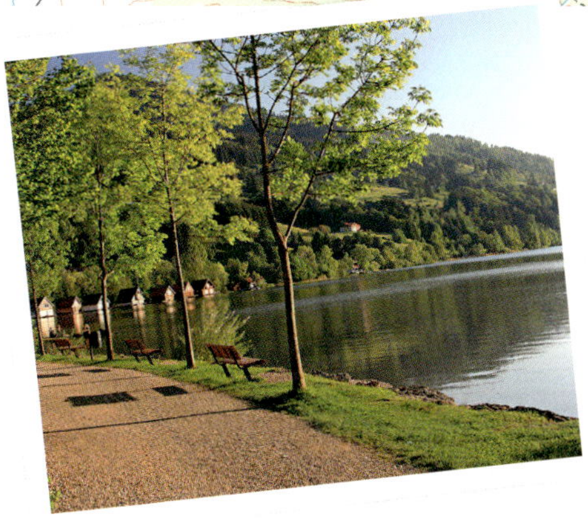

Abendstimmung am Ufer des Großen Alpsees

Zum Gschwender Wasserfall Vom Parkplatz in Bühl (745 m) aus unterqueren wir die viel befahrene Hauptstraße und gehen die Rieder Steige bergwärts. Nach gut 250 Metern zweigt rechts ein Fußweg ab, auf dem wir am unteren Rand der Häuser weiter bergan schreiten. Weiter oben treffen wir wieder auf die Straße und halten uns rechts. Bereits wenige Schritte weiter folgen wir rechts einem Fahrweg zu einem einzeln stehenden Haus und dahinter einem Pfad geradeaus weiter quer zum Hang hinüber zum Wald, in dem sich ein tiefer Taleinschnitt verbirgt. Es geht kurz bergauf, bis rechts ein schmaler Stichweg hinab in den bewaldeten Einschnitt führt. Gleich darauf stehen wir unterhalb des erstaunlich hohen Gschwender Wasserfalls. Anschließend gehen wir zurück zum Weg und weiter recht steil bergauf bis zu einem großen Parkplatz (855 m).

Durch Wald und Tobel zum Alpsee Am Parkplatz halten wir uns rechts und spazieren auf einer Straße (die zu einigen vereinzelten Häusern hier oben führt) westwärts, während sich zu unserer Rechten unten im Tal der Alpsee ausbreitet. Nach knapp einem Kilometer geht die Straße in einen Fußweg über, der in den Waldweg eintaucht. Der Weg verläuft durch einen hübschen Wald, quert dabei zahllose kleine Tobel und Bäche und verliert allmählich an Höhe.

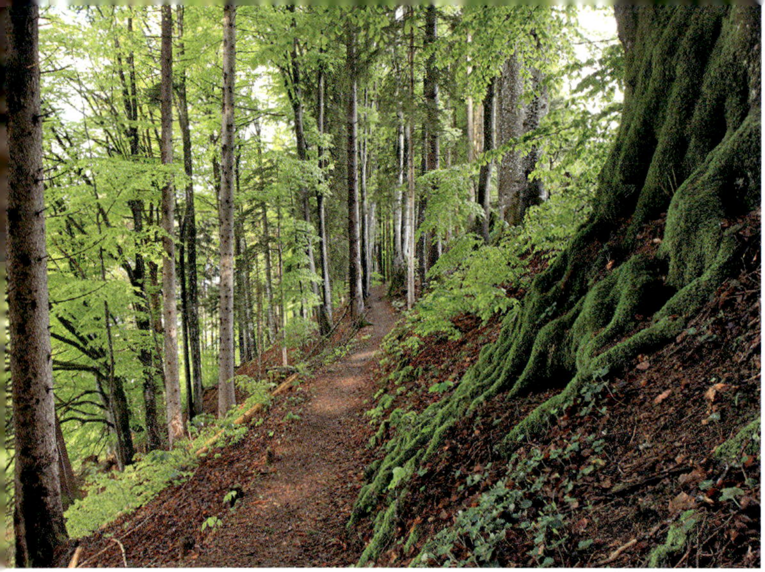

Oberhalb eines Bauernhofes – und gegenüber des einsamen Teufelsees – endet der Wald und wir wandern quer über einen Wiesenhang weiter. Für einige Zeit begleitet uns nun leider der etwas störende Verkehrslärm der nahen B 308. Dann erreichen wir den Trubel rund um die Talstation der Ganzjahres-Rodelbahn Alpsee-Coaster, unterqueren schnell die Bundesstraße und steuern wieder ruhigere Ecken an. Es geht vorbei am Gasthof Jägerhaus und rechts über einen kleinen Bach, dann erreichen wir wieder Wiesen. Der Wanderweg führt hinüber zur Konstanzer Ache, die wir auf einem kleinen Steg überqueren. Danach noch wenige Minuten geradeaus über eine Wiese bis zu einem breiten Querweg. Dort halten wir uns rechts und spazieren gemütlich ostwärts und erreichen bald darauf das Nordwestufer des Großen Alpsees (725 m).

Schöner Waldweg auf der Südseite des Tales

Der Große Alpsee liegt idyllisch inmitten von Wiesen und Wäldern.

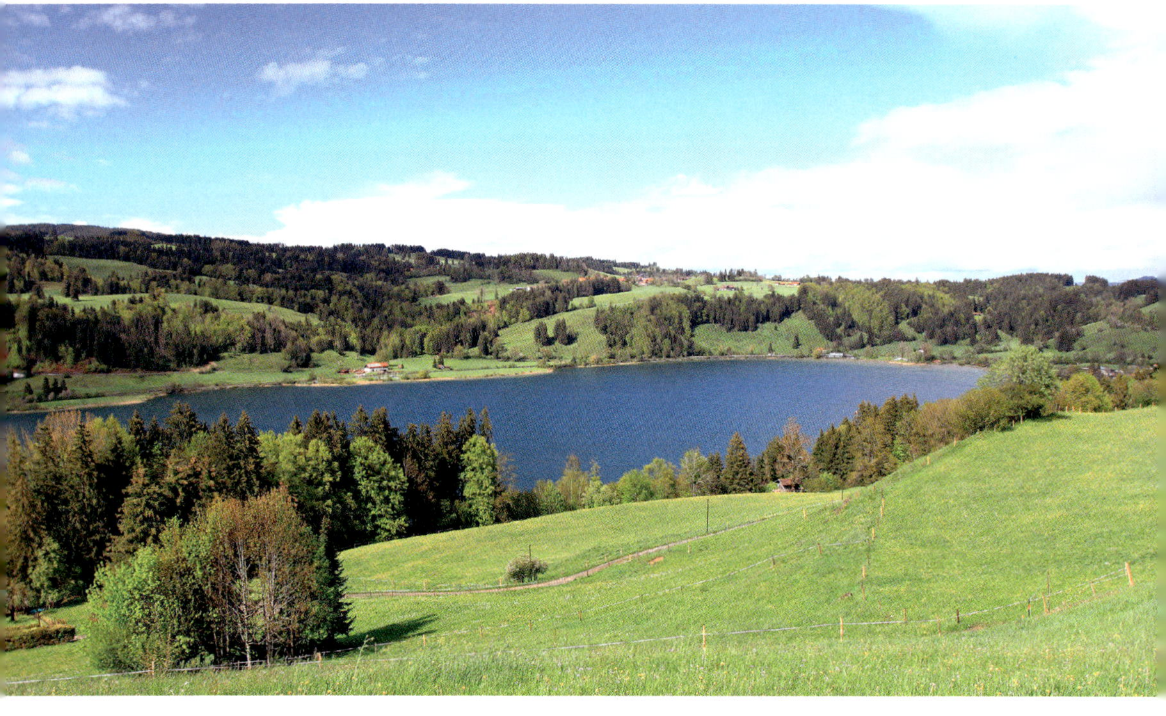

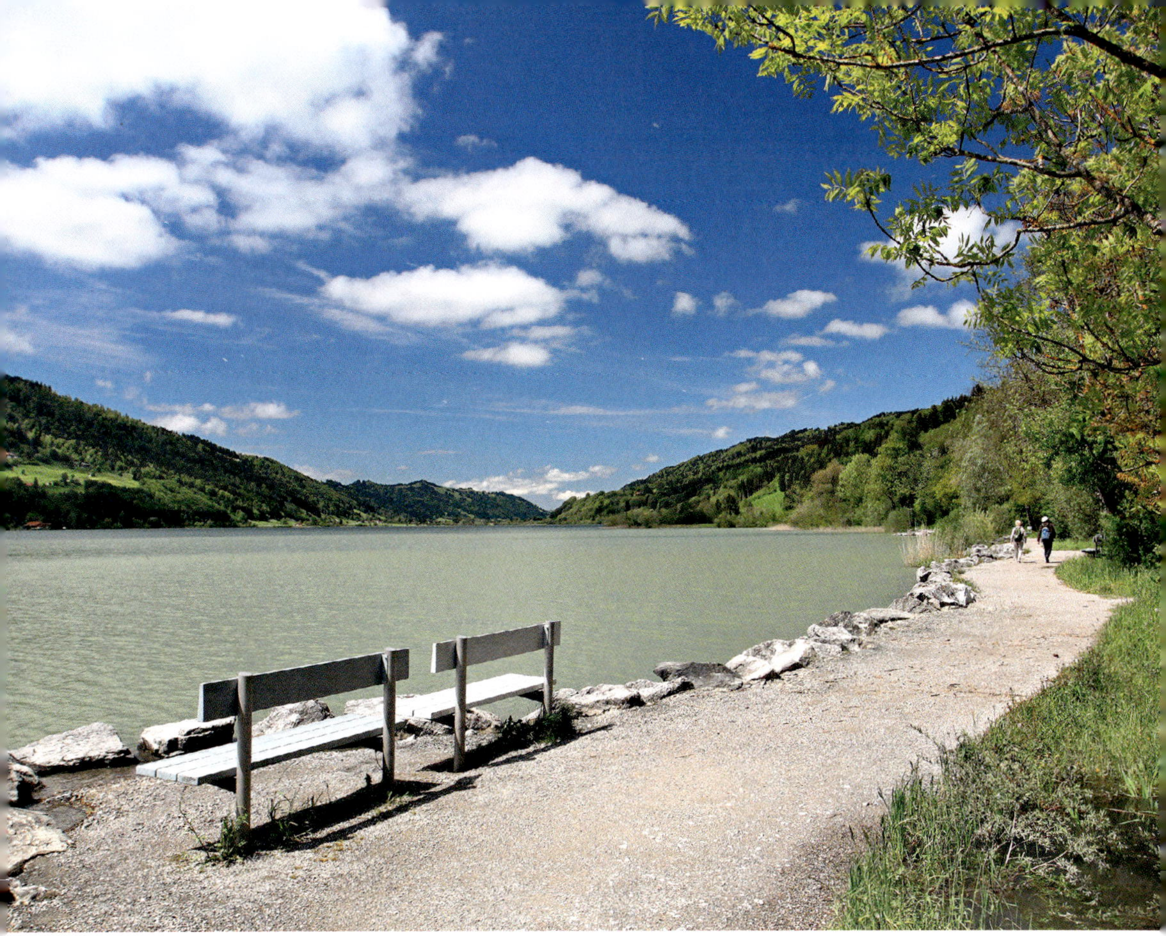

Alpsee-Uferweg zum Genießen Vor uns liegt nun ein sehr hübscher und entspannter, gut 4 Kilometer langer Spazierweg, teils etwas vom Ufer entfernt entlang von Feuchtwiesen und Schilfgürteln, über weite Strecken aber direkt am Wasser entlang. Bänke und schöne Aussichten sorgen dafür, dass man für die Strecke meist etwas länger braucht als erwartet. Der Weg ist gut besucht, wobei es ab dem Café Hauser am Nordostzipfel noch belebter wird und die Uferpromenade entlang des Ostufers beginnt. Mit schönem Blick über die Wasserfläche gelangen wir schließlich zum Hafen Bühl mit seinem umfangreichen touristischen Angebot. Von dort geht es zum Schluss noch einige Meter hinauf zum Ausgangspunkt am Parkplatz.

Gemütlicher Uferweg am Großen Alpsee

Großer Alpsee

Der Große Alpsee ist der größte Natursee des Allgäus. Sein Ostufer ist fest in touristischer Hand: Rund um den kleinen, gemütlichen Hafen von Bühl findet man Minigolf, Eisdiele, Tretbootverleih etc., und entlang der Uferpromenade gibt es immer wieder kleine Badebuchten mit Seezugang. Und bei allem Trubel herrscht doch eine ganz angenehme Atmosphäre (Info: www.alpsee-immenstadt.de).

10 Mittagberg und Steigbachtobel

Höhepunkte am Mittag bei Immenstadt

Mittel | 6,4 km | 60/700 Hm | 2.30 Std.

Tourencharakter
Meist breite Schotter- und Teerwege, teils recht steiler Abstieg.

Ausgangs-/Endpunkt
Immenstadt, Talstation der Mittagbahn, 780 m. Sessellift, Betriebszeiten Anfang Mai bis Anfang November 8.00–17.00 Uhr, Tel. +49 8323 6149, www.mittagbahn.de; Bergstation 1419 m

Anfahrt
ÖPNV: Etwa alle halbe Stunde Bahnverbindung von Oberstdorf, Oberstaufen bzw. Kempten nach Immenstadt; ca. 15 Min Fußweg vom Bahnhof/Busbahnhof zur Talstation. Auto: Die Talstation liegt am Südrand von Immenstadt. Etwas verwirrende Anfahrt durch ein Wohngebiet; Parkplatz am Lift (Navi: 87509 Immenstadt, Mittagstraße 30).

Einkehr
Restaurant Gipfelwirt Mittagberg an der Mittagbahn-Bergstation (1451 m); Oberbergalpe (1320 m); Schwandenalpe (1240 m); Rasthaus am Mittag an der Mittagbahn-Mittelstation (1080 m)

Oberhalb von Immenstadt liegt der wilde Steigbachtobel, der im Ort im Laufe der Zeit schon für die eine oder andere Überschwemmung gesorgt hat. Wir verbinden eine Durchquerung des schönen Tobels mit einer Liftfahrt auf den Panoramaberg Mittag mit seinen weiten Wiesenhängen und einem Besuch der Oberbergalpe.

Über den Bärenkopf zur Oberbergalpe Mit dem Sessellift schweben wir sehr gemütlich – mit Umsteigen an der Mittelstation – über die Baumwipfel und über offene Wiesen hinauf zur Bergstation unterhalb des Mittaggipfels (1451 m), wo sich uns ein wunderbares Panorama über die Allgäuer Alpen, das lange Illertal und das Alpenvorland mit Immenstadt bietet. Ein breiter Schotterweg führt mit leichtem Auf und Ab zum etwa 15 Minuten entfernten Bärenkopf mit einer kleinen, von einem Gipfelkreuz gekrönten Felskuppe (1450 m) inmitten der Wiesen.

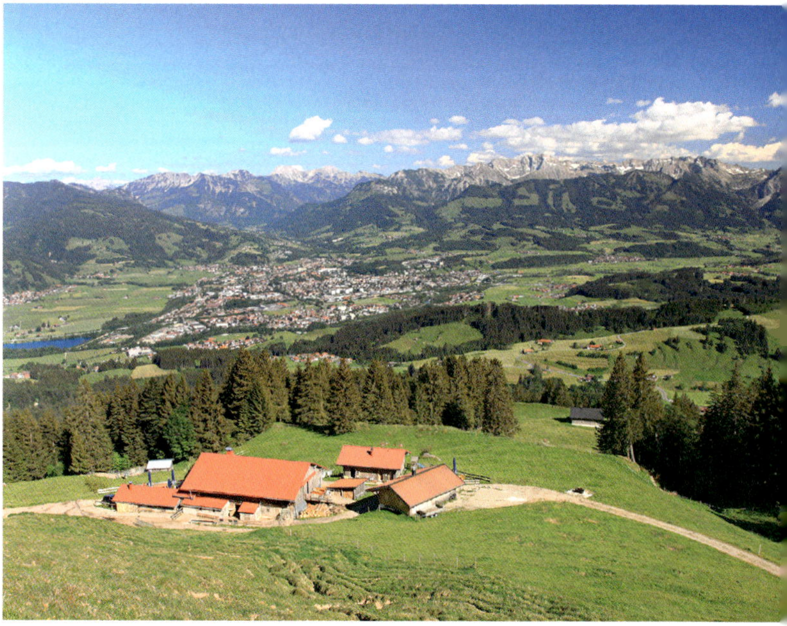

Die Oberbergalpe in Balkonlage über dem Illertal

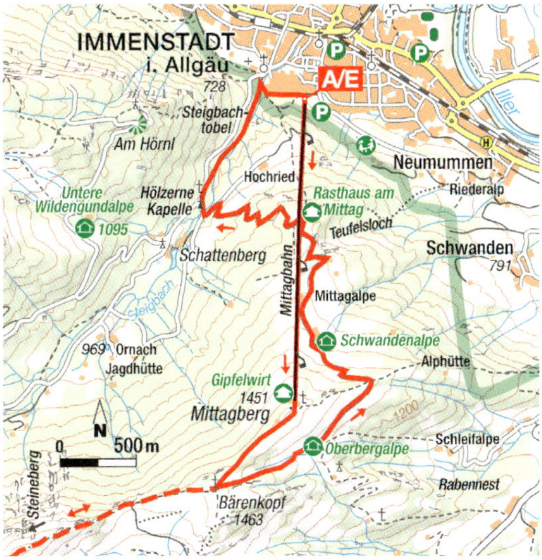

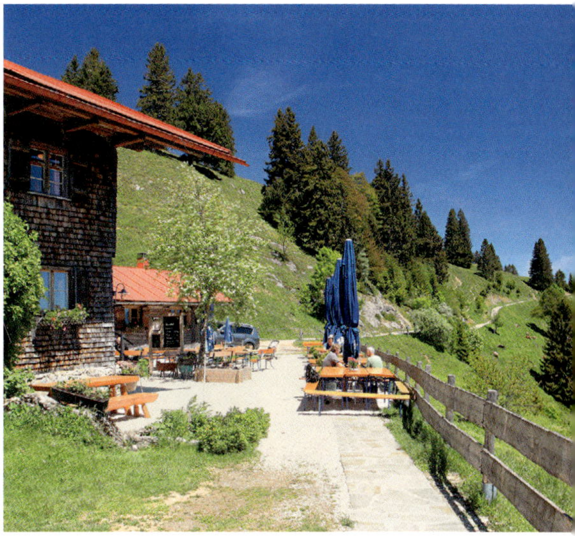

Gemütliche Einkehr in der Oberbergalpe

Richtung Westen haben wir einen schönen Blick auf den Steineberg-Gipfel. Hier biegen wir scharf links ab und steigen in einer bewaldeten Rinne recht steil und streckenweise etwas wurzelig hinab zur nahen Oberbergalpe (1320 m) mit schönem Blick ins Illertal.

Abstieg über aussichtsreiche Bergwiesen Von der Alphütte führt ein breiter, ebener Fahrweg in nordöstlicher Richtung in wenigen Minuten hinüber zum Grat und auf die Nordseite des Mittags. In Sichtweite des Lifts wandern wir gemütlich auf der Almstraße über freie Wiesen in weiten Kehren abwärts, wobei der Blick weit über das sich vor uns ausbreitende Alpenvorland schweifen kann. Wir passieren die neu errichtete Schwandenalpe (1240 m), gleich darauf die Mittagalpe (1210 m) und erreichen schließlich die Lift-Mittelstation (1080 m). Der folgende Abstieg auf einer steilen Teerstraße durch dichten Wald ist etwas unangenehm für die Knie, aber bald haben wir den Talboden erreicht, queren den Steigbach und gelangen zu einer hübschen Holzkapelle (914 m).

Steineberg

Wer diese Tour noch um einen weiteren Gipfel erweitern möchte, kann vom Bärenkopf hinauf zum Steineberg wandern (plus 250 Höhenmeter und 1.30 Std. insgesamt). Oben warten prächtige Ausblicke ins Illertal sowie – als Zusatz-Angebot für kletterfreudige und schwindelfreie Wanderer – eine fast senkrechte, gut 20 Meter lange Leiter hinauf zum Gipfel (kann umgangen werden).

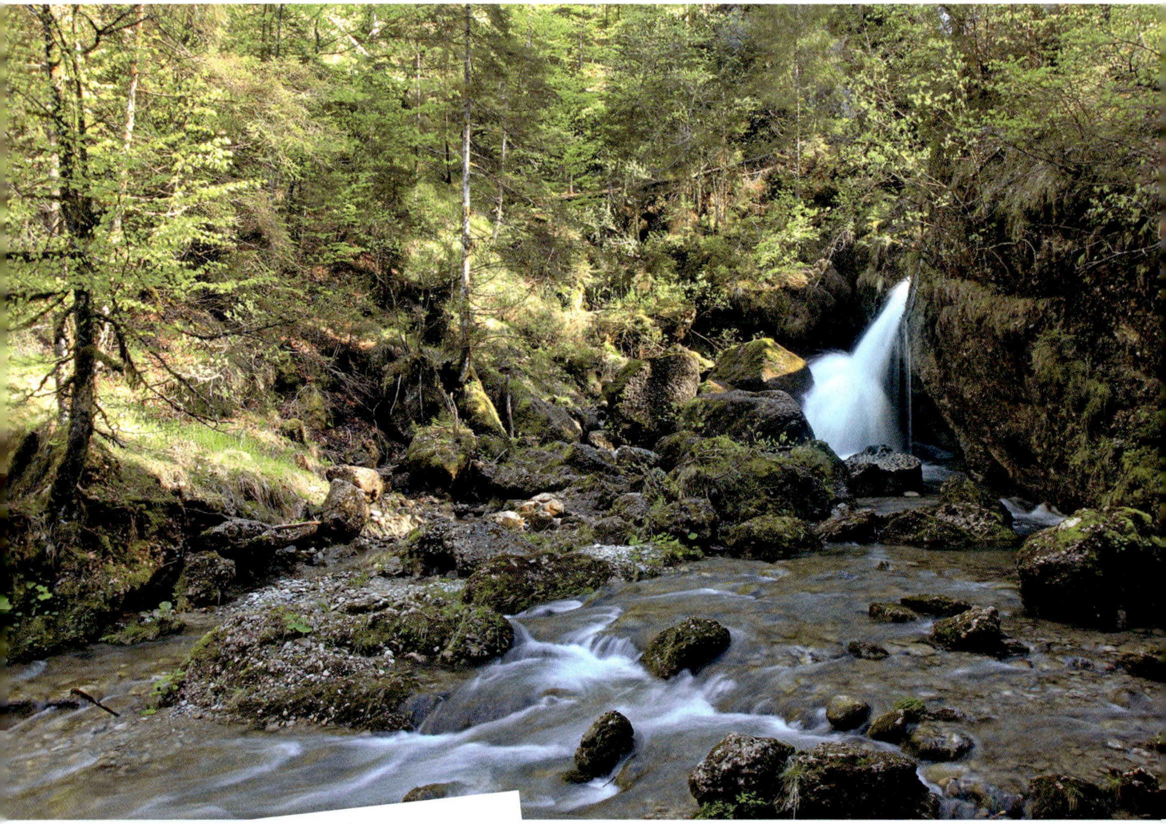

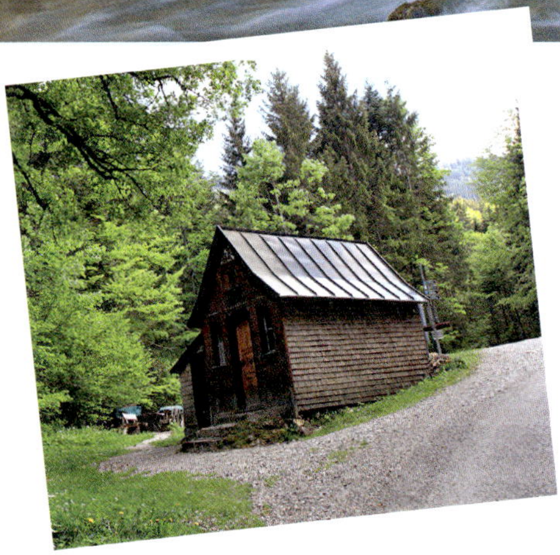

Durch den Steigbachtobel Direkt hinter der Kapelle zweigt rechts ein schmaler Pfad von der Schotterstraße ab und taucht in den Steigbachtobel ein. Der Fußweg verläuft zwar oft nur wenige Meter von der Schotterstraße entfernt, aber oft fühlt man sich im engen, steilen Tobel in einer eigenen Welt. Eine ganz schöne Szenerie umgibt uns: lichter Mischwald, kleine Wasserfälle und Stromschnellen, dazwischen ruhige Flusspassagen und immer wieder mächtige Nagelfluhfelsen.

Hölzerne Kapelle im Steigbachtobel

Ganz oben: Im wilden Steigbachtobel

Der schmale Pfad verliert stetig an Höhe, verläuft dabei fast immer am Wasser, bis wir am unteren Tobelende wieder auf die Straße stoßen. Noch ein kurzes Stück geht es steil bergab, dann rechts über eine Holzbrücke und am unteren Waldrand hinüber zur Mittagbahn-Talstation (780 m).

Durch den Ostertaltobel

11

Hübsche Wasserfälle im Ostertal

Im Gunzesrieder Tal gibt es nicht nur den Haldertobel (siehe Tour 12) zu entdecken, sondern auch den idyllischen Ostertaltobel. Aus einem Seitental kommend durchströmt der Ostertalbach ein reizvolles Waldtal mit Kiesbänken, mächtigen Nagelfluhfelsen und hohen Wasserfällen.

Mittel	3,5 km	100 Hm	1.30 Std.

Tourencharakter
Im Tobel schmale, aber überwiegend leichte Waldwege am Wasser entlang, einige kurze, steile Anstiege dabei. Der Rückweg verläuft auf breiten Wirtschaftswegen.

Ausgangs-/Endpunkt
Gunzesried-Säge, 933 m, im Gunzesrieder Tal, Parkplatz und Bushaltestelle

Anfahrt
ÖPNV: Mit Bussen machbar, aber ggf. viel Geduld; Busse ab Sonthofen alle 1 bis 2 Std.
Auto: Die B 19 aus Kempten kommend bis Ausfahrt Sonthofen Nord, dort Richtung Blaichach, nach knapp 2 km links hinauf ins Gunzesrieder Tal und weitere 7 km bis nach Gunzesried-Säge (Navi: 87544 Blaichach-Gunzesried, Säge).

Einkehr
Buhl's Alpe (1004 m); Kamin-Eck (940 m)

Durch den malerischen Tobel Vom großen Parkplatz bei Gunzesried-Säge (933 m) folgen wir der Straße westwärts, queren dabei den Ostertalbach und biegen im Dorf in die erste Straße links ein. Knapp 150 Meter weiter befindet sich links der Einstieg in den Ostertaltobel (hier Eistobel genannt). Ein schmaler Pfad führt in einen bewaldeten Einschnitt hinein und erreicht das Flussufer. Direkt am Wasser entlang wandern wir flussaufwärts,

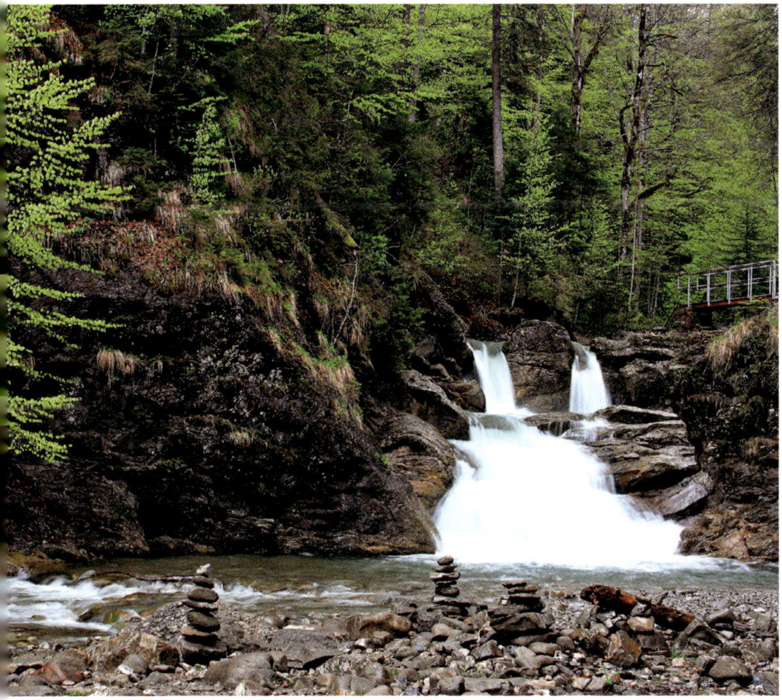

Kaskaden im Ostertaltobel

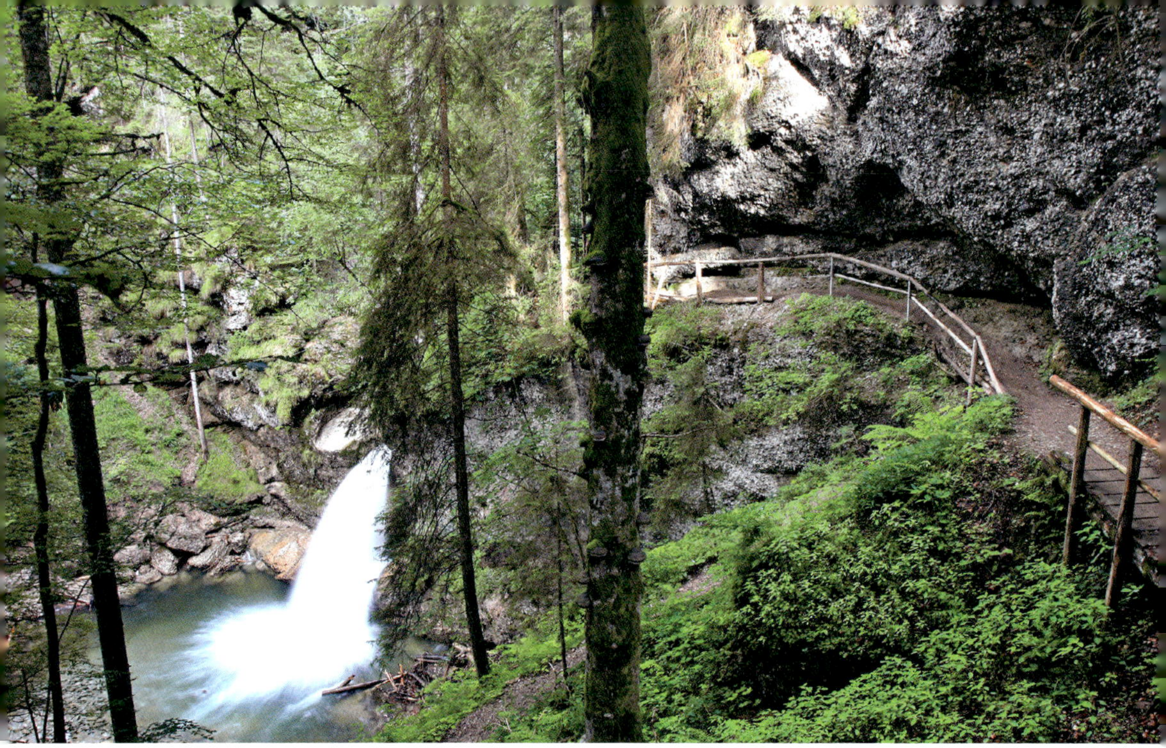

Steilere Passage im wildromantischen Ostertaltobel

und schon nach wenigen Schritten wird der Tobel wilder. Mächtige Nagelfluhfelsen liegen verstreut im Flussbett, und der Weg steigt allmählich an. An steilen Felswänden entlang biegen wir um eine Kurve und haben einen überraschenden Blick auf einen hohen Wasserfall direkt unter uns. Der Weg führt am Hang entlang im Bogen hinüber zur Oberkante des Wasserfalls.

Dahinter erwartet uns ein etwas stillerer Tobelabschnitt, die Hänge sind steil und sehen recht rutschgefährdet aus und der Fluss plätschert gemütlich dahin. Bis vor uns ein weiterer Wasserfall (985 m) auftaucht. Fast lehrbuchhaft kann man hier eine – auch in anderen Tobeln im Nagelfluhbereich typische – geologische Abfolge erkennen: harte, felsige Nagelfluhschichten, an denen sich das einschneidende Wasser etwas schwerer tut und sich schöne Wasserfälle gebildet haben, dazwischen im ständigen Wechsel weichere Schichten mit rutschigen, steilen Hängen. Auf einem Steg direkt über dem Wasser-

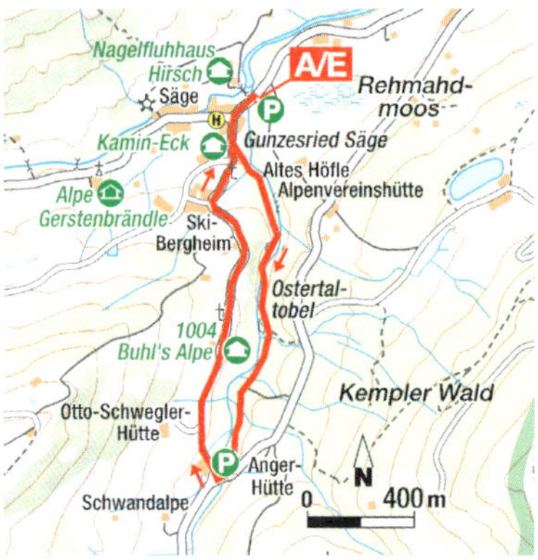

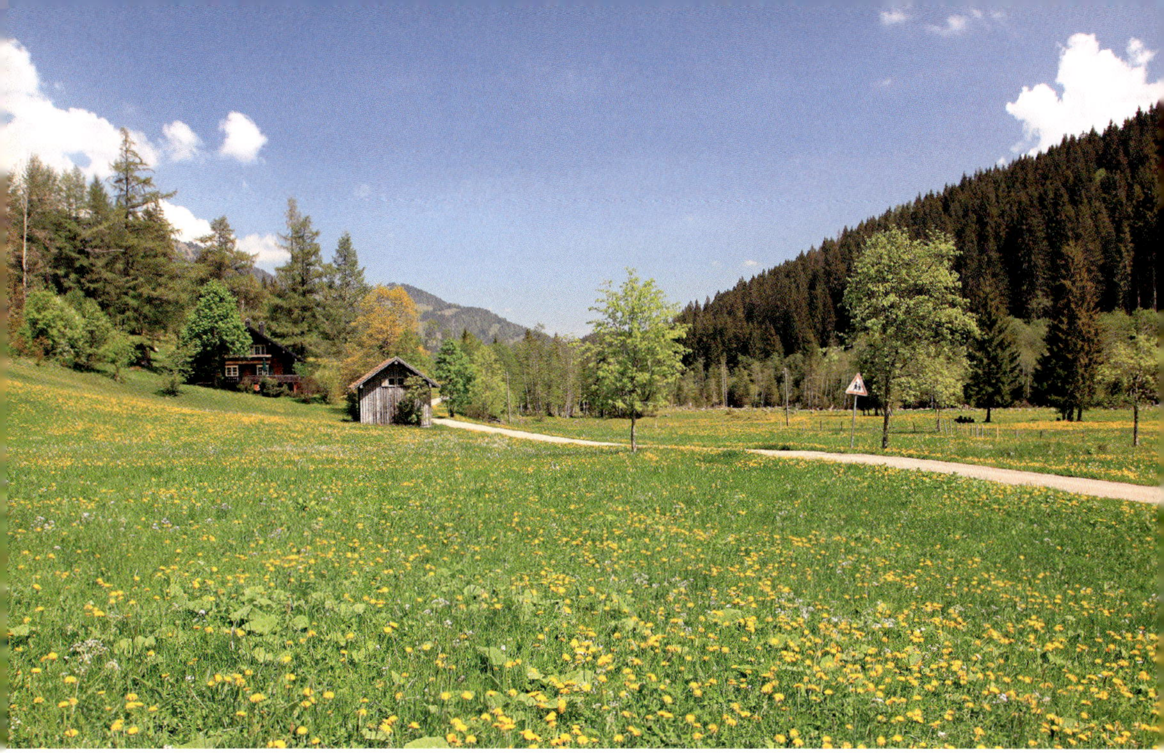

Der Rückweg führt durch die Wiesenlandschaft des Ostertals.

fall wechseln wir auf das gegenüberliegende Ufer und erreichen nur wenige Schritte weiter den nächsten Wasserfall, der eine mächtige, quer im Fluss liegende Nagelfluhwand hinabschießt. Um diese Felswand zu überwinden, steigt auch der Weg sehr steil an. Mit diesem Wasserfall lassen wir den wilden Teil des Tobels hinter uns, oberhalb ähnelt der Ostertalbach nurmehr einem gemütlichen Waldbach. Der Weg verläuft hier durch einen hübschen, urigen Wald, begleitet vom Plätschern des Wassers rechts von uns.

Zurück über Buhl's Alpe Hinter einer kleinen Lichtung endet schließlich der Tobelweg, wir überqueren erneut den Fluss und gelangen zu einem Parkplatz (1000 m). Dort halten wir uns rechts und treten unseren Rückweg an, der uns auf einem breiten Schotterweg durch Wiesen in wenigen Minuten hinüber zur Buhl's Alpe (1004 m) führt. Nach einem anschließenden kurzen Waldstück geht es steil hinab zum Ort Säge sowie zu unserem Ausgangspunkt.

Gunzesrieder Tal

Das Gunzesrieder Tal liegt im Herzen des Naturparks Nagelfluhkette. Es ist eines der am stärksten von der Alpwirtschaft geprägten Täler im Allgäu. Ausgedehnte Wiesen und Bergweiden überziehen Talboden und Berghänge, und überall stößt man auf eine der zahlreichen Alphütten. Der Viehscheid im September gehört zu den größten und meistbesuchten Bayerns (Info: www.gunzesried.de).

12 Im Haldertobel

Stille Tobelwanderung im Gunzesrieder Tal

Mittel	6,3 km	200 Hm	2.30 Std.

Tourencharakter
Im Tobel schmale Pfade, oft holprig und nach Regentagen streckenweise arg matschig. Sonst ordentliche Wege.

Ausgangs-/Endpunkt
Blaichach, Bahnhof, 733 m

Anfahrt
ÖPNV: Züge zwischen Immenstadt und Oberstdorf mindestens stündlich.
Auto: Blaichach liegt genau zwischen Immenstadt und Sonthofen, jeweils 4 km entfernt, westlich der Iller. Der Bahnhof mit Parkplatz befindet sich direkt in der Ortsmitte (Navi: 87544 Blaichach, Immenstädter Straße 3).

Einkehr
Keine unterwegs; diverse Möglichkeiten in Blaichach

Der Ausgang des Gunzesrieder Tales liegt gut 100 Meter über dem Boden des Illertales. Diesen Höhenunterschied überwindet die Gunzesrieder Ach in Gestalt eines schönen Tobels mit wilden Stromschnellen, kleinen Wasserfällen und idyllischen Waldpassagen, die wir auf dieser Wanderung erkunden.

Durch den stillen Haldertobel Vom Blaichacher Bahnhof (733 m) gehen wir ca. 500 Meter entlang der Hauptstraße südwärts und folgen (beim Betriebsgelände Bosch) rechts dem steilen Schlossbergweg hinauf. Schnell lassen wir den Ort hinter uns und steigen weiter im Taleinschnitt der Gunzesrieder Ach aufwärts. Die Straße geht bald in einen Wanderweg über, der an der rechten Seite des engen Taleinschnitts flussaufwärts führt.

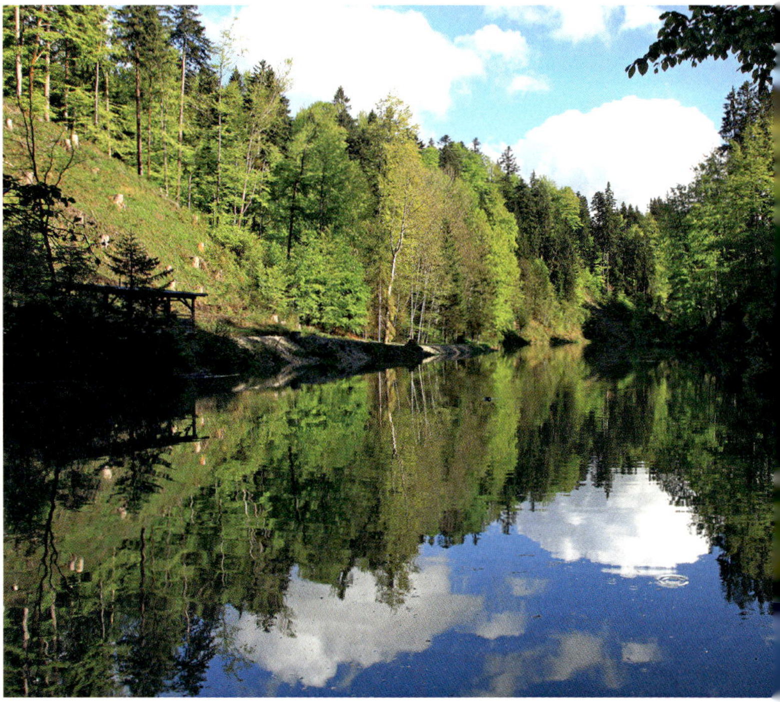

Stausee der Gunzesrieder Ach im Haldertobel

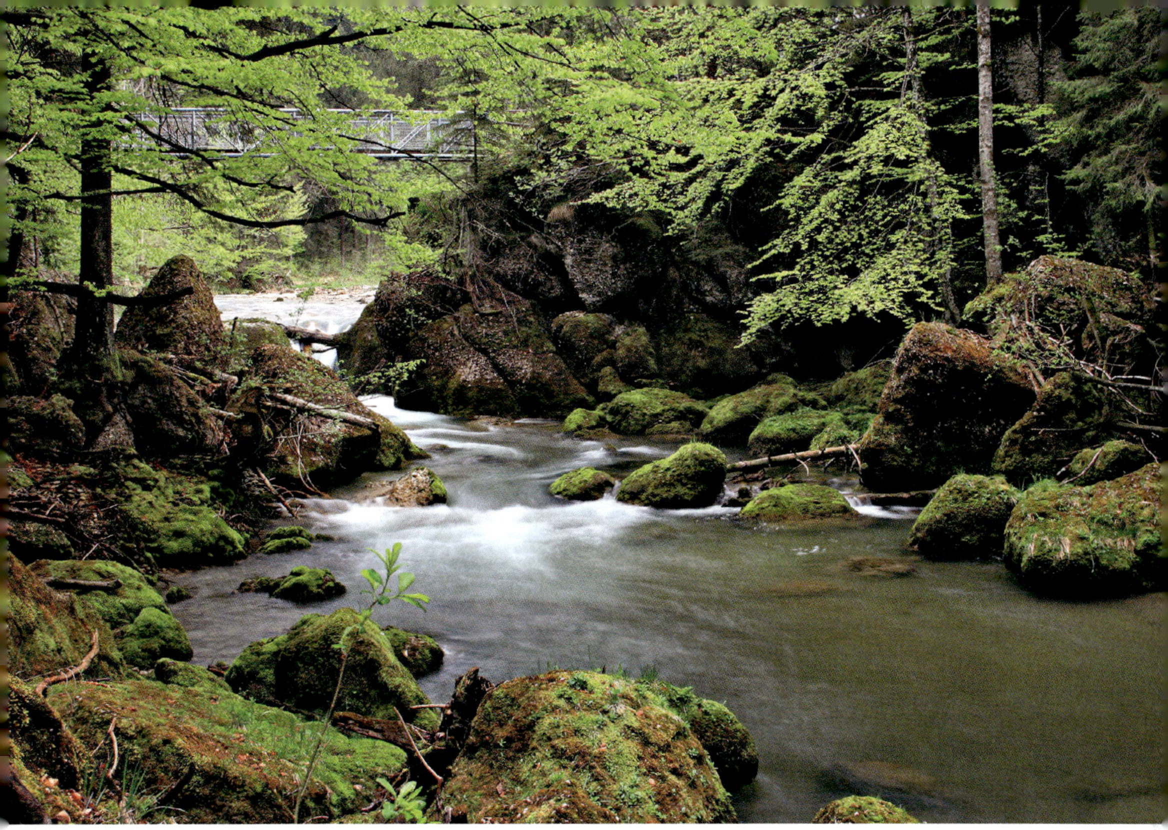

Auf diesem Teilstück liegt der Tobel mitunter etwas trocken da, denn das Wasser strömt durch dicke Rohre, die den Wanderweg begleiten und zwischen Speichersee und Bosch-Fabrik verlaufen, um unterwegs Strom zu erzeugen. Schließlich erreichen wir den – am Ausgangspunkt der Rohre liegenden – Stausee (840 m). Ein hübscher Uferweg verläuft direkt an diesem recht idyllisch im dichten Wald liegenden Teich entlang. Am hinteren Teichende erwarten uns einige Stromschnellen und hohe Felswände aus nacktem Nagelfluhgestein, durch die der Fluss mitunter recht wild schäumend hindurchströmt.

Im stillen Haldertobel

Der Weg steigt etwas an, um diese Engstelle zu umgehen, und führt dann auf einem Eisensteg aufs linke Ufer. Dort passieren wir noch einige größere Felsen, ehe die Gunzesrieder Ach wieder ruhig dahinplätschert. Der gemütliche Weg führt nun meist direkt am Ufer entlang weiter durch das enge, dicht bewaldete Tal, bis nach etwa 500 Metern links ein Abzweig Richtung »Blaichach / Seifriedsberg« hinaufführt. (Wer mag, kann noch ca. 200 Meter weiter am Bach entlangwandern bis zu einem Steg, ehe es von dort Richtung Gunzesried hinaufgeht.)

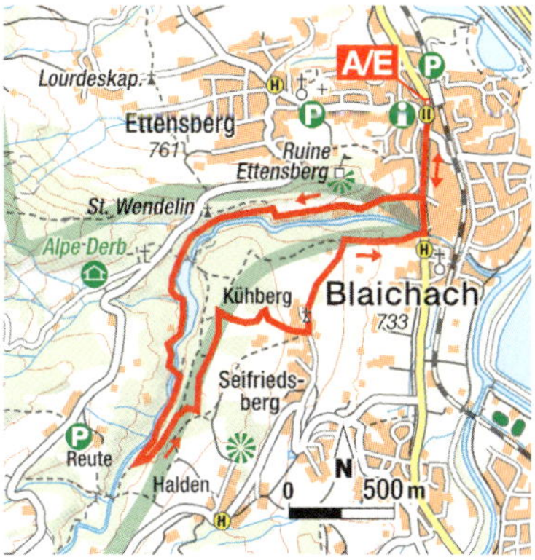

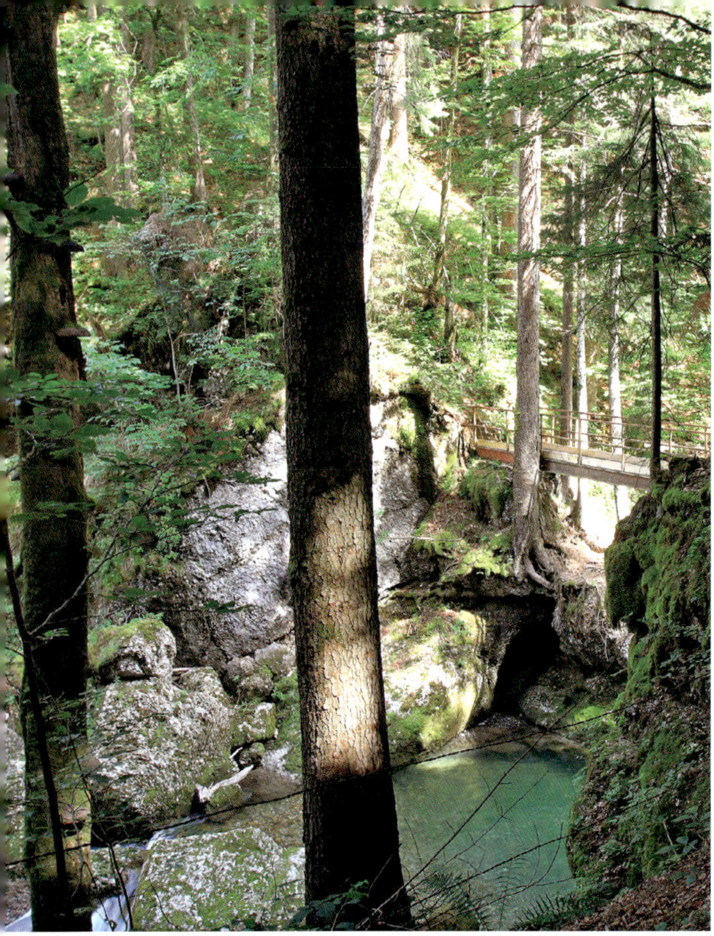

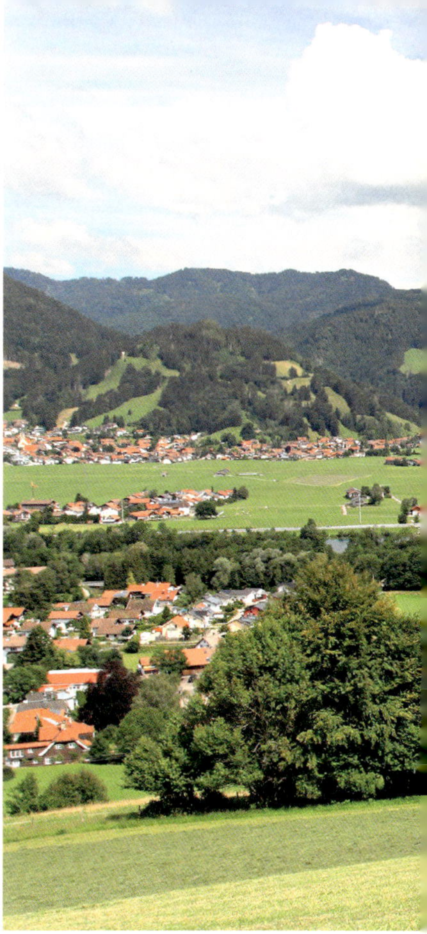

Türkis schimmernde Gumpe im Haldertobel

Blick von Kühberg Richtung Grünten

Rückweg mit Illertalblick Dort, am besagten Abzweig, geht es links im Wald auf der östlichen Talseite aufwärts, am ersten Abzweig links, dann etwas geradeaus bis zu einer weiteren Verzweigung. Geradeaus ist Blaichach ausgeschildert (wobei es aber weiter durch dichten Wald geht). Wir nehmen den rechten Weg, lassen den Wald hinter uns und gehen über offene Wiesen zu den Häusern von Kühberg (842 m). Gleich hinter dem ersten Bauernhof halten wir uns links und wandern über einen Wiesenpfad nordwärts. Rechts öffnet sich ein schöner Blick über das Illertal mit dem Grünten und Sonthofen.

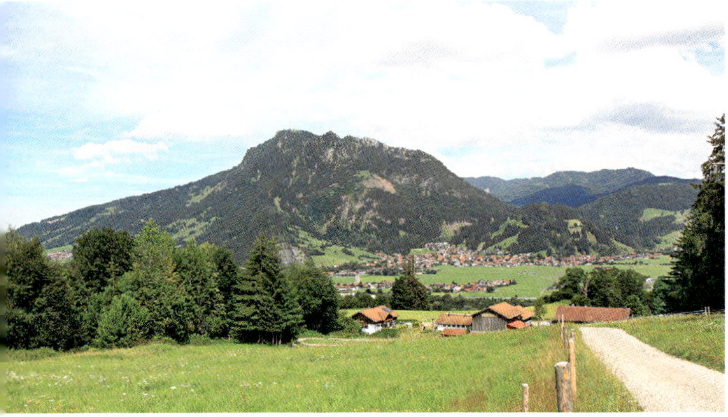

Der Weg verliert sich nun etwas in den Wiesen, aber im Endeffekt geht es immer geradeaus in Rich-

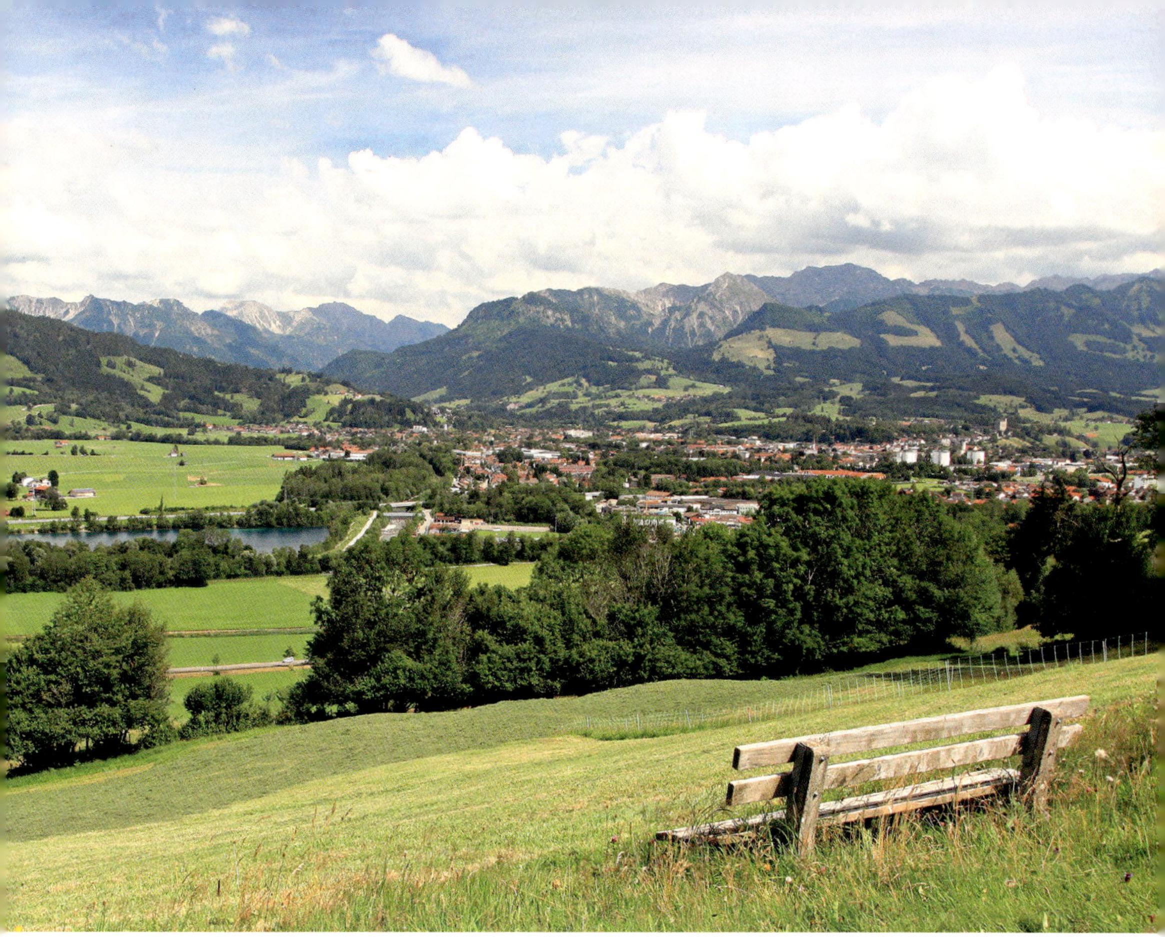

Aussichtsreicher Rückweg über dem Illertal

tung einer gut sichtbaren, großen Scheune am Waldrand; dort rechts vorbei und auf dem direkt dahinter verlaufenden Querweg rechts am Waldrand steil und schnurgerade hinab nach Blaichach. Wir erreichen die Hauptstraße direkt an einer Brücke über die Gunzesrieder Ach. Von hier sind es knapp 10 Minuten an der Straße entlang zurück zum Bahnhof.

Gunzesrieder Ach

Das Gunzesrieder Tal ist ein Musterbeispiel für ein sogenanntes Hängetal, von denen es im Allgäu sehr viele gibt: Die Gunzesrieder Ach und ihre Zuläufe Aubach und Ostertalbach entspringen hoch über dem Gunzesrieder Tal, der Ausgang des Gunzesrieder Tales befindet sich knapp 100 Höhenmeter über dem Illertal. Begünstigt durch diese Topografie hat die Gunzesrieder Ach auf ihrem Weg talwärts den wilden und streckenweise sehr steilen Haldertobel erschaffen.

13 Durch die Breitachklamm

Eindrucksvolle Felsschlucht am Kleinwalsertal-Ausgang

Mittel | 5,5 km | 250 Hm | 2.15 Std.

Tourencharakter
In der Klamm teils eng und sehr feucht, Rückweg breite Wege.

Ausgangs-/Endpunkt
Oberstdorf-Tiefenbach, Breitachklamm, 830 m

Anfahrt
ÖPNV: Buslinie 44 ab Oberstdorf Busbahnhof ca. halbstündlich zum Klammeingang, Haltestelle Breitachbrücke. Auto: B 19 bis zum Kreisel 1,5 km nördlich von Oberstdorf (hinter Mc Donald's), von dort die Straße entlang der Breitach ca. 5 km bis zum Parkplatz Breitachklamm Tiefenbach (Navi: 87561 Oberstdorf, Klammstraße 47).

Einkehr
Kiosk Klammstüble (991 m) am ehemaligen Grenzgasthof Walserschanz; Alpe Dornach (1000 m); Gasthaus Breitachklamm (830 m) am Klamm-Eingang

Rechte Seite: Spannender Steig duch die enge Breitachklamm

Die Breitachklamm ist eines der bekanntesten und meistbesuchten Ziele im Allgäu. Die Breitach hat dort am Ausgang des Kleinwalsertals ein imposantes Naturschauspiel geschaffen in Gestalt einer tiefen und unglaublich engen Klamm, durch die ein spektakulärer Weg hindurchführt. Ein echtes Erlebnis, feucht und laut.

Durch die spektakuläre Breitachklamm Vom Klamm-Eingangshäuschen (830 m) spazieren wir hinüber zur Breitach, die hier noch recht gemütlich durch ihr bewaldetes Tal dahinrauscht. Der Weg verläuft am rechten Ufer flussaufwärts, und allmählich werden Fluss und Tal wilder und rauher. Bald erreichen wir die eigentliche Klamm und mit einem Schlag ändert sich die Szenerie: Die Felswände rücken eng zusammen und streben himmelwärts, es rauscht und tropft überall. Der enge Pfad ist streckenweise waghalsig in den Fels hineingeschlagen, an manchen Stellen ist die Klamm nur wenige Meter breit und der Himmel ist nur als schmaler Streifen zu erahnen.

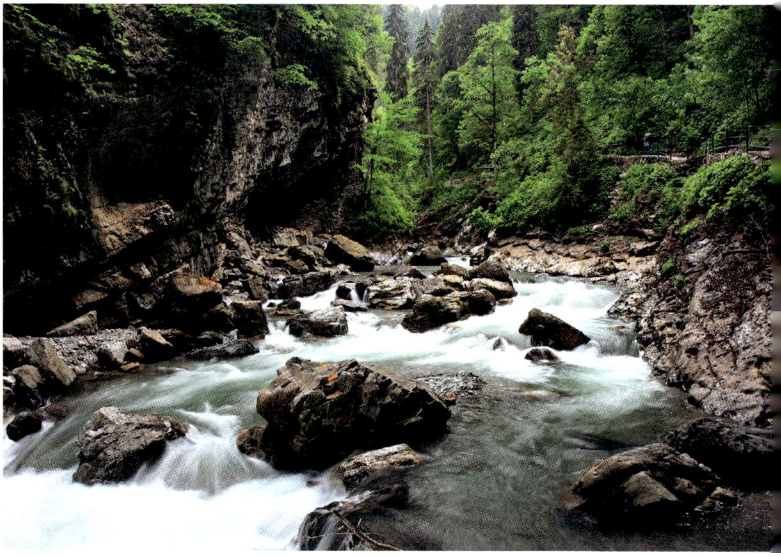

Klammweg entlang der rauschenden Breitach

Mal links, mal rechts des Wassers geht es stromaufwärts, und je nach Wasserstand ist der Lärm fast ohrenbetäubend. Dann erreichen wir den oberen Ausgang der Klamm. Und oft wird erst hier richtig deutlich, wie laut es in der Klamm gewesen ist. Obwohl hiermit die Breitachklamm »offiziell« zu Ende ist, erwartet uns noch ein weiterer spannender Abschnitt: Der Fluss wird zwar breiter, aber die Felswände sind nicht minder beeindruckend, und der Weg ist spektakulär in den Fels gehauen. Dann ist auch dieser Abschnitt vorbei und es wird schlagartig ruhig.

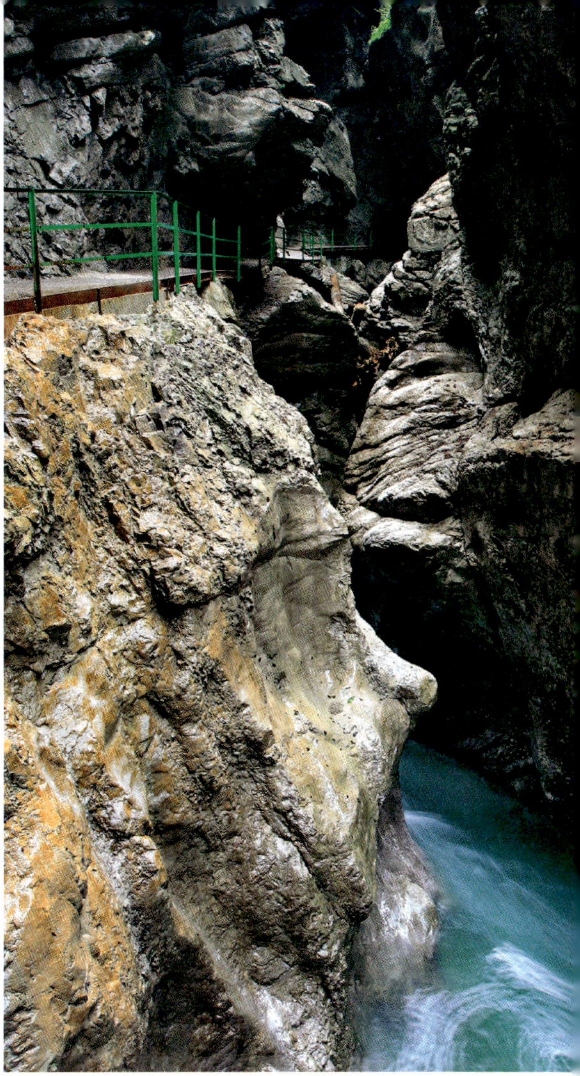

Zurück auf stillen Wald- und Wiesenwegen

Hier lassen wir nun auch den Fluss ganz hinter uns und steigen links in einem engen Taleinschnitt recht steil auf einem Schotterweg hinauf zu einem Parkplatz sowie dem ehemaligen Gasthaus Walserschanz (Grenze Österreich–Deutschland). Wir wenden uns talauswärts und gehen parallel zur Straße gut 300 Meter weiter, bis links ein Fußweg abzweigt. Auf diesem nähern wir uns durch Wiesen und Wald wieder der Breitachklamm, allerdings ein paar Stockwerke weiter oben.

Nach einem kurzen Abstieg erreichen wir eine kleine Brücke, die über einen nur wenige Meter breiten Spalt in der Waldlandschaft führt. Und ganz tief unten sehen wir die Breitach sowie Klammbesucher in Ameisenformat. Der Tiefblick ist beeindruckend, aber wahrlich nichts für Leute mit Höhenangst. Ein Gegenanstieg auf der anderen Klamm-Seite bringt uns hinauf zu einem breiten Fahrweg. Dort geht es rechts und über offene Wiesen hinüber zur Alpe Dornach (1000 m). Von dieser führt rechts ein breiter Weg hinab ins Tal und zum Parkplatz am unteren Klammeingang.

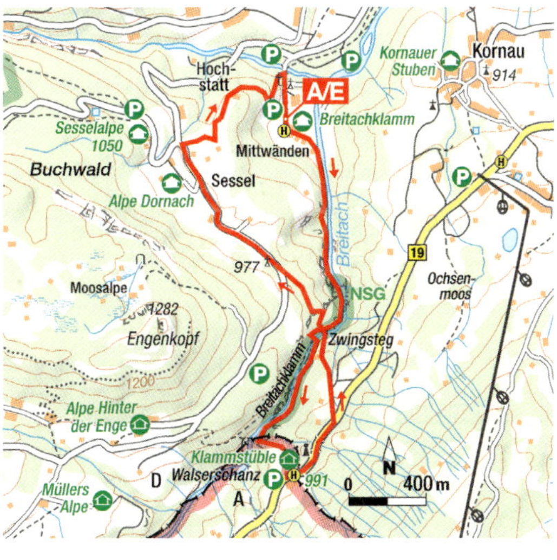

14 Entlang der Breitach

Gemütliche Uferwanderung durchs stille Breitachtal

Mittel | 6,0 km | 200/100 Hm | 2.00 Std.

Tourencharakter
Der Breitach-Uferweg ist breit und leicht zu gehen mit einigen Steigungen zwischendurch, wenn der Weg kurz das Ufer verlässt.

Ausgangspunkt
Walserschanz, 991 m, an der deutsch-österreichischen Grenze am Anfang des Kleinwalsertales

Anfahrt
ÖPNV: Walserbus Linie 1 Oberstdorf–Baad im 10- bis 20-Minuten-Takt, Haltestelle Walserschanz.
Auto: Von Kempten kommend die B 19 bis kurz vor Oberstdorf (Kreisel hinter McDonald's), etwa 5 km weiter ins Kleinwalsertal hinein bis zur Grenze und zum dortigen Parkplatz Breitachklamm Walserschanz (Navi: A-6991 Riezlern, Walserschanz 2).

Endpunkt
Riezlern Zentrum, 1087 m, Bushaltestelle Riezlern Post; Rückfahrt zum Ausgangspunkt mit Walserbus Linie 1 Baad–Oberstdorf, alle 10 bis 20 Min.

Einkehr
Restaurant Waldhaus (958 m); Kiosk Klammstüble (991 m) am ehemaligen Grenzgasthof Walserschanz

Bei einer Breitach-Tour denken viele an die Breitachklamm (siehe Tour 13). Aber auch abseits der Klamm ist der Fluss sehens- und besuchenswert. Von der Walserschanz führt diese Wanderung auf gemütlichen Wegen taleinwärts, immer direkt am Ufer des rauschenden Flusses entlang durch ein stilles, tief eingeschnittenes Tal.

Stromaufwärts entlang der Breitach Die Walserschanz (991 m) liegt genau auf der deutsch-österreichischen Grenze. Vom dortigen Parkplatz führt ein Weg steil durch den Schanztobel abwärts bis zur nahen Breitach. Während die meisten anderen Wanderer hier rechts Richtung Breitachklamm abbiegen, wechseln wir über einen Eisensteg aufs gegenüberliegende Ufer und folgen der Breitach flussaufwärts. Die letzten Felswände lassen wir schnell hinter uns und wandern direkt am rauschenden Wasser entlang

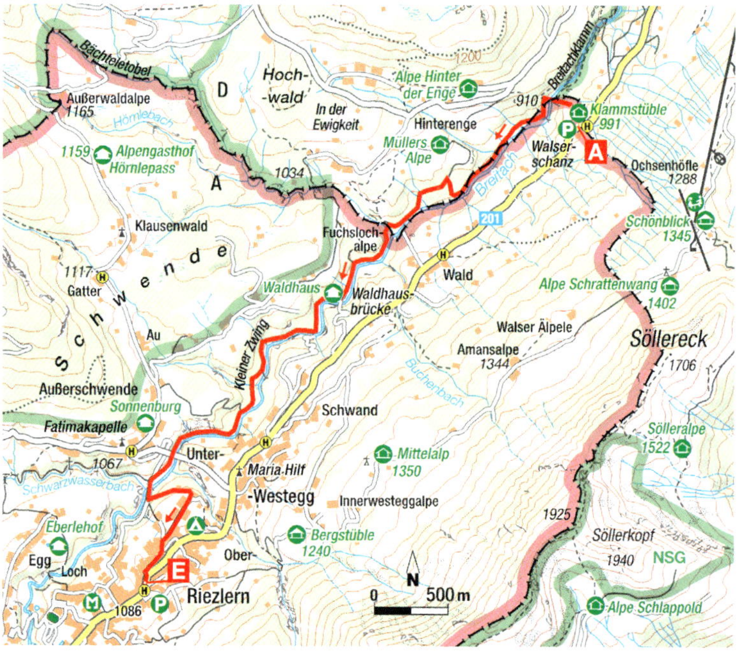

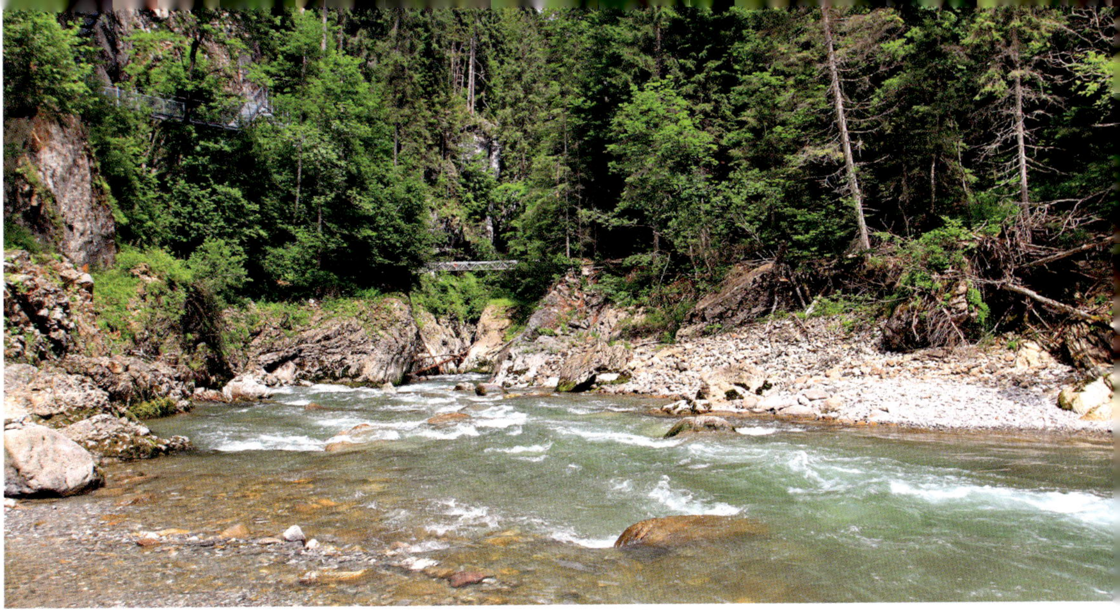

Die klare Breitach am Anfang des Kleinwalsertals

durch den hübschen, bewaldeten Taleinschnitt. Wir passieren einige breite Kiesbänke am Ufer mit zahllosen Steinmännchen und genießen die schöne Stimmung am Fluss. Es geht gemütlich auf einem breiten Schotterweg talaufwärts, zwischendurch verlässt der Weg ganz kurz für einen Schlenker das Ufer, und schließlich erreichen wir das Waldhaus (958 m).

Es geht weiter durch das stille, tief eingeschnittene Tal mit seinen bewaldeten Steilhängen, dessen Talboden sich fast 100 Höhenmeter unterhalb der offenen Wiesen und Siedlungen des oben liegenden Kleinwalsertals befindet. Dessen Trubel und Verkehr scheinen Kilometer entfernt. Zum Ende erwartet uns eine »Miniklamm«, wo sich die Breitach durch einen festen Kalksockel zwängt. Und auch die Straßenbauer haben diese Stelle genutzt – für den Bau einer himmelhoch über uns aufragenden Brücke über das Tal. Kurz dahinter treffen wir auf eine Straße, die vor dem Bau der Autobrücke die alte Verbindung zwischen Riezlern und Schwende darstellte und fast auf Talbodenhöhe die Breitach quert (Alte Schwendebrücke, 1000 m). Direkt daneben mündet der Schwarzwasserbach in die Breitach.

Hinauf nach Riezlern Da hier der Uferweg endet, verlassen wir das Tal und wechseln aufs linke Ufer. Wir folgen der Straße für wenige Schritte und biegen dann links in einen Fußweg ein, der steil den Hang hinaufführt. In einer weiten Kehre steigen wir bergan nach Riezlern (1087 m). Von dort fährt der Walserbus zurück zur Walserschanz.

15 Am Schwarzwasserbach entlang

Wasserfall-Wanderung im Kleinwalsertal

Mittel | 6,0 km | 260/110 Hm | 2.30 Std.

Tourencharakter
Überwiegend einfache, breite, geschotterte Wege. Meistens keine bzw. nur geringe Steigungen, zwischendurch aber auch kurze, knackige Anstiege, wenn Wasserfälle umgangen werden müssen.

Ausgangspunkt
Riezlern, 1087 m

Anfahrt
ÖPNV: Walserbus Linie 1 Oberstdorf–Baad im 10- bis 20-Minuten-Takt, Haltestelle Riezlern Post.
Auto: Von Kempten kommend die B 19 bis kurz vor Oberstdorf (Kreisel hinter McDonald's), etwa 11 km weiter ins Kleinwalsertal, div. Parkplätze im Ort (Navi: A-6991 Riezlern, Alte Schwendestraße).

Endpunkt
Bushaltestelle Schröflesäge im Schwarzwassertal, 1240 m; von dort halbstündlich mit Linie 5 Richtung Riezlern, dort Anschluss an die Walserbus-Linie 1 Baad–Oberstdorf

Einkehr
Gasthof Hammerer (1118 m) in Hirschegg-Wäldele

Der Schwarzwasserbach ist der größte Nebenfluss der Breitach und kommt aus dem gleichnamigen Tal an den Südausläufern des Hohen Ifen. Auf dem Weg talwärts zur Mündung in die Breitach hat der Fluss zahlreiche eindrucksvolle Wasserfälle geschaffen, die wir auf dieser Tour auf einem hübschen Uferweg besuchen.

Gemütliche Uferwege entlang des Schwarzwasserbaches Von einem der Parkplätze in Riezlern bzw. der Bushaltestelle gehen wir auf der Hauptstraße talauswärts und biegen – etwa 100 Meter hinter dem ZOB – links in die Leo-Müller-Straße ein und 200 Meter weiter schräg links in den Fellhornweg. Dieser geht nach den letzten Häusern in einen schmalen Schotterweg über, der recht steil durch Wald hinunter ins Tal führt. Direkt bei der Einmündung des Schwarzwasserbaches in die Breitach über-

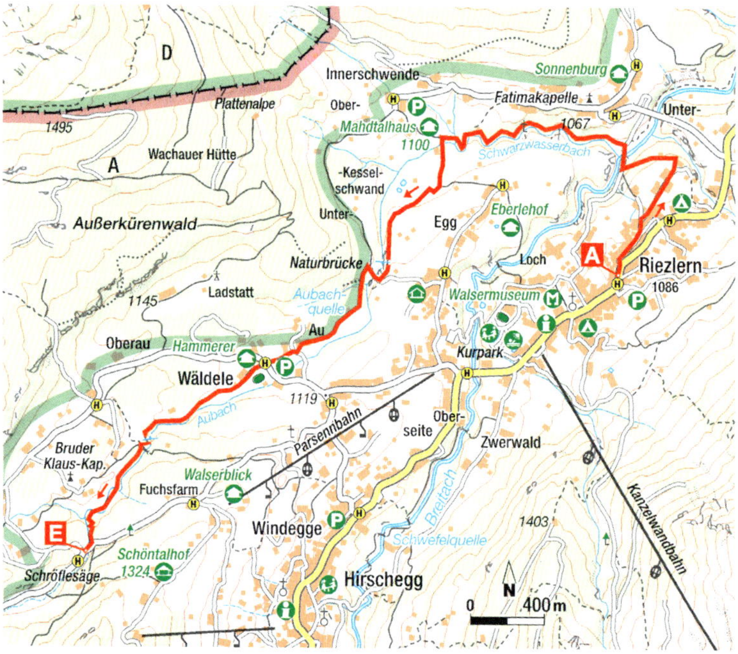

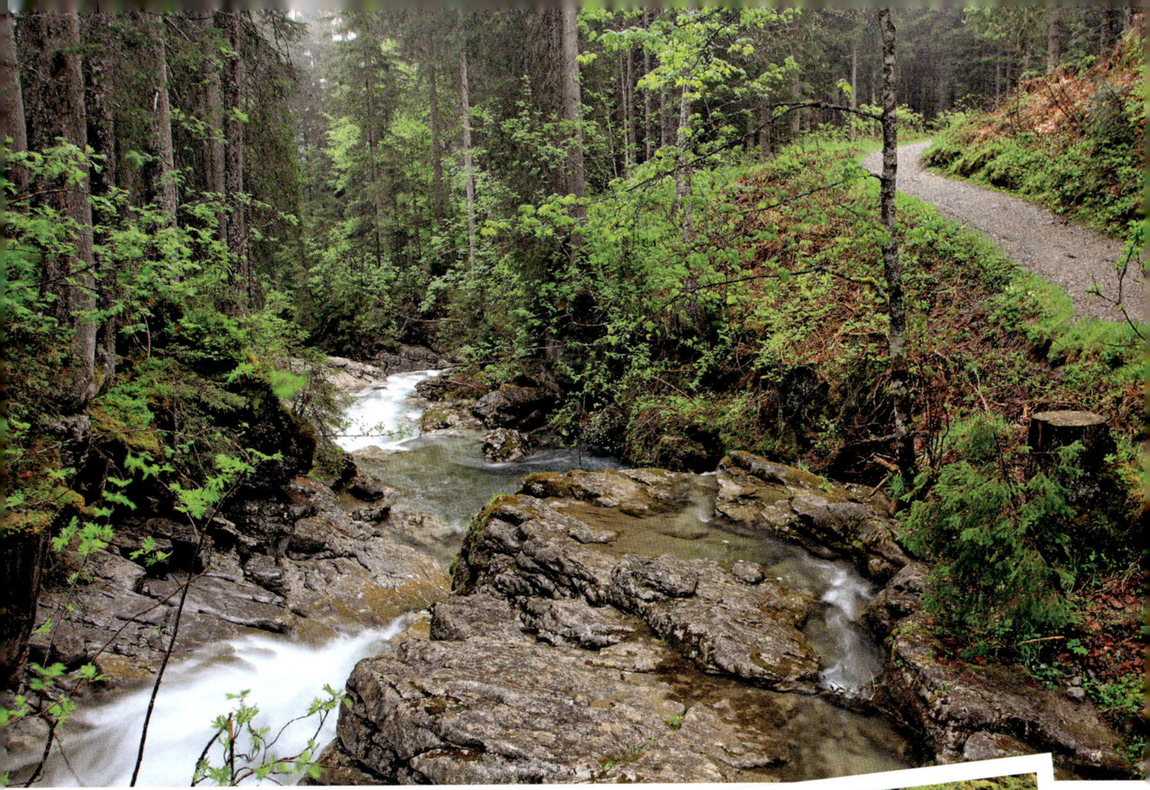

queren wir diese auf der alten Schwendebrücke (1000 m); die gewaltige neue Brücke überspannt rechts über uns das enge Tal. Gleich hinter der Brücke beginnt der breite, angenehm zu gehende Weg, der direkt am Ufer entlang flussaufwärts führt. Der Fluss schlängelt sich in weiten Kehren durch den bewaldeten Taleinschnitt, bis vor uns etwas überraschend der erste große Wasserfall auftaucht. Hinter dem Wasserfall öffnet sich das Tal etwas, wir gelangen zur kleinen Höflebrücke (1024 m) und wechseln auf die andere Flussseite.

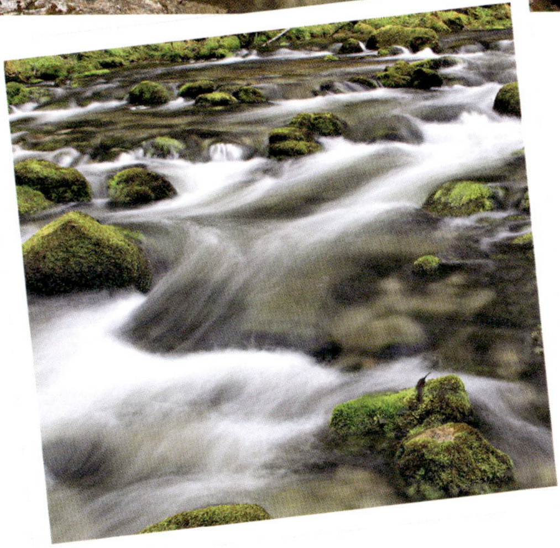

Der rauschende Schwarzwasserbach

Ganz oben: Auf gutem Weg geht es durch das Schwarzwassertal.

Der Weg entfernt sich nun etwas vom Wasser und verläuft durch hübsche, blumenreiche Wiesen. Das Rauschen des Wassers bleibt uns aber erhalten, und schon kurz darauf haben wir den Schwarzwasserbach wieder erreicht. Der Aufstieg über ein kurzes Steilstück wird mit einem schönen Blick auf einen hohen Wasserfall belohnt. Gleich dahinter stoßen wir auf eine breitere Straße, überqueren den Fluss und halten uns direkt hinter der Brücke wieder links. Nach weiteren 100 Metern – direkt hinter einer weiteren Brücke über einen kleinen Bach – biegt links ein schmaler Pfad ab, auf dem wir nach wenigen Schritten die »Naturbrücke« (1080 m) erreichen: Der Schwarzwasserbach durchschneidet hier eine kleine Klamm und hat – neben einem hübschen Wasserfall – auch eine kleine Felsbrücke erschaffen, über die man hinübergehen kann. Alles umgeben von einer ganz idyllischen Stimmung mit einem hübschen Bergwald, hoch aufragenden Fichten, dem moosüberzogenen Waldboden, steilen Felswänden und dem rauschenden Wasser.

Nach Wäldele Zurück auf dem Hauptweg, können wir noch einen letzten Blick auf die Klamm werfen, ehe der Weg die weiten Wiesen von Wäldele mit einigen verstreut liegenden Häusern erreicht. Die offene Umgebung bietet uns einen schönen Blick auf den Hohen Ifen und das Walmendinger Horn vor uns. Wir überqueren die Wäldelestraße – rechts ist ein kurzer Einkehr-Abstecher zum Gasthof Hammerer möglich. Wir wandern geradeaus oberhalb eines Sportplatzes weiter und tauchen kurz darauf in einen hübschen Wald ein.

Wasserfall am Schwarzwasserbach

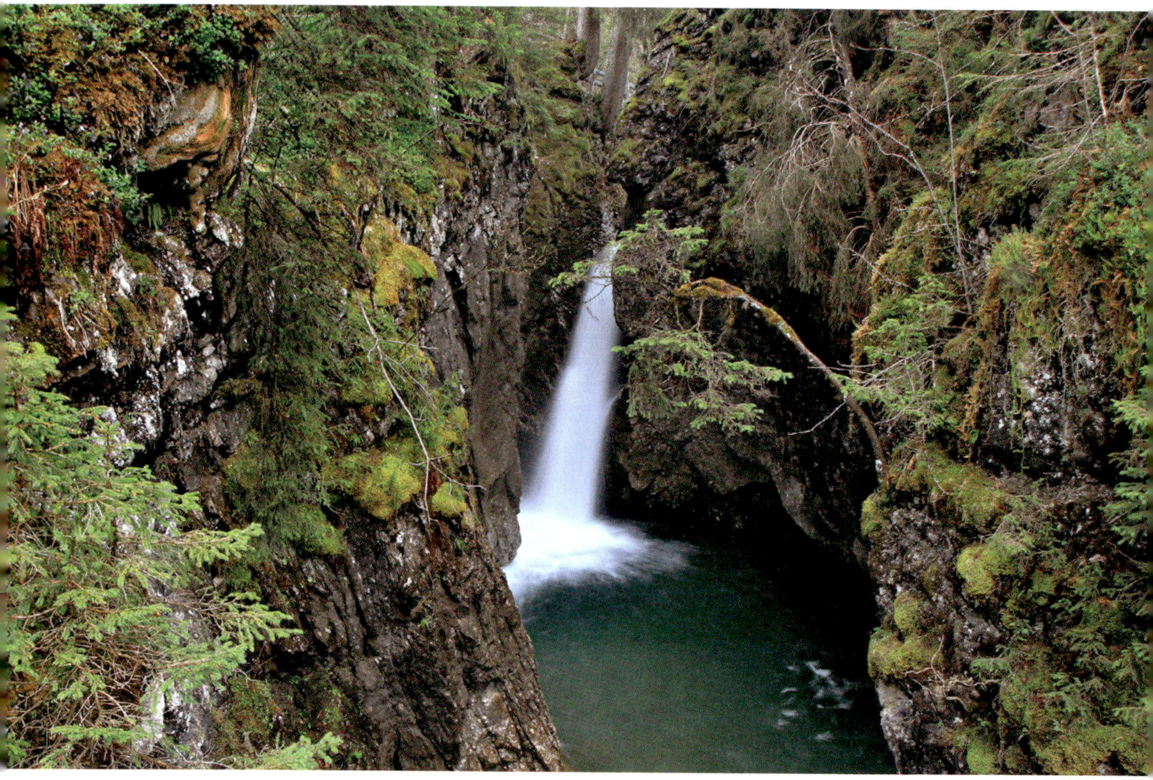

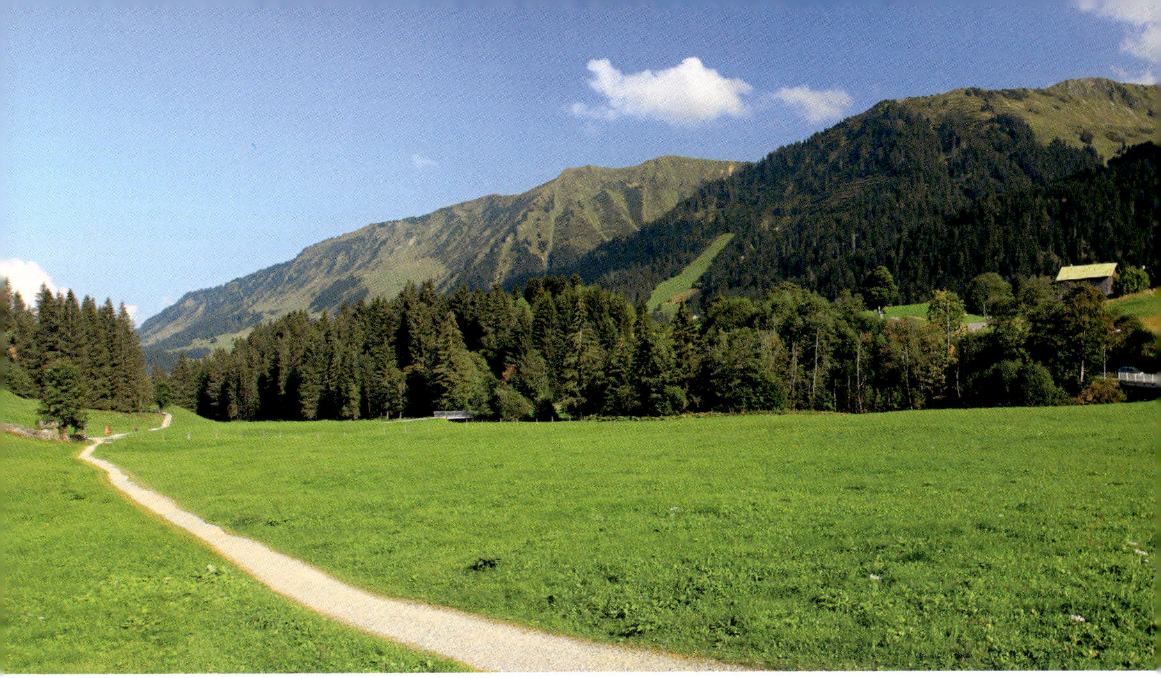

Weite Wiesen bei Wäldele

Hohe Wasserfälle im stillen Tal Das Gelände wird wieder wilder, links unter uns rauscht der Schwarzwasserbach zwischen Felsen hindurch, und plötzlich haben wir durch die Bäume hindurch einen schönen Blick auf einen hohen Wasserfall. Oberhalb des Wasserfalls treffen wir auf eine Wegkreuzung, wo wir uns geradeaus halten und dem direkt am Ufer verlaufenden Weg folgen. Der Schwarzwasserbach ist inzwischen kaum mehr als ein kleines Bächlein und fließt ganz gemütlich am Rand einer Wiese entlang. Der schöne Weg führt meist direkt am Wasser, erst am rechten, dann am linken Ufer, bis wir – etwas überraschend angesichts des friedlich dahinplätschernden Baches – vor einem weiteren Wasserfall stehen. Direkt davor befindet sich ein schöner Picknickplatz mit Spielmöglichkeit für den Nachwuchs am seichten Wasser. Dieser Wasserfall, so beeindruckend er ist, ist nur der erste einer ganzen Reihe weiterer Fälle.

Der Schwarzwasserbach hat sich hier durch einen festen Felsriegel geschnitten und verliert in mehreren Stufen gewaltig an Höhe. Entsprechend steil ist der parallel dazu verlaufende Weg, über den wir diesen Höhenunterschied überwinden müssen. Von einem Steg über den Fluss haben wir einen letzten Blick in diese wild rauschende Klamm. Und plötzlich ist alles vorbei und wir stehen an der Schwarzwassertalstraße. Etwa 50 Meter rechts von uns befindet sich die Bushaltestelle Schröflesäge (1240 m), von wo der Walserbus nach Riezlern fährt.

16 Hölltobel und Gerstruben

Hübsche Ziele im Trettachtal

Mittel	11,2 km	350 Hm	4.00 Std.

Tourencharakter
Überwiegend leichte, breite Wege. Im Hölltobel hinauf nach Gerstruben auf steilem Wanderpfad.

Ausgangs-/Endpunkt
Oberstdorf, Trettachbrücke bei der Talstation der Nebelhornbahn, 827 m

Anfahrt
ÖPNV: Züge nach Oberstdorf aus Richtung Immenstadt etwa 1- bis 2-mal/Std.; vom Bahnhof/Busbahnhof ca. 1,3 km bzw. 20 Min. Fußweg zum Ausgangspunkt.
Auto: Von Kempten kommend die B 19 bis Oberstdorf, dort auf schmalen Straßen links um den Ort herum zur Nebelhornbahn/Oybelehalle am östlichen Ortsrand (Navi: 87561 Oberstdorf, Rossbichlstraße 2).

Einkehr
Café Jägerstand (865 m); Café Gruben (866 m); Gaststätte Riefenkopf (906 m); Berggasthof Gerstruben (1150 m); Mumme-Stüble (925 m); Moorbad-Café (870 m)

Im schönen Trettachtal gibt es viel zu entdecken und zu erkunden. Auf dieser Wanderung spazieren wir entlang der klaren Trettach, steigen durch den eindrucksvollen Hölltobel hinauf zur historischen Alpsiedlung Gerstruben und besuchen auf dem Rückweg den stillen Moorweiher. Eine gemütliche Tour voller Abwechslung.

Hinein ins schöne Trettachtal Wir starten die Tour am südöstlichen Ortsrand von Oberstdorf an der Trettachbrücke (827 m), in der Nähe der Nebelhornbahn-Talstation. Entlang des linken Ufers der Trettach führt eine autofreie Straße flussaufwärts in ein enges, bewaldetes Tal hinein. Kurz darauf erreichen wir beim Café Jägerstand eine Brücke über die Trettach, wo sich vor uns das Tal öffnet und wir einen schönen Blick auf Kratzer und Trettachspitze im fernen Talschluss haben. Wir bleiben am linken Ufer und queren kurz darauf den von links auf die Trettach zufließenden Oybach.

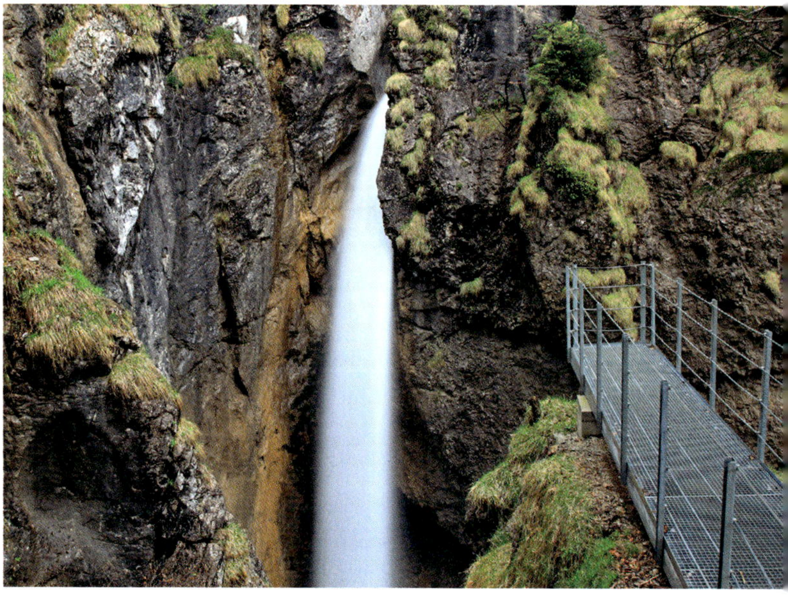

Spektakuläre Aussichtsplattform mit Wasserfall-Blick im Hölltobel

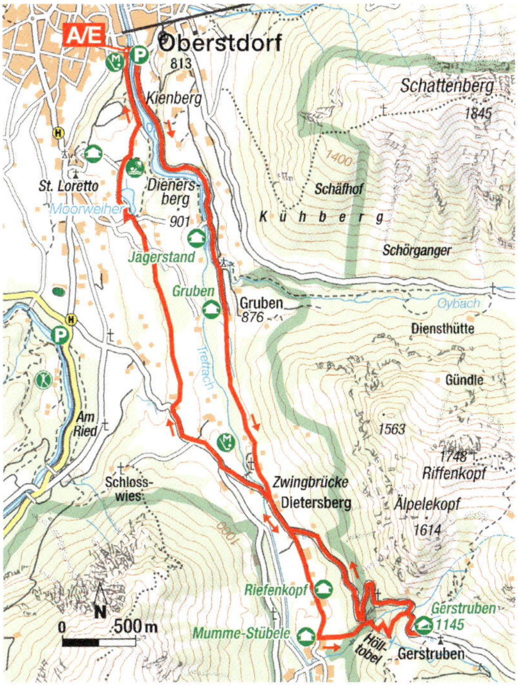

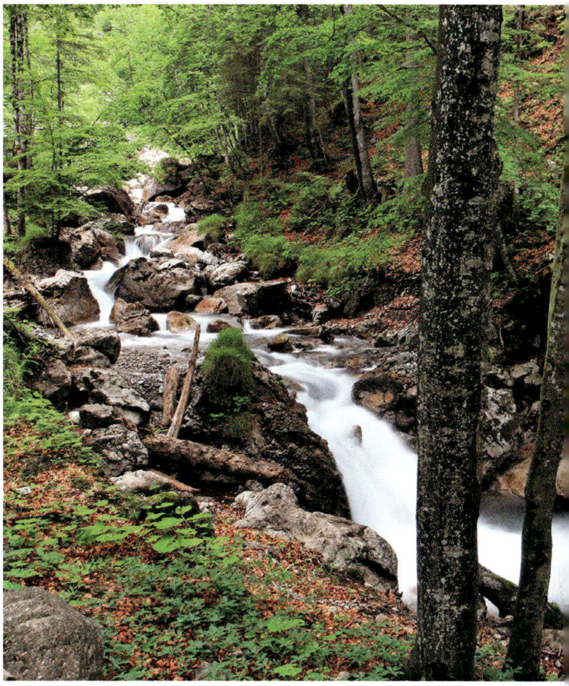

Der Dietersbach strömt durch den Hölltobel.

Beim Café Gruben geht der Fahrweg in eine hübsche Allee über, die uns weiter taleinwärts leitet, bis wir an einer Staumauer erneut auf eine Teerstraße treffen. Auf dieser sind es – geradeaus – nur wenige Schritte bis zu den freien Wiesen von Dietersbach, wo sich ein herrliches Panorama vor uns ausbreitet. Wir spazieren immer weiter taleinwärts durch den schönen Talboden bis fast zum südlichen Ende. Gegenüber des Mumme-Stüble (925 m) führt ein schmaler Wiesenpfad schnurgerade hinüber zum nahen Wald.

Durch den Hölltobel zur Alpsiedlung Gerstruben Dort tauchen wir auch schon in den malerischen Hölltobel ein. Der Weg wird etwas holpriger und steigt allmählich an, um dann in steilen Serpentinen den bewaldeten Berghang hinaufzuziehen. Rechts rauscht der Dietersbach durch seinen engen Einschnitt, und unterwegs führen zwei kurze Abstecher zu Aussichtsplattformen über die Klamm bzw. einen eindrucksvollen Wasserfall. Dann haben wir den steilen Anstieg hinter uns, stoßen auf eine Teerstraße und haben wenige Meter später die alte Alpsiedlung Gerstruben erreicht (1150 m). Auf einem sonnigen, südseitigen Hang am Ausgang des Dietersbachtals verteilen sich hier eine

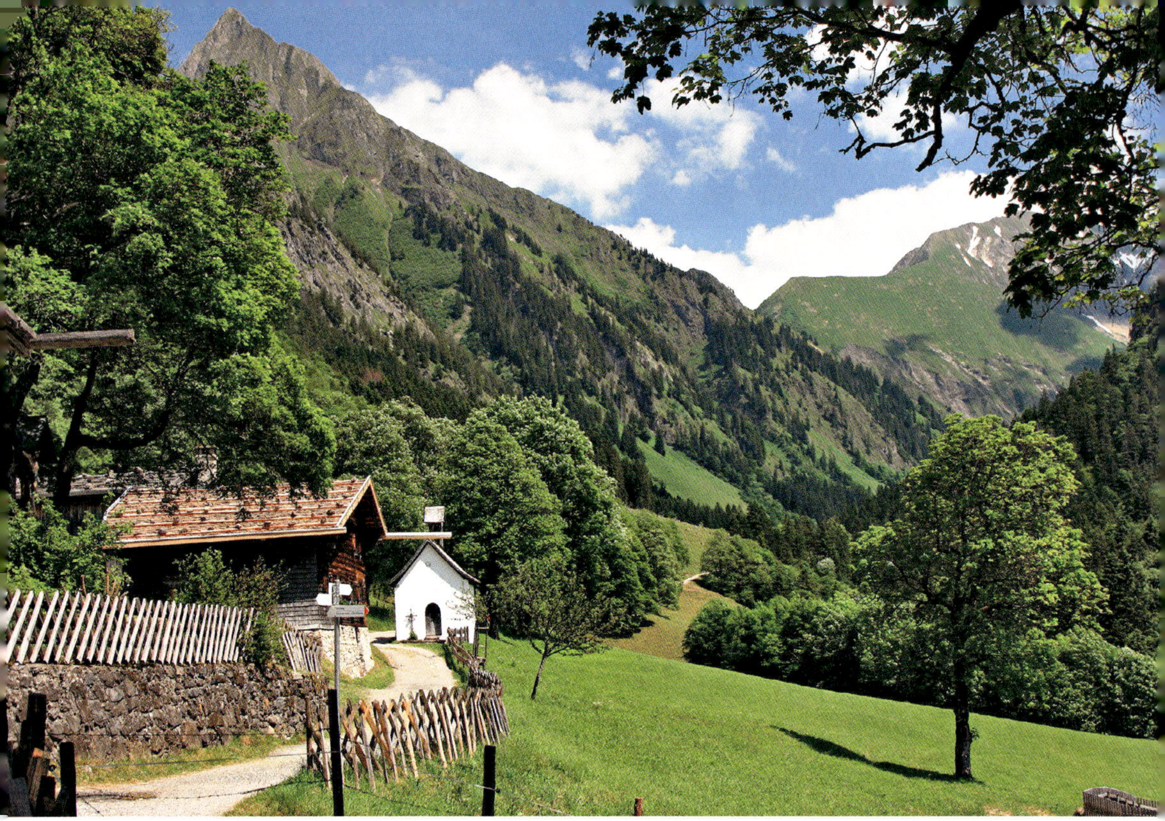

Die historische Alpsiedlung Gerstruben, überragt von der spitzen Höfats

Handvoll hübsch restaurierter Alphütten auf den Wiesen, dazu eine kleine Kapelle und ein paar alte Ahornbäume. Den krönenden Hintergrund bildet der spitze Höfats-Gipfel. Ein sehr idyllisches Plätzchen mit vielen Details zum Entdecken.

Alpsiedlung Gerstruben

Gerstruben im Dietersbachtal ist sicherlich einer der malerischsten Plätze im südlichen Oberallgäu. Von der historischen Alpsiedlung sind dank privater Initiativen vier schöne, 400 bis 500 Jahre alte Bauernhäuser und eine Marienkapelle erhalten geblieben. Ein gemütlicher Berggasthof lädt hier zur Einkehr. Überragt vom Gipfel der Höfats bildet der denkmalgeschützte Weiler ein romantisches alpines Ensemble (Info: www.gerstruben.de).

Zurück nach Oberstdorf Für den Rückweg nehmen wie die Teerstraße, die in weiten Kehren den bewaldeten Hang hinabführt und am Nordende der Dietersberg-Wiesen den Talboden erreicht. Dort rechts, kurz darauf über die Trettach und ca. einen Kilometer auf der Straße talauswärts. Bevor die Straße steil abwärtsführt, biegen wir rechts in einen Fußweg ein. Vor uns liegt ein sehr hübscher Waldweg, der oben auf einem breiten Kamm mit leichtem Auf und Ab nordwärts führt. Nach gut 20 Minuten öffnet sich der Wald zu einer reizvollen, fast parkähnlichen Landschaft mit

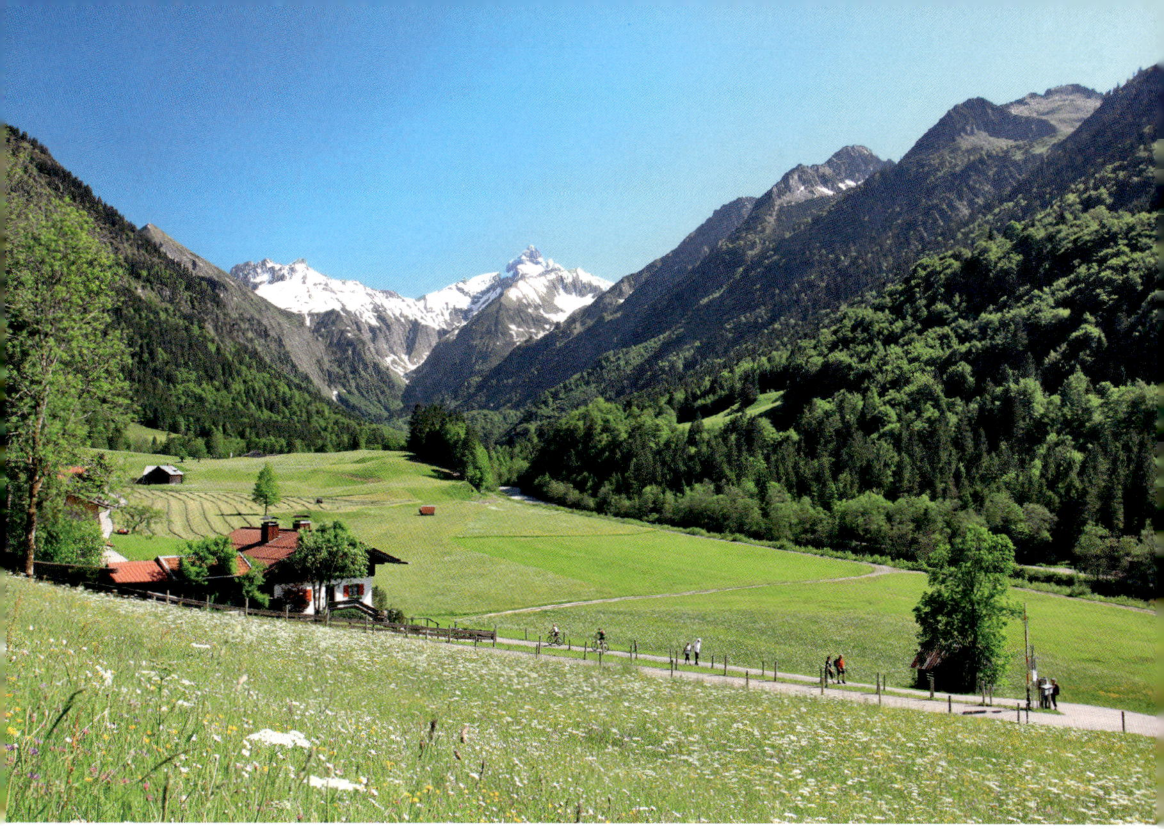

offenen Wiesen, einzelnen Bäumen sowie – gleich zu Beginn – dem schönen Moorweiher (870 m). An dessen Ufer entlang spazieren wir durch dieses Idyll, halten uns an der ersten Verzweigung rechts und passieren das urige Moorbad. Dahinter führt der Weg allmählich absteigend hinab zur Trettach und an deren linken Ufer zurück zum Ausgangspunkt an der Trettachbrücke.

Das Trettachtal ist ein beliebtes Ausflugsziel südlich von Oberstdorf.

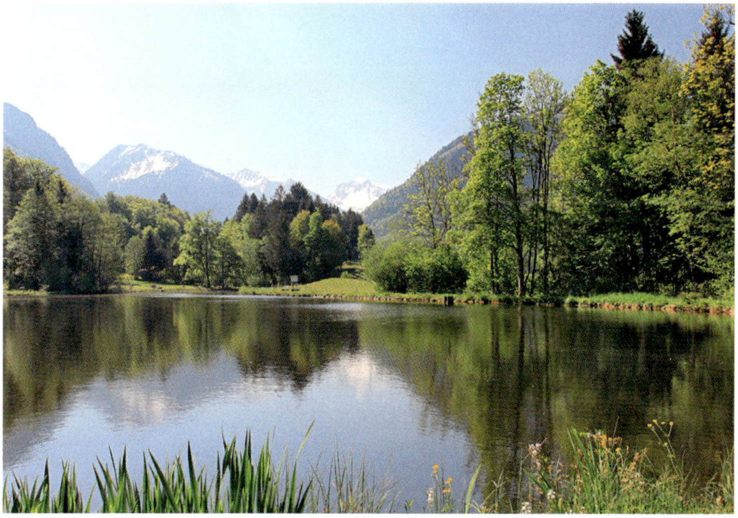

Der stille Moorweiher bei Oberstdorf

17 Faltenbachtobel und Seealpe

Stiller Tobel bei Oberstdorf

Mittel | 8,7 km | 550 Hm | 3.45 Std.

Tourencharakter
Im Tobel schmaler Wanderweg, teils nass. Beim Seealpe-Rundweg leichte Wege. Abstieg ggf. Teerbelag.

Ausgangs-/Endpunkt
Oberstdorf, Parkplatz bei der Talstation der Nebelhornbahn, 823 m

Anfahrt
ÖPNV: Züge nach Oberstdorf aus Richtung Immenstadt etwa 1- bis 2-mal/Std., vom Bahnhof/Busbahnhof ca. 1,3 km/20 Min. Fußweg zum Ausgangspunkt.
Auto: Von Kempten kommend die B 19 bis Oberstdorf, dort auf schmalen Straßen links um den Ort herum zur Nebelhornbahn/Oybelehalle am östlichen Ortsrand (Navi: 87561 Oberstdorf, Rossbichlstraße 2).

Einkehr
Berggasthof Seealpe (1263 m) an der Seilbahn-Mittelstation; Hofhütte Seealpe (1330 m)

Direkt am Ortsrand von Oberstdorf befindet sich der wunderschöne Faltenbachtobel mit seinen eindrucksvollen Wasserfällen inmitten eines hübschen Mischwaldes. Dass es dort erstaunlich ruhig zugeht, liegt daran, dass im Grunde fast jeder mit der Nebelhornbahn über den Tobel hinwegschwebt und nicht hindurchwandert.

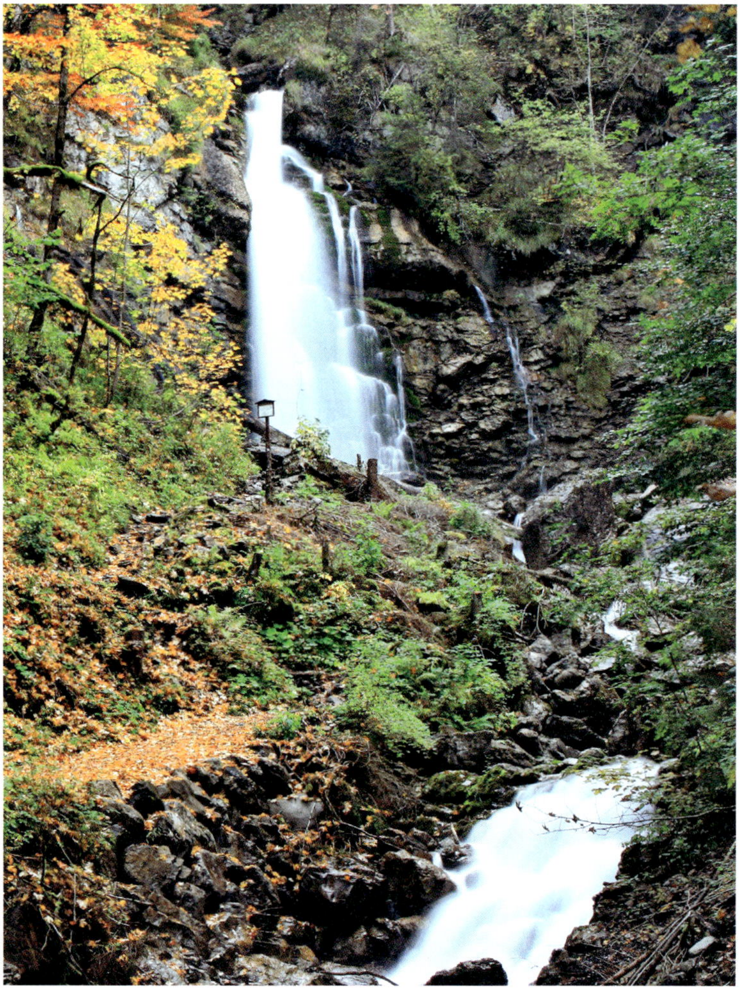

Bis zu 15 Meter hohe Wasserfälle warten im Faltenbachtobel.

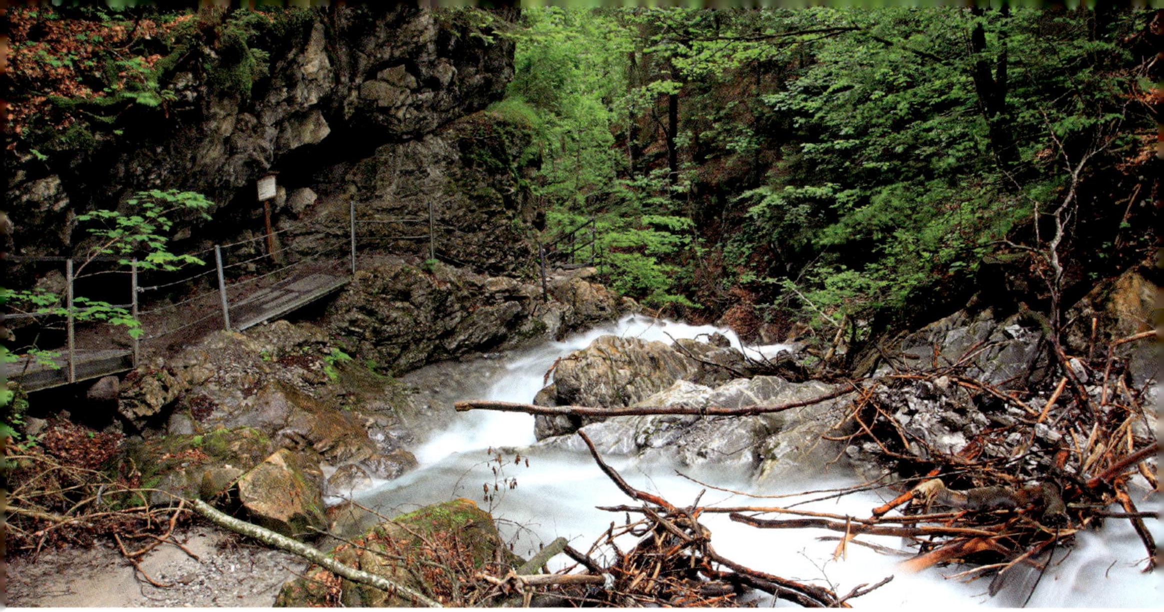

Wild tost der Faltenbach ins Tal.

Aufstieg durchs wilde Faltenbachtal Vom Parkplatz bei der Nebelhornbahn (823 m) folgen wir der Rossbichlstraße entlang der Trettach wenige Meter flussabwärts – am großen Eissportzentrum vorbei. Wir überqueren den Faltenbach und wenden uns gleich dahinter nach rechts. Nun geht es am Bach entlang aufwärts, über eine weitere Ortsstraße und dann steil hinauf zur Schattenberg-Skisprungschanze. Abseits des winterlichen Trubels während der Vierschanzentournee wirkt das monströse Beton- und Gerüst-Bauwerk um einige Nummern zu groß für einen so beschaulichen Ort wie Oberstdorf. Unterhalb der Tribünen gehen wir weiter entlang des Faltenbaches bergauf, verlassen schließlich in der ersten Kehre die Teerstraße und tauchen in den unmittelbar beginnenden Faltenbachtobel ein.

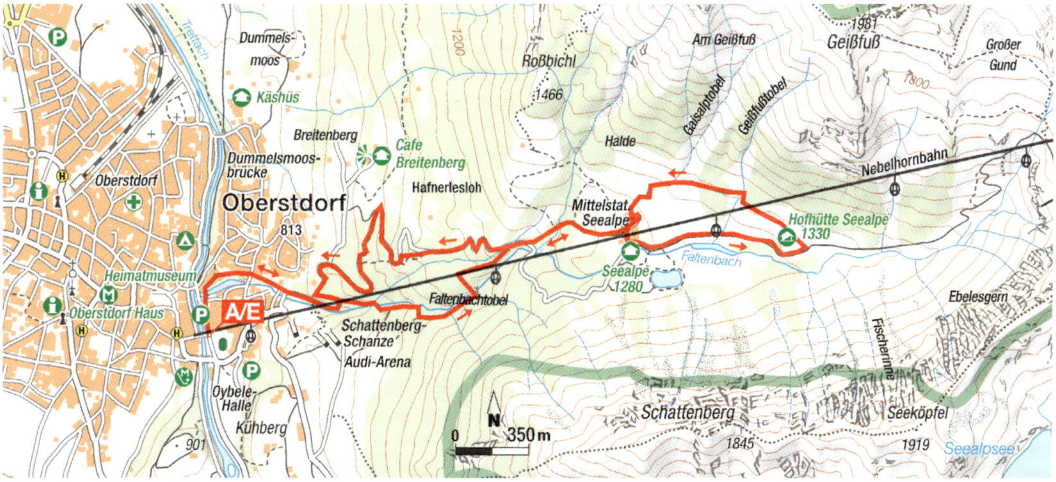

Ein wunderschöner Weg liegt vor uns: Der Faltenbach durchströmt einen engen, von dichtem Mischwald bedeckten Taleinschnitt und hat auf seinem Weg zahlreiche hübsche Wasserfälle geschaffen. Der Weg führt meist direkt am wild rauschenden Wasser entlang und steigt dabei stetig an. Im oberen Bereich hat die Wildheit des Tobels etwas gelitten angesichts – nicht schöner, aber vermutlich aus Sicherheitsgründen notwendiger – Betoneinfassungen. Schließlich lassen wir den Bach ganz unter uns zurück und steigen durch den Wald weiter steil hinauf. Wir unterqueren die Seilbahntrasse und stoßen auf eine Teerstraße, auf der wir nach einigen Minuten die Nebelhornbahn-Mittelstation Seealpe und den gleichnamigen Berggasthof (1263 m) erreichen.

Almwiesen der Seealpe in der Nähe der Seilbahn-Mittelstation

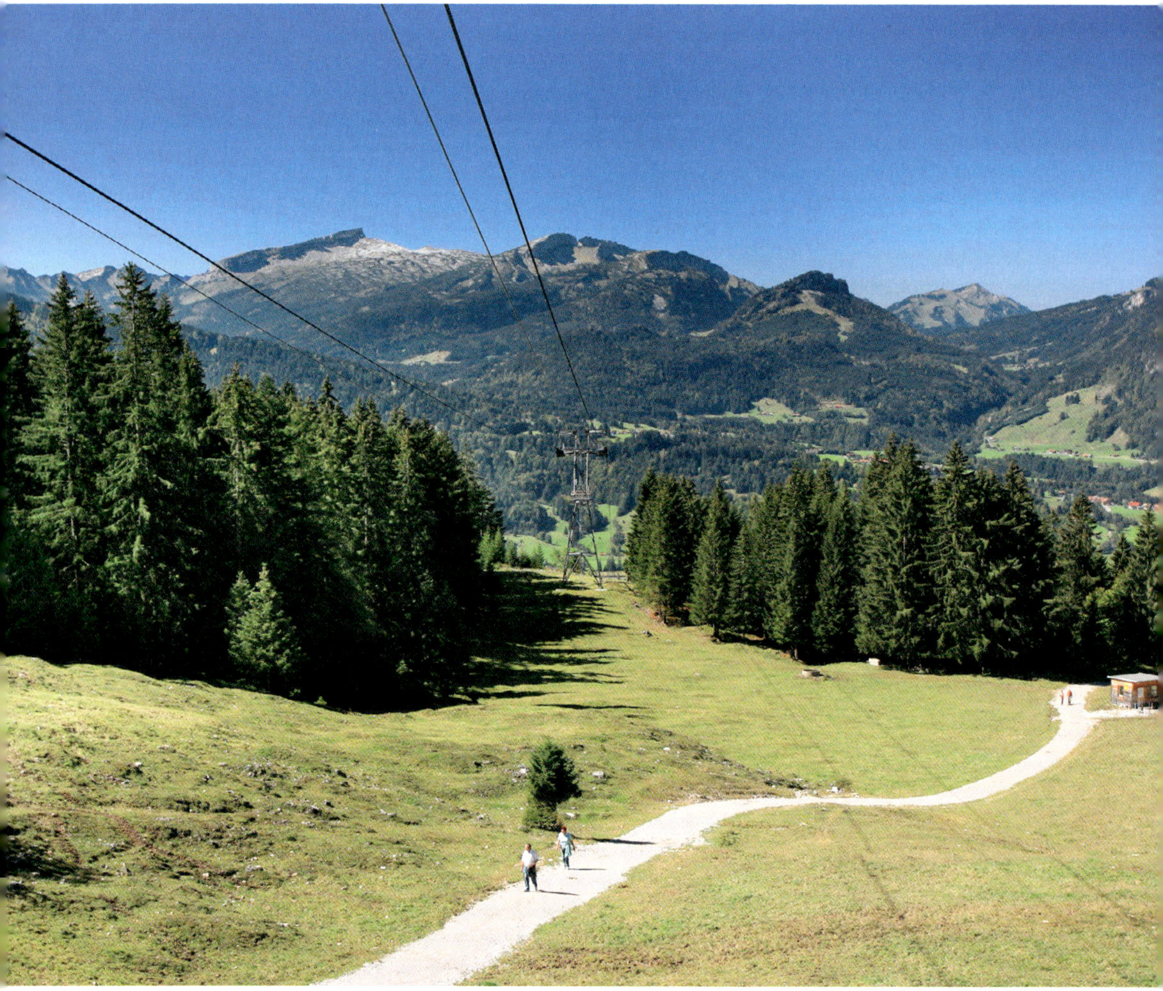

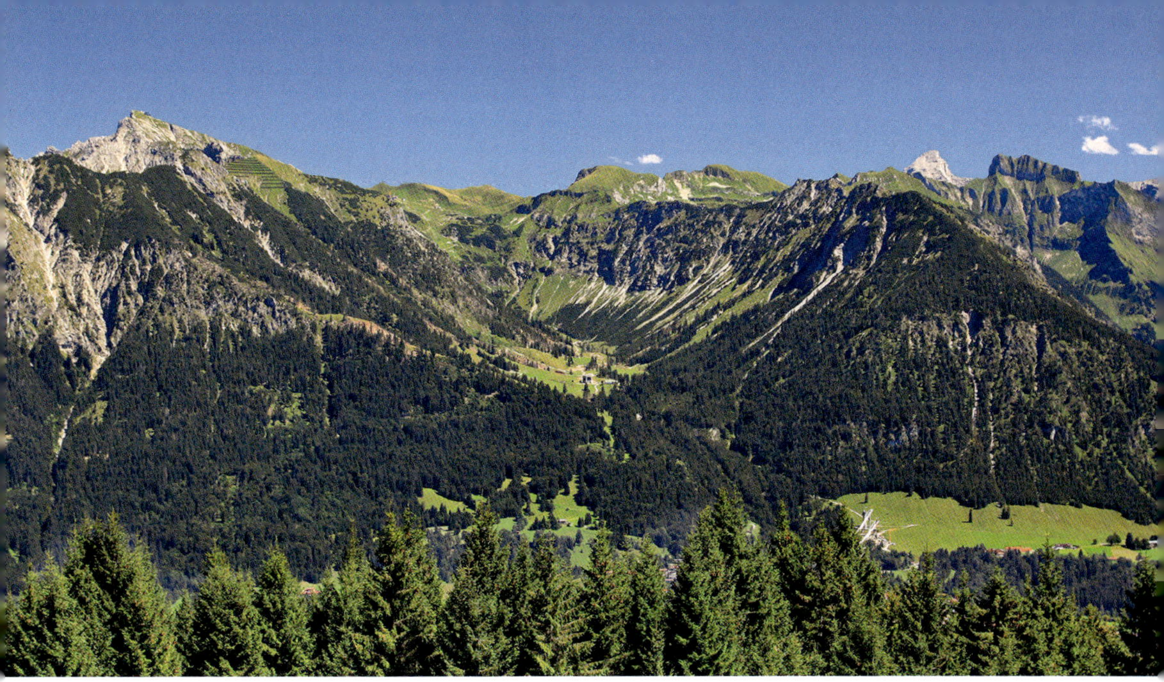

Fernblick ins Faltenbachtal oberhalb von Oberstdorf

Durch die Wiesen rund um die Seealpe Nach dem steilen Anstieg liegt nun der recht flache Talboden des Faltenbachtales vor uns, und auch der Wald macht fast völlig offenen Weideflächen Platz, eingerahmt von steilen Berghängen. Dieses Hochtal lässt sich auf einem schönen Rundweg erkunden, einem alpwirtschaftlichen Erlebnispfad mit einigen Stationen zum Mitmachen und Ausprobieren, was insbesondere mitwandernde Kinder freuen wird. Von der Seealpe folgen wir dazu dem breiten Almsträßchen parallel zum Faltenbach taleinwärts bis zur Vorderen Seealpe mit der Hofhütte (1330 m).

Berg- oder Talfahrt

Je nach Lust, Kondition und Kniezustand kann man den Auf- oder Abstieg zur Seealpe (450 Hm) mit der Nebelhornbahn verkürzen (relativ teuer für die kurze Strecke zur Mittelstation). Die moderne 10er-Kabinenbahn wurde 2021 nach Komplettumbau neu eröffnet (Info: www.ok-bergbahnen.com).

Die Qual der Wahl am Rückweg An der Alpe vorbei beginnt unser Rückweg, anfangs etwas ansteigend die Ausläufer der steilen Südhänge von Gaisalphorn und Geißfuß querend. Zum Ende steigen wir wieder hinab zur Nebelhornbahn-Mittelstation Seealpe. Nun muss man sich entscheiden: Entweder schwebt man bequem per Seilbahn ins Tal nach Oberstdorf, wandert wieder den Hinweg durch den Tobel hinab oder man kehrt auf der breiten, geteerten Alpstraße, die parallel zum Tobel verläuft, zum Ausgangspunkt an der Nebelhornbahn-Talstation zurück.

18 Gaisalptobel und Gaisalpsee

Eindrucksvolle Tour unterm Rubihorn

Schwer | 8,2 km | 650 Hm | 3.45 Std.

Tourencharakter
Recht steiler Anstieg im Tobel, teils arg matschig. Zwischen Alphütten und Gaisalpsee alpine Pfade, streckenweise unangenehm lockerer Grus und Geröll. Teleskopstöcke auf der gesamten Tour sehr hilfreich.

Ausgangs-/Endpunkt
Reichenbach im Allgäu, 859 m, kleines Dorf ca. 4 km nördlich von Oberstdorf

Anfahrt
ÖPNV: Buslinie Sonthofen (Bhf.)–Altstädten (Bhf.)–Oberstdorf (Bhf.) ca. stündlich, Bushaltestelle im Dorf Reichenbach.
Auto: Von Norden kommend B 19 bis Abfahrt Sonthofen Süd und auf der Nebenstrecke über Altstädten ca. 8 km bis Reichenbach. Von Oberstdorf auf der Nebenstrecke über Rubi nach Reichenbach; Parkplatz am östlichen Ortsrand (Navi: 87561 Oberstdorf-Reichenbach).

Einkehr
Gaisalpe (1149 m); Untere Richteralpe (1140 m)

Der in der Regel proppenvolle Parkplatz lässt keinen Zweifel daran, dass diese Tour in die Kategorie »beliebt« gehört. Oberhalb von Reichenbach lockt nicht nur der wilde Gaisalptobel die Besucher an, sondern auch, oder vor allem, zwei gemütliche Alphütten sowie – noch ein Stockwerk höher – der idyllische Gaisalpsee.

Durch den wilden Gaisalptobel Vom Parkplatz in Reichenbach (859 m) folgen wir einem breiten Wirtschaftsweg leicht ansteigend in den Wald hinein. Kurz hinter einer Brücke, in der ersten Spitzkehre, verlassen wir die Schotterstraße wieder und biegen links in den Tobelweg ein. Der Weg wird zunehmend steiler und führt anfangs am rechten, später am linken Ufer des Gaisalp-

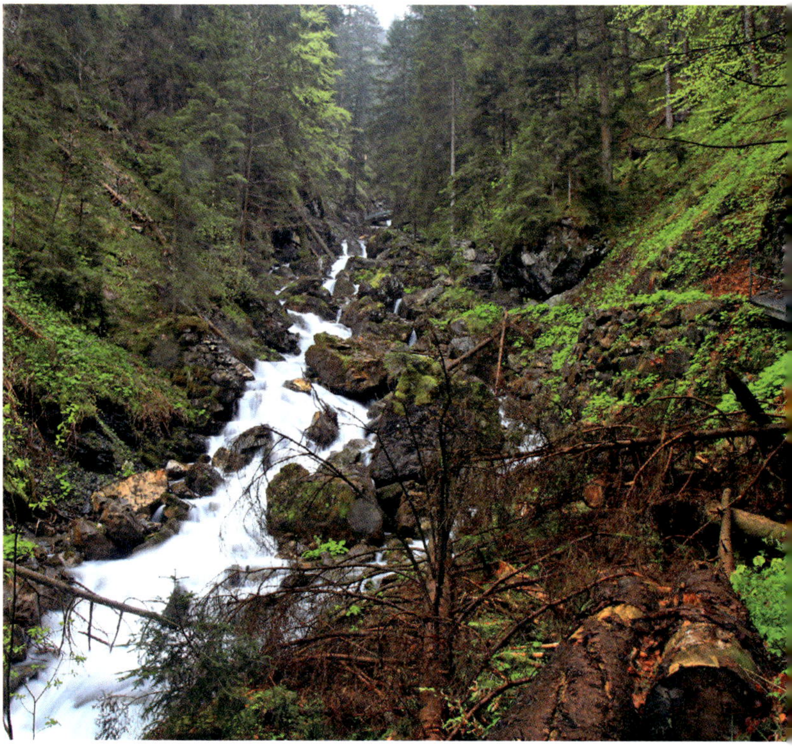

Im wilden Gaisalptobel

baches entlang aufwärts. Der Gaisalptobel ist sicherlich einer der wildesten Tobel im Allgäu, eng und dicht bewaldet, gleichzeitig sehr malerisch mit den vielen Stromschnellen und kleinen Wasserfällen. Der Pfad ist im dauerfeuchten Taleinschnitt manchmal etwas matschig und rutschig.

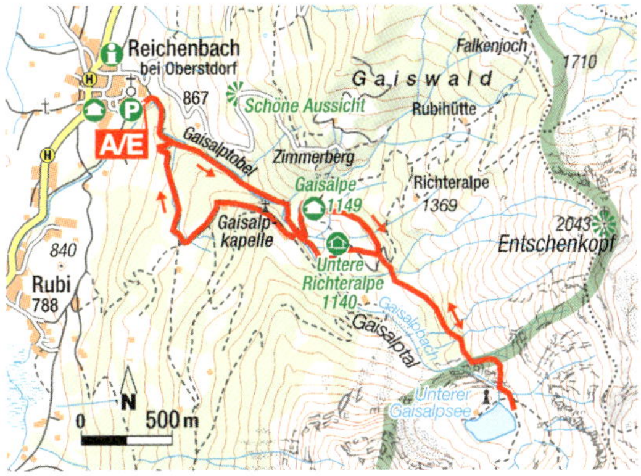

Über Almwiesen zur Gais- und Richteralpe

Am oberen Ende des Tobels stoßen wir wieder auf die Schotterstraße vom Beginn unserer Wanderung. Das bis hierhin sehr steile Gelände flacht nun etwas ab und der Wald macht ausgedehnten Almwiesen Platz. Durch diese steigen wir in einigen Kehren auf der Straße hinauf zur schön gelegenen Gaisalpe (1149 m) mit ihrem gemütlichen Biergarten. Alternativ bietet die in Sichtweite gelegene Untere Richteralpe (1140 m) eine etwas einfachere und ruhigere Einkehrmöglichkeit als die eher gasthausähnliche Gaisalpe. Hoch über beiden Hütten und den weiten Almwiesen thront die abweisende Nordwestflanke des Rubihorns.

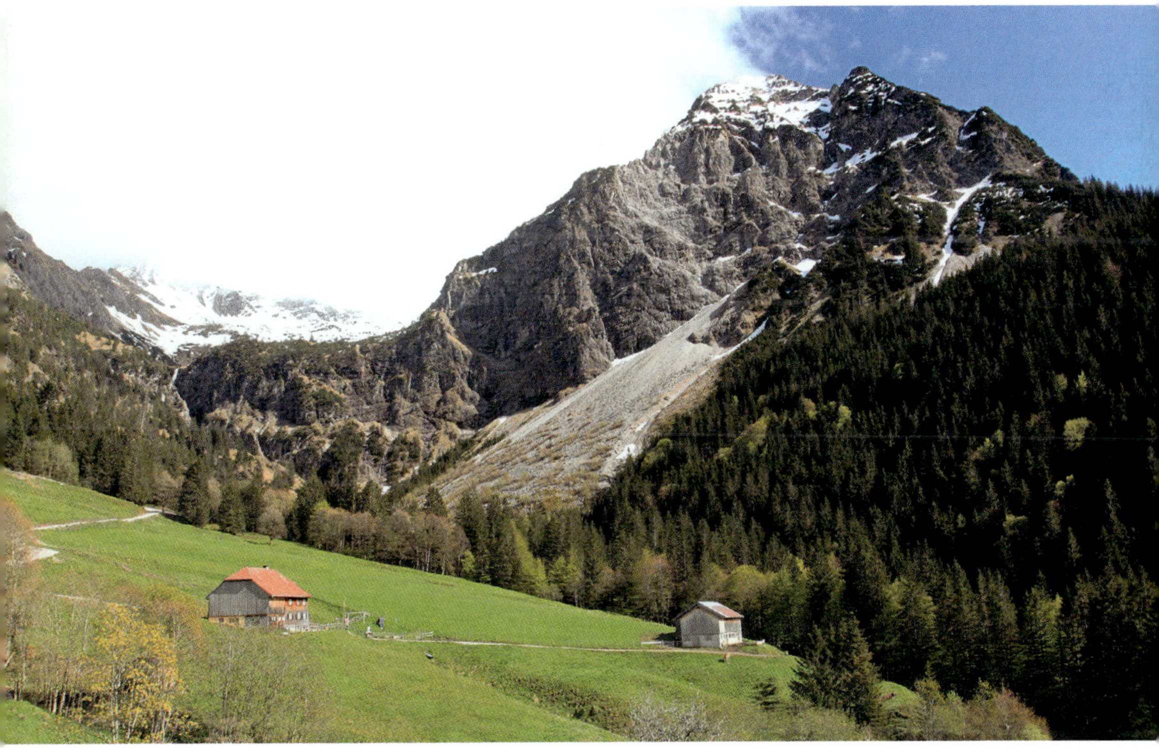

Das Gaisalptal mit der Unteren Richteralpe vor dem mächtigen Rubihorn

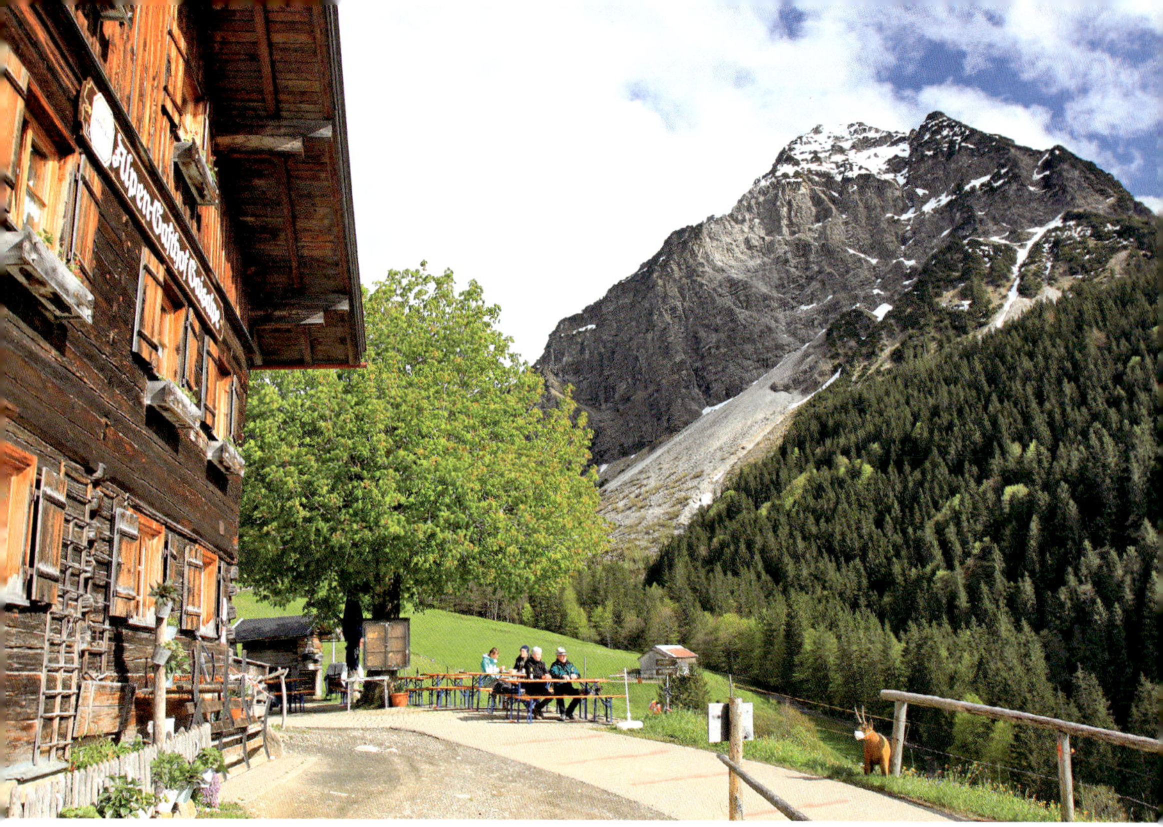

Die Gaisalpe lädt mit ihrem gemütlichen Biergarten zur Rast ein.

Aufstieg zum malerischen Gaisalpsee Nun erwartet uns der zweite Abschnitt der Tour hinauf zum Gaisalpsee (man kann natürlich die Wanderung auch mit der Einkehr beschließen und hier umkehren). Dazu geht es – von einer der beiden Hütten – auf breiten Wanderwegen das Gaisalptal hinauf, anfangs durch offene Weiden, später durch Wald. Der Wanderweg wird allmählich schmaler und zunehmend alpiner. Ab und zu müssen kleine Bächlein überquert werden, zudem ist der Weg durch lockeren

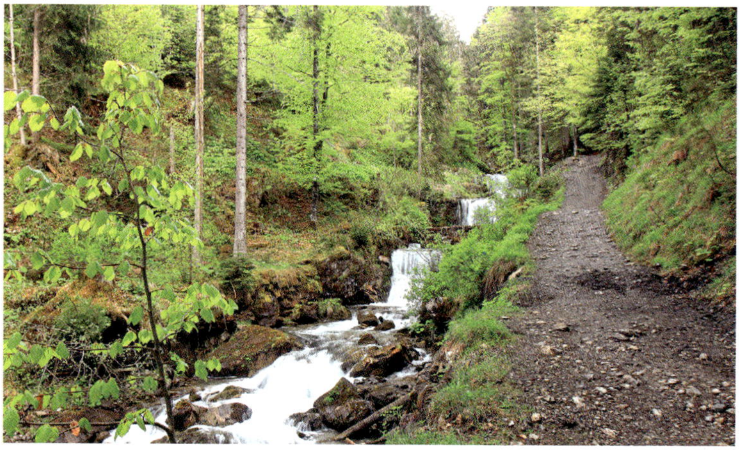

Auf schottrigem Weg durch den Gaisalptobel

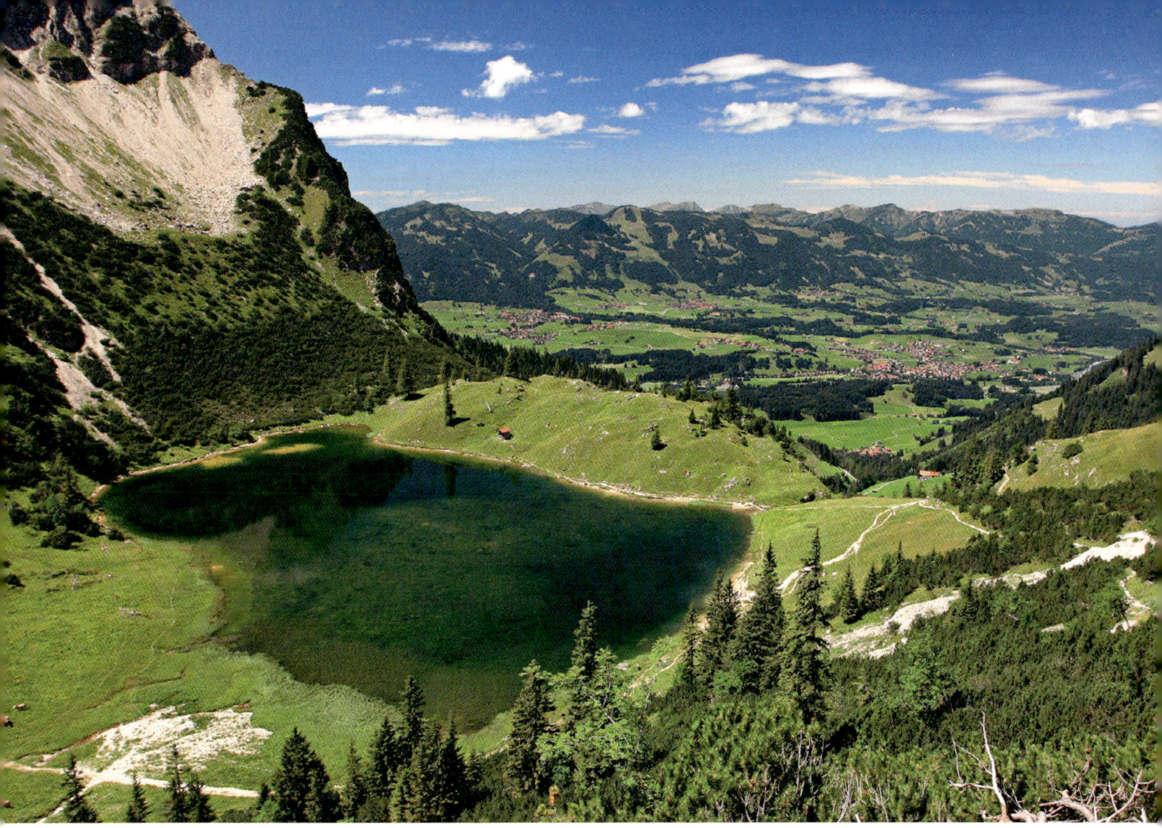

Grus und Kalkgeröll streckenweise etwas unangenehm (insbesondere beim späteren Abstieg). Zum Schluss geht es in einigen engen, steilen Serpentinen hinauf zu einer Geländeschulter, dann um eine letzte Biegung und plötzlich öffnet sich vor uns ein weiter Kessel mit dem wunderschönen Gaisalpsee (1508 m). Rundherum breiten sich sanfte Wiesen aus, und im Süden erhebt sich die mächtige Felswand des Rubihorns. Ein herrliches Plätzchen für eine ausgedehnte Rast, ehe es wieder talwärts geht.

Der Gaisalpsee unterhalb des Rubihorns

Rückweg mit Variation Der Abstieg bis zu den beiden Alphütten erfolgt enstprechend dem Aufstieg. Von dort aus kann man dann entweder wieder durch den Gaisalptobel absteigen oder über die südlich verlaufende Schotterstraße, die in einer weiten Schleife mit etwas knieschonenderem Gefälle zum Ausgangspunkt in Reichenbach hinabführt.

Biergarten und Bad

Neben den Einkehrmöglichkeiten unterwegs in den beiden Alphütten bietet sich zum Abschluss der Wanderung ein Besuch des knapp 500 Meter nördlich von Reichenbach gelegenen, gemütlichen Moorstübles mit Biergarten an. Abkühlung bietet hier ein uriges, kleines Moorfreibad, das mit seinen Holzeinfassungen den Charme der 1950er-Jahre versprüht (Info: www.moorstueble.de).

19 Im Eybachtobel

Stiller Tobel unter dem Sonnenkopfgrat

Schwer | 7,6 km | 500 Hm | 3.00 Std.

Tourencharakter
Teilweise sehr steile Auf- und Abstiege, wobei die Wege in Ordnung sind.

Ausgangs-/Endpunkt
Schöllang, 855 m

Anfahrt
ÖPNV: Bus Sonthofen (Bhf.)–Schöllang–Oberstdorf (Bhf.) ca. stündlich, Bushaltestelle im Ort.
Auto: Schöllang liegt ungefähr auf halber Strecke zwischen Oberstdorf und Sonthofen auf der Nebenstrecke auf der östlichen Illertal-Seite. Einige Parkbuchten entlang der Umgehungsstraße oberhalb des Ortes direkt am Eybach (Navi: 87561 Oberstdorf, Schöllang). Bei besetzten Parkplätzen alternativ im Ort Schöllang hinter der Touristeninformation parken (Navi: 87561 Oberstdorf, Schelchwangweg 1).

Einkehr
Restaurant im Berghotel Sonnenklause (1045 m; kurzer Abstecher)

Östlich von Schöllang ziehen sich steile Hänge aus dem Illertal hinauf in Richtung Sonnenkopfgrat. Wir wandern auf steilen Pfaden durch den stillen Eybach hinauf, am Hinanger Bach wieder hinunter und spazieren zum Ende über ausgedehnte Wiesen mit prächtigen Ausblicken über das Illertal.

Steiler Aufstieg entlang des Eybaches Gleich gegenüber den Parkbuchten an der Umgehungsstraße von Schöllang (885 m) folgen wir einem Teersträßchen steil den Hang hinauf. Nach gut fünf Minuten wechseln wir links auf einen parallel verlaufenden, schmalen Fußweg, der direkt am Eybach entlang weiter aufwärtsführt. Kurz darauf queren wir den Bach unterhalb eines hohen Stauwehres, folgen der Straße für 100 Meter weiter,

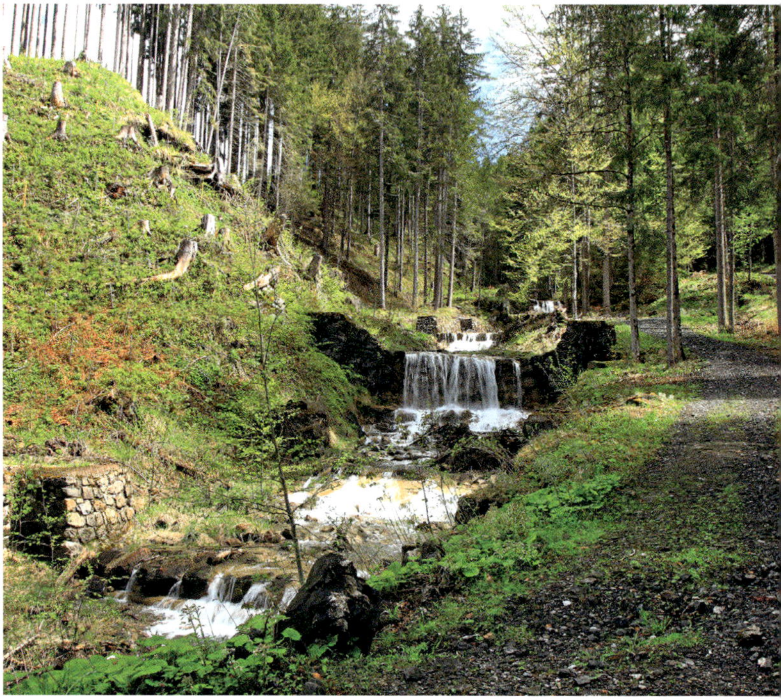

Verbauungen zähmen den Eybach im Tobel.

biegen dann scharf rechts ab und kehren zurück zum Bach. Wir wechseln wieder aufs rechte Ufer und wandern erneut bergwärts.

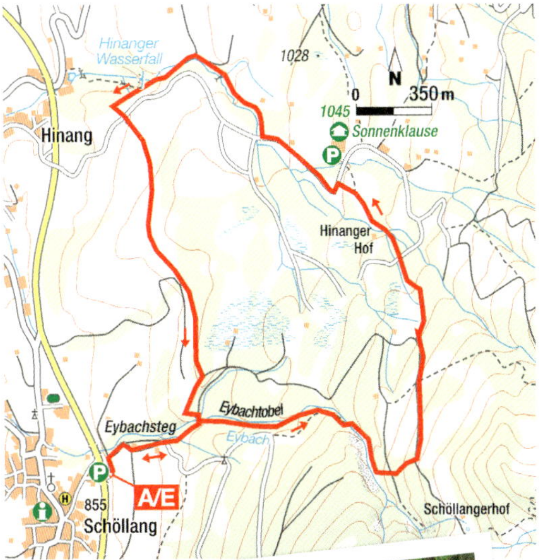

Der Eybachtobel ist ein enger, bewaldeter Einschnitt, Bach und Weg führen ohne viel Hin und Her geradewegs und sehr steil bergauf. Der Bach ist – zum Schutz des direkt am Tobelausgang gelegenen Ortes Schöllang – fast auf der gesamten Länge durch Mauern und kleine Wehre gezähmt. Aber da dafür fast ausschließlich Bruchsteine aus dem Tobel verwendet wurden, macht er dennoch einen sehr hübschen, naturnahen Eindruck. Der breite Weg führt direkt am Wasser entlang, geht dann schließlich in einen schmalen Pfad über und wechselt aufs linke Ufer. Es wird noch steiler, teilweise geht es über Treppenstufen weiter, und der Taleinschnitt wird immer enger. Dann wird es so unwegsam, dass wir links am Hang hinaufsteigen und den Tobel verlassen.

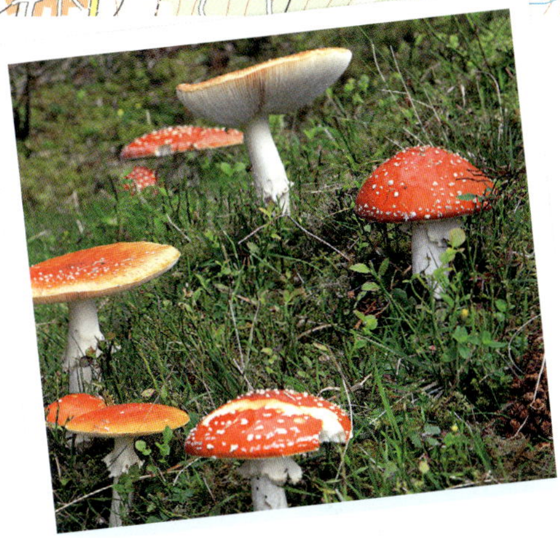

Fliegenpilze gedeihen gut in den waldigen Talböden.

Rückweg über aussichtsreiche Wiesen hoch über dem Illertal In engen Serpentinen geht es bergauf bis zu einer steilen Wiese, wo wir auf einen breiten Fahrweg stoßen (1280 m). Dort halten wir uns links und steigen wieder – ebenfalls sehr steil – ab, begleitet von freien Ausblicken ins Tal. Nach gut 500 Metern verlassen wir in einer Spitzkehre den Fahrweg, wobei wir die grobe Wanderrichtung beibehalten, nun allerdings auf einem Wanderweg. Durch Wald und Wiesen wandern wir hinab Richtung Berghotel Sonnenklause (1045 m). Der weitere Abstieg erfolgt anfangs – für ca. 400 Meter – auf der Zufahrtstraße, dann biegen wir rechts in einen Wanderweg ein und steigen weiter ab. Nach weiteren 400 Metern führt links ein Fußweg in den engen, bewaldeten Taleinschnitt des Hinanger Baches hinein. Unten halten wir uns rechts und spazieren am kleinen, munteren Bach entlang talwärts, passieren eine Miniklamm, wechseln aufs linke Ufer und erreichen eine steile Abbruchkante, an der der Bach hinab in den

Hinanger Tobel stürzt. Der Wanderweg führt deshalb hier wieder aus dem Einschnitt hinaus. Oben wandern wir rechts an einer Wiese entlang gemächlich gut 200 Meter abwärts. Wer mag, kann hier rechts einen kurzen Abstecher zum schönen Hinanger Wasserfall einschieben (siehe auch Tour 20).

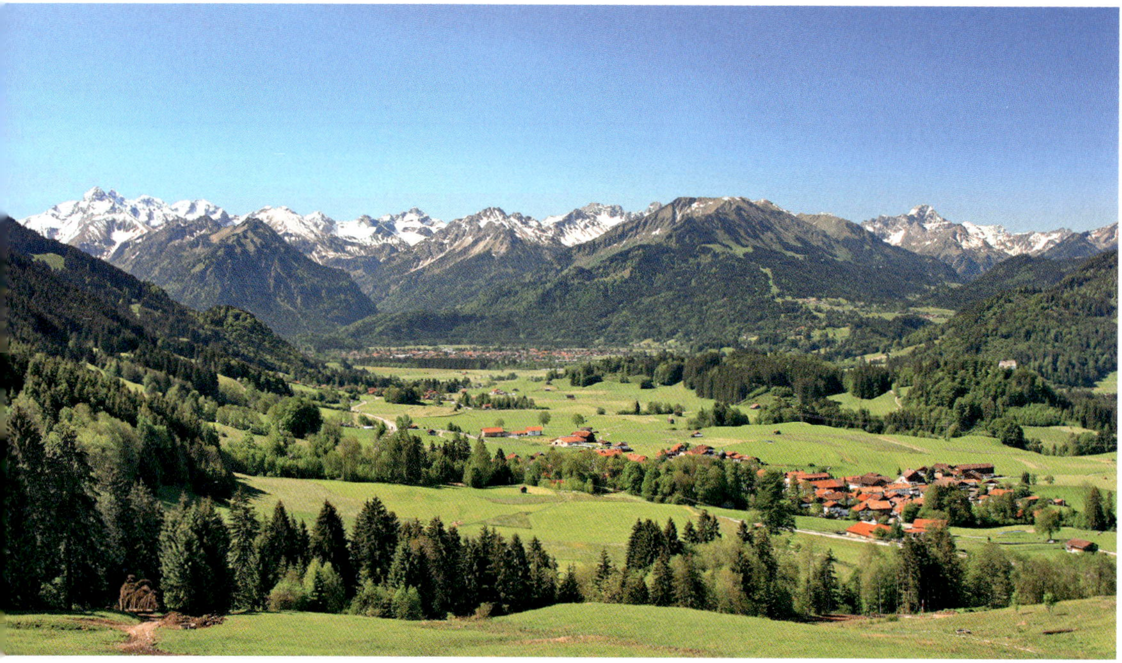

Über aussichtsreiche Wiesen führt der Rückweg nach Schöllang.

Unser Rückweg erfolgt in südlicher Richtung. Wir queren eine Straße und steuern quer über eine große Wiese deren höchsten Punkt an, den wir nach knapp 10 Minuten erreichen (ca. 980 m). Oben öffnet sich ein wunderschöner Blick über das südliche Illertal zwischen Fischen und Oberstdorf mit den Berggipfeln im Süden. Ein herrliches Panorama! Weiter in südlicher Richtung ignorieren wir zwei Fahrwege und bleiben auf einem Wanderpfad am oberen Waldrand. Nach gut 600 Metern stoßen wir wieder auf einen breiten Fahrweg. Das Hinweisschild weist zwar nach links (was inklusive kleinem Umweg auch stimmt), wir können jedoch auch geradeaus am Rande einer Wiese noch knapp 200 Meter absteigen; dort biegen wir links ab und stoßen nach wenigen Schritten auf eine Straße (unterhalb des hohen Eybach-Stauwehres, das wir bereits vom Aufstieg her kennen). Dort rechts und am Bachufer entlang zum Ausgangspunkt bei Schöllang.

Zum Hinanger Wasserfall

Malerischer Wasserfall im Illertal

20

Das Illertal östlich von Altstädten und Fischen wird von steilen, bewaldeten Bergflanken geprägt, in denen sich zahlreiche Tobel verstecken. Einer davon beherbergt den Hinanger Wasserfall, einen der malerischsten Plätze im Oberallgäu. Auf dieser Tour erkunden wir den Tobel und durchstreifen eine stille Wald- und Wiesenlandschaft.

Mittel	5,0 km	200 Hm	2.15 Std.

Tourencharakter
Im Wasserfall-Tobel steil und oft feucht, sonst gut begehbare Wege mit mäßigen Steigungen.

Ausgangs-/Endpunkt
Berghotel Sonnenklause, 1045 m, oberhalb von Hinang

Anfahrt
ÖPNV: Anderer Startpunkt in Hinang, Bus Sonthofen (Bhf.)–Hinang–Oberstdorf (Bhf.) ca. stündlich, Bushaltestelle im Ort; dann ca. 500 m Fußweg zum Ausgangspunkt hinter der Unterführung der Umgehungsstraße, am Hinanger Bach.
Auto: Hinang liegt zwischen Sonthofen und Oberstdorf, ca. 4 km nordöstlich von Fischen im Allgäu. Zum Berghotel Sonnenklause fährt man beim Feuerwehrhaus an der Umgehungsstraße von Hinang die 2 km lange Stichstraße hinauf (Navi: 87527 Hinang, Hinang 48).

Einkehr
Keine unterwegs; Restaurant im Berghotel Sonnenklause (1045 m)

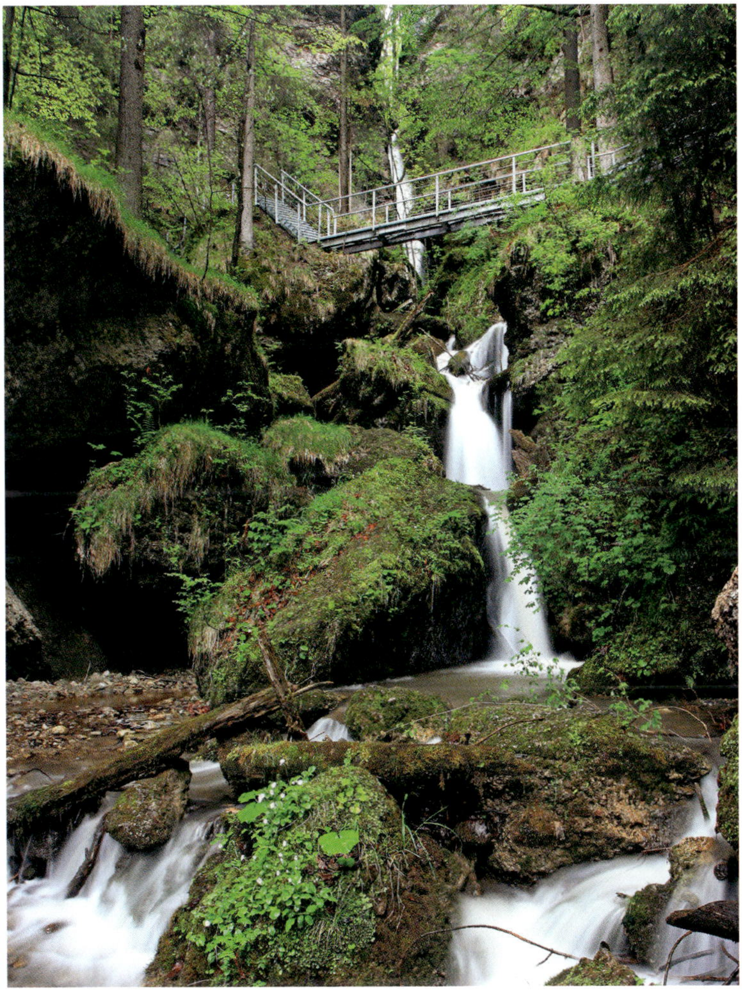

Beeindruckende Wasserfall-Stufen im Hinanger Tobel

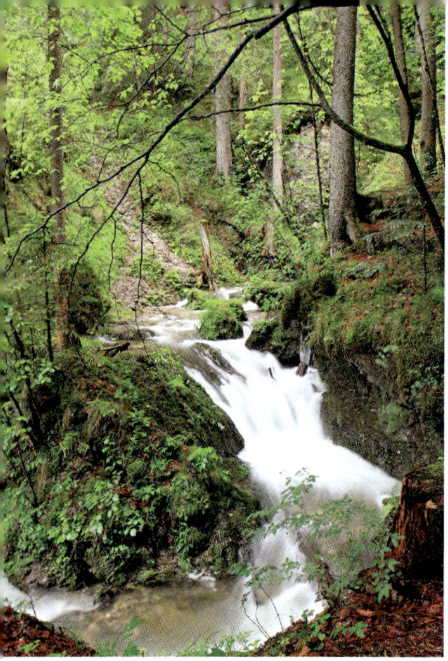

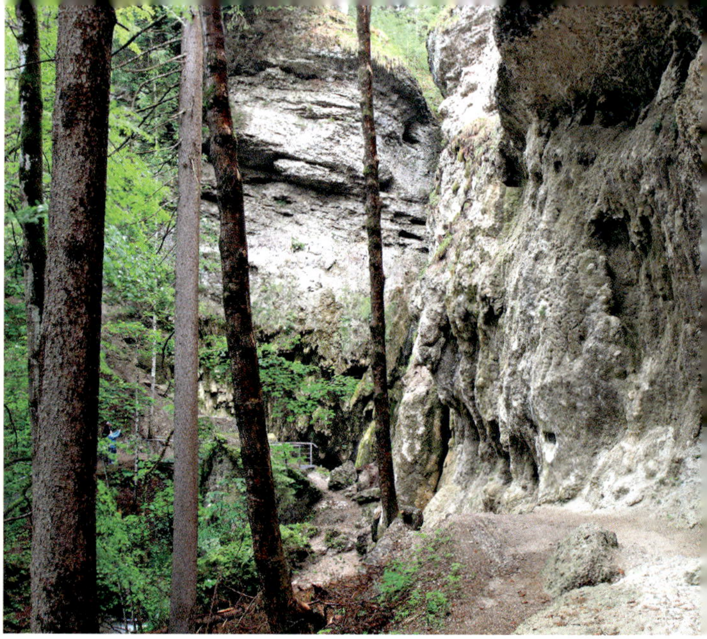

Der Hinanger Bach bahnt sich seinen Weg durch den Tobel.

Rechts: Nagelfluhwand im Hinanger Tobel

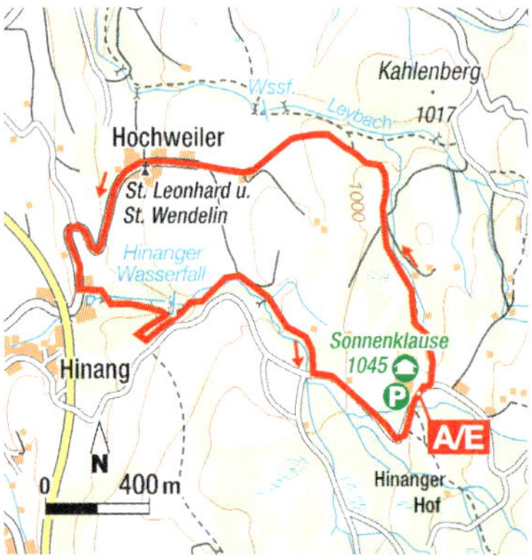

Auf stillen Pfaden zum Tobel Vom kleinen Parkplatz vor der Sonnenklause (1045 m), einem etwas größeren Hotelkomplex, sind es nur wenige Schritte zu einem Wanderweg. Dieser zieht sich oberhalb der Gebäude in Richtung Norden und durchquert ohne größeres Auf und Ab eine sehr stille Landschaft aus Wiesen, Feuchtwiesen und Wäldchen. An einer Wegkreuzung halten wir uns schräg links und erreichen – nunmehr auf einem breiten Wirtschaftsweg – kurz darauf den Waldrand. Vor uns öffnet sich das Gelände zu einem Wiesenhang mit weitem Blick über das Illertal. Durch diese Wiesen wandern wir bei gemächlichem Gefälle hinab zum kleinen Dorf Hochweiler (925 m) und weiter auf der sich anschließenden, kaum befahrenen Straße in zwei Kehren hinab zum unteren Eingang des Hinanger Tobels (840 m). Als Alternative zur Straße zweigt direkt hinter dem Dorf rechts ein schmaler Pfad ab, der uns zu einem schönen Aussichtspunkt mit Marienstatue bringt. Von dort über einen Wiesenweg zur Straße und auf dieser hinunter zum Tobel.

Durch den Tobel zum Hinanger Wasserfall Direkt neben einigen Parkbuchten (auch Ausgangspunkt für Busnutzer, die von Hinang kommen) führt ein Wanderweg in den Wald hinein, quert den Bach und zieht sich dann zunehmend steil den von einem hübschen Mischwald bestandenen Tobel hinauf. Der Weg führt meist direkt am Wasser entlang, wobei er sich mittels Treppenstufen und Stegen durch die wilde Landschaft aus mächtigen Felsblöcken

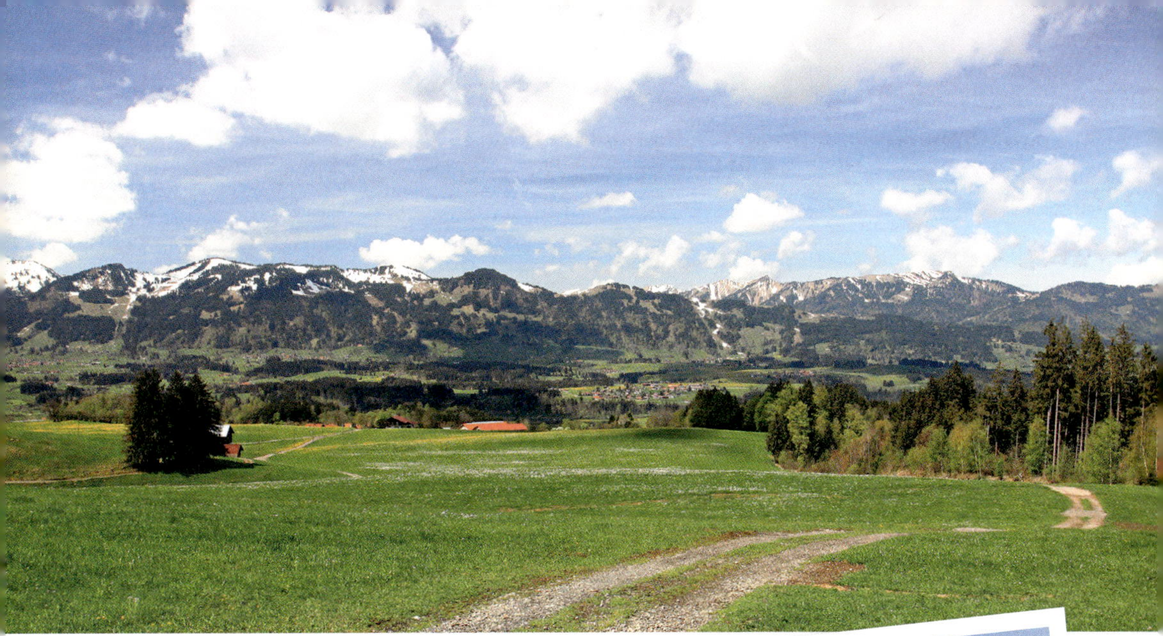

windet. Schließlich haben wir den Wasserfall erreicht (ca. 900 m). Dieser ist weder besonders hoch noch wasserreich, es ist mehr die gesamte Umgebung, die diesen Ort so malerisch macht. Im engen Halbrund der hohen Nagelfluhwände schießt das klare Wasser eine schmale Rinne hinab und sammelt sich in einem tiefen Becken, die Felswände sind weitflächig mit Moos überzogen, überall rauscht und glitzert es.

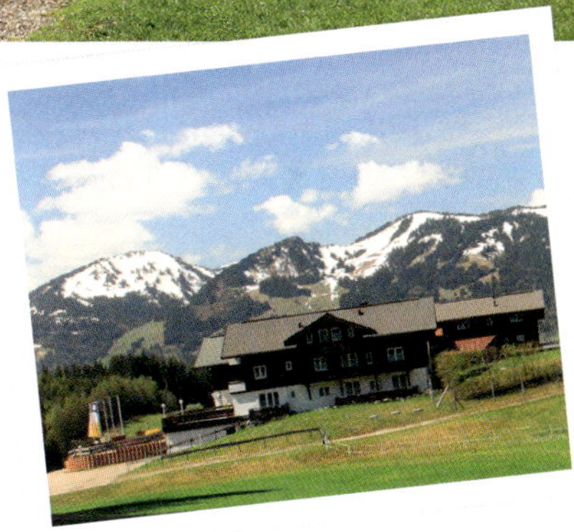

Im Berghotel Sonnenklause kann man zum Abschluss der Tour einkehren.

Ganz oben: Abstieg mit Aussicht in Richtung Hochweiler

Am Hinanger Bach entlang zur Sonnenklause Vom Wasserfall führt ein schmaler Pfad direkt unterhalb einer etwas bröselig wirkenden Felswand weiter, verlässt kurz darauf den bewaldeten Tobel und erreicht eine offene Wiese. Rechts öffnet sich der Blick hinab ins Illertal. Direkt am Waldrand wandern wir links leicht aufwärts und biegen kurze Zeit später links in einen schmalen Pfad ein, der uns wieder hinab in den Einschnitt des Hinanger Baches führt, diesmal knapp oberhalb der Wasserfall-Kante. Nun geht es am Bach entlang durch einen kleinen, hübschen Tobel aufwärts, anfangs am rechten, dann am linken Ufer.

Bei einem Holzsteg verlassen wir den Bach und steigen am linken Hang aus dem Taleinschnitt heraus. Oben wenden wir uns nach rechts und steigen über eine Wiese bergwärts. Kurz darauf stoßen wir auf eine Straße, auf der wir die letzten Meter hinauf zum Berghotel Sonnenklause hinter uns bringen.

21 Durch den Leybachtobel

Lange Tobelwanderung oberhalb von Altstädten

Mittel	7,0 km	250 Hm	2.45 Std.

Tourencharakter
Teils breite, einfache Wege durch Almwiesen, in den beiden Tobeln auch steilere Passagen mit Stufen; unbedingt festes Schuhwerk erforderlich.

Ausgangs-/Endpunkt
Altstädten, Parkplatz am Freibad, 775 m

Anfahrt
ÖPNV: Busse stündlich zwischen Oberstdorf und Sonthofen, Haltestelle Altstädten Touristinfo. Außerdem Züge der Linie Immenstadt–Oberstdorf mit Halt in Altstädten 1- bis 2-mal/Std.; vom Bahnhof ca. 700 m durch den Ort zum Freibad.
Auto: Von Norden kommend B 19 bis Abfahrt Sonthofen Süd und auf der Nebenstrecke ca. 3 km nach Altstädten. Im Ort links wenige Hundert Meter zum Freibad (Navi: 87527 Sonthofen-Altstädten, Freibadweg 12).

Einkehr
Keine unterwegs; nur in Altstädten am Tourende

Östlich von Altstädten hat sich der Leybach einen Tobel in die steilen Hänge geschnitten. Auf einem schmalen Uferweg erkunden wir den idyllischen Tobel mit seinen hübschen, kleinen Wasserfällen. Retour spazieren wir durch einen Landschaftsmix aus Wald und Wiesen.

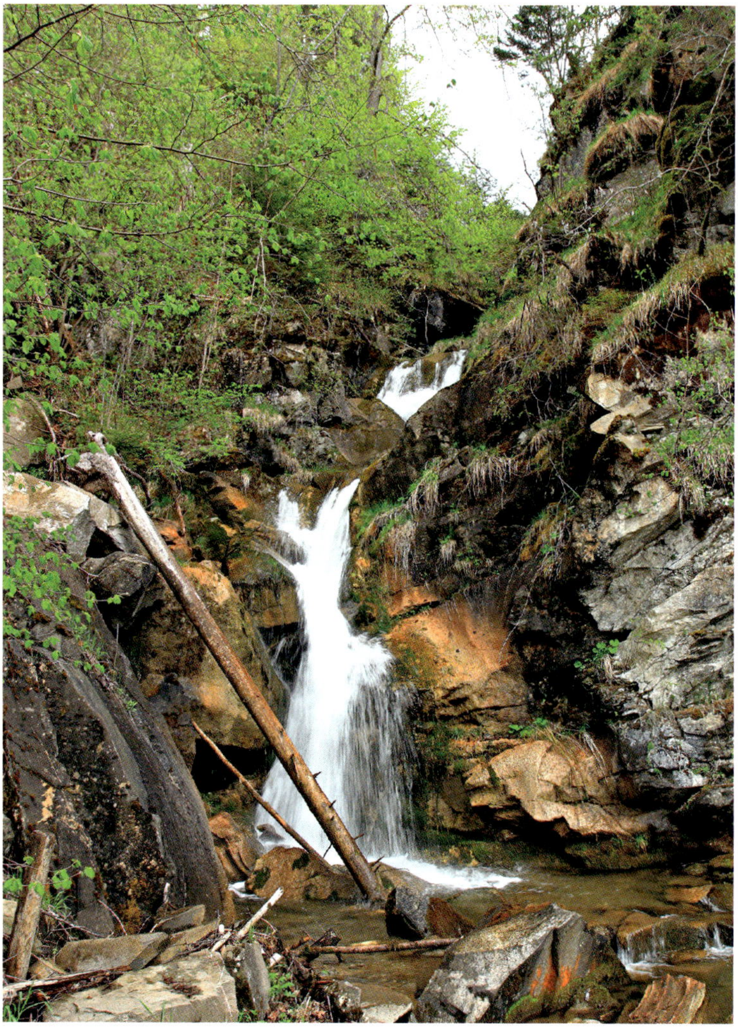

Schäumende Kaskaden im Leybachtobel

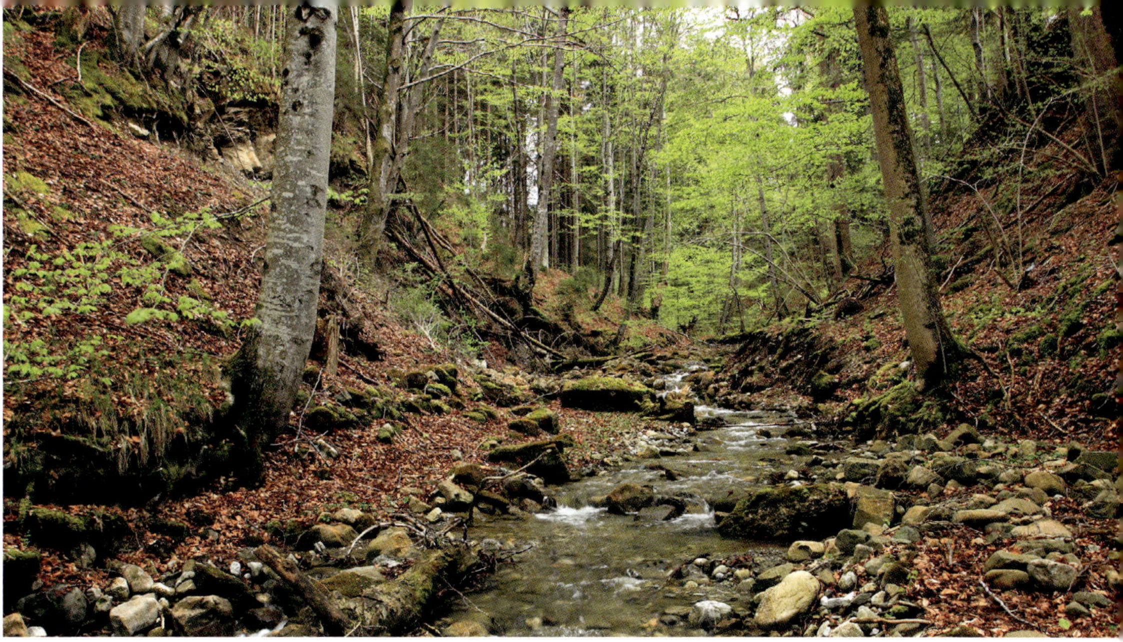

Durch Wald geht es am Leybach entlang hinauf.

Steil hinauf in den Leybachtobel Vom Freibad-Parkplatz in Altstädten (775 m) folgen wir einem breiten Schotterweg, der am Wasser entlang leicht aufwärts in den Wald hineinführt. Anfangs ist der Bach noch von Mauerwerk eingefasst, aber bald wird der Tobel wilder, der Pfad schmaler. Es geht stetig im engen Taleinschnitt bergan, und kurz darauf passieren wir einen sehenswerten Wasserfall, neben dem der Weg in engen Serpetinen hinaufführt. Wir stoßen auf eine Teerstraße, gehen auf dieser noch ca. 100 Meter weiter bergwärts und biegen dann rechts in einen schmalen Waldweg ein.

Die Steigung wird nun sehr viel gemächlicher, der Tobel etwas breiter und weniger schroff. Unser Weg verläuft für gut 20 Minuten am linken Rand des bewaldeten Taleinschnitts weiter bergauf, begleitet vom Rauschen des kleinen Leybaches rechts unter uns. Zwischendurch ignorieren wir zwei Abzweige, die über den Bach Richtung Hochweiler führen, bis wir schließlich – nachdem der Weg sich kurzzeitig aufgrund eines zu engen und felsigen Talabschnitts etwas vom Wasser entfernt hat – auf einem kleinen Steg ans rechte Ufer hinüberwechseln. Hier weitet sich das Tal zunehmend, wird heller und sonniger und die Bäume sind niedriger. Gegen Ende wechseln wir wieder aufs linke

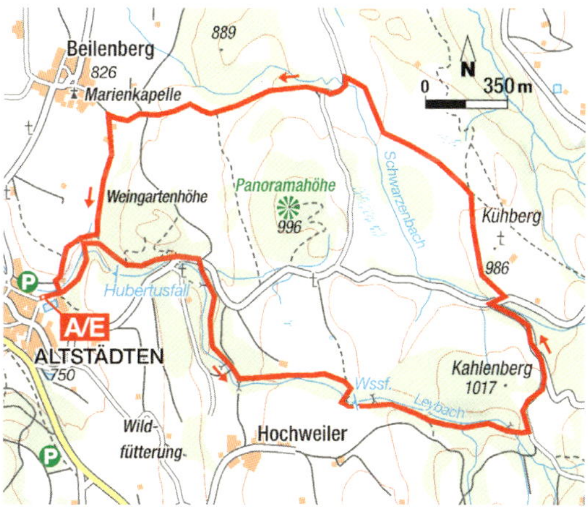

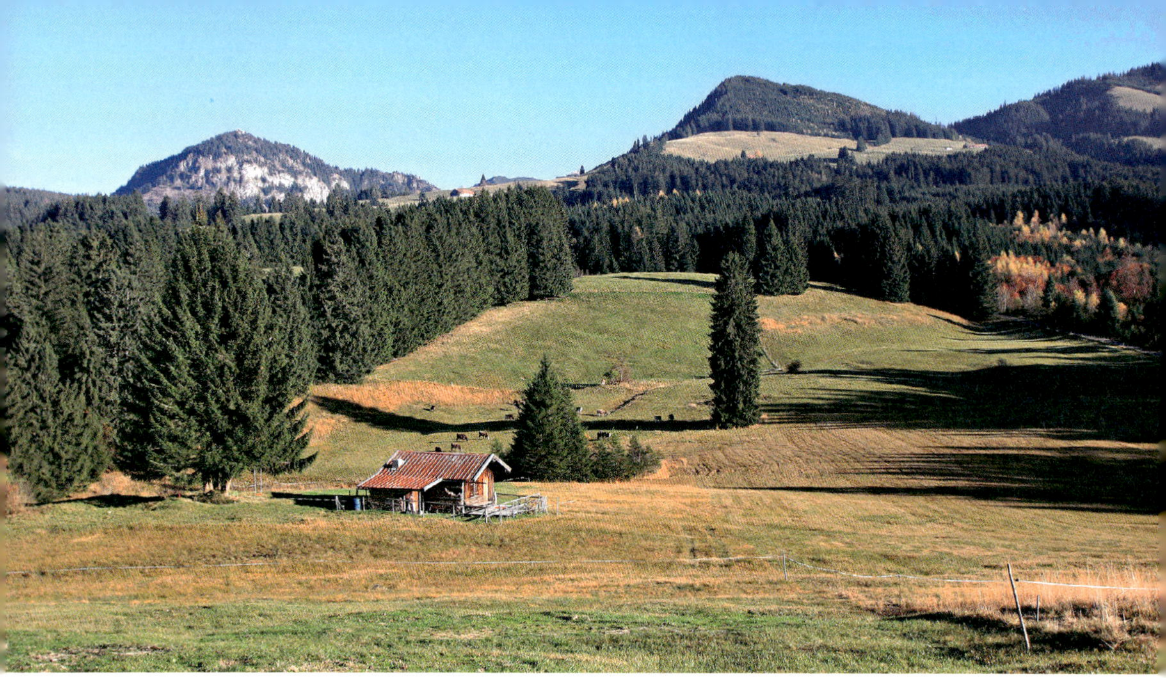

Der Rückweg führt durch schöne Wiesenlandschaft.

Ufer und stoßen kurz darauf auf einen Wirtschaftsweg (1010 m). Dort links und an einem Wiesenhang entlang erreichen wir die nahe Mautstraße zum Altstädter Hof (kaum Verkehr).

Auf stillen Wiesenwegen zurück ins Illertal Auf dieser Straße gehen wir knapp 400 Meter abwärts, treffen auf eine weitere Straße und folgen dieser rechts (Richtung Sonthofener Hof) für wenige Schritte bis zum Waldrand. Dort halten wir uns links und gehen über eine Wiese nordwärts. Vorbei an einem Holzhäuschen stoßen wir kurz darauf auf einen quer verlaufenden Wanderweg. Dort halten wir uns links und spazieren mit leichtem Gefälle über eine hübsche, offene Wiesenlandschaft. Nach einem knappen Kilometer biegen wir an einer Wegkreuzung links und gleich darauf an einer weiteren schräg rechts ab. Nun wandern wir über aussichtsreiche Wiesen hinab Richtung Beilenberg. Am Ende des Abstiegs, kurz vor dem Dorf, biegen wir an einem Abzweig (820 m) links ab und wandern hinüber zum nahen Wald und dann am Waldrand zurück zum Ausgangspunkt am Freibad von Altstädten.

Abkühlung in Altstädten

Wem nach dieser Wanderung die Füße brennen oder wem nach einer Abkühlung ist, der findet Erfrischung entweder im kleinen Dorf-Freibad samt Bachlauf direkt am Ausgangs- bzw. Endpunkt oder in einer kleinen Kneippanlage am Ostrand von Altstädten (Straße Richtung Hinang, Zufahrt gleich links hinter einer einzelnen Kapelle).

Wasserfälle im Bärgündeletal

Durch eindrucksvolle Tallandschaften

22

Das Hintersteiner Tal bei Bad Hindelang führt tief in die Allgäuer Alpen hinein und verzweigt sich am Ende in das Obertal und das Bärgündeletal. Dorthin bringt uns der Pendelbus, dann wandern wir durch den engen Taleinschnitt hinauf zur Bärgündelealpe und passieren unterwegs mehrere eindrucksvolle Wasserfälle.

Mittel | km 8,3 km | Hm 350 Hm | 3.00 Std.

Tourencharakter
Zum großen Teil geteerte Almstraße, sonst gute Wanderwege. Mäßige Steigungen.

Ausgangs-/Endpunkt
Hinterstein, großer Parkplatz am südlichen Ortsende, 882 m

Anfahrt
ÖPNV: Busse von Oberstdorf und Sonthofen nach Bad Hindelang mit direktem Anschluss nach Hinterstein bis zum Parkplatz, ca. 1-mal/Std. Ab Parkplatz Hinterstein stündlich Pendelbus bis zur Endhaltestelle Giebelhaus; Businfo und Fahrplan: www.wechs.net, Tel. +49 8324 93230.
Auto: Von Bad Hindelang ca. 6 km ins enge Hintersteiner Tal, durch den lang gezogenen Ort Hinterstein hindurch bis zum Ortsende (Navi: 87541 Bad Hindelang, Rauhornweg 13).

Einkehr
Berggasthof Giebelhaus (1068 m); Untere Bärgündele alpe (1322 m)

Hinein ins Bärgündeletal Nach der Fahrt mit dem Bus durch das Hintersteiner Tal beginnen wir unsere Tour am Giebelhaus (1068 m), das seinen Namen dem gleichnamigen, spitzen Berg verdankt, der direkt über dem Gasthaus aufragt. Wir steuern den schmalen Einschnitt des Bärgündeletales, der sich im Süden öffnet, an. Nachdem wir den Obertalbach überquert haben, folgen wir der (autofreien) Teerstraße, die gleich zu Beginn in einer weiten Kehre an Höhe gewinnt. Anschließend führt die Straße stetig leicht ansteigend weiter in das enge und recht dicht bewaldete Tal hinein. Nach einer knappen halben Stunde passieren wir einen kleinen Einschnitt zur Linken mit dem hohen Täschlefall im Hintergrund.

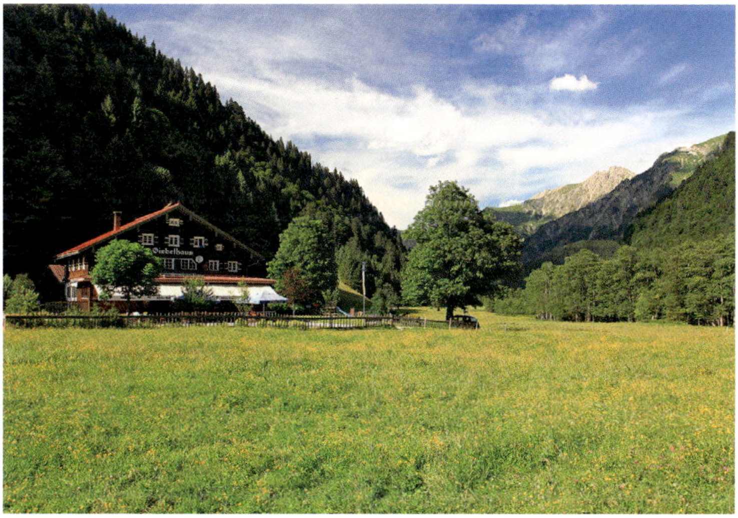

Der einladende Gasthof Giebelhaus im Hintersteiner Tal

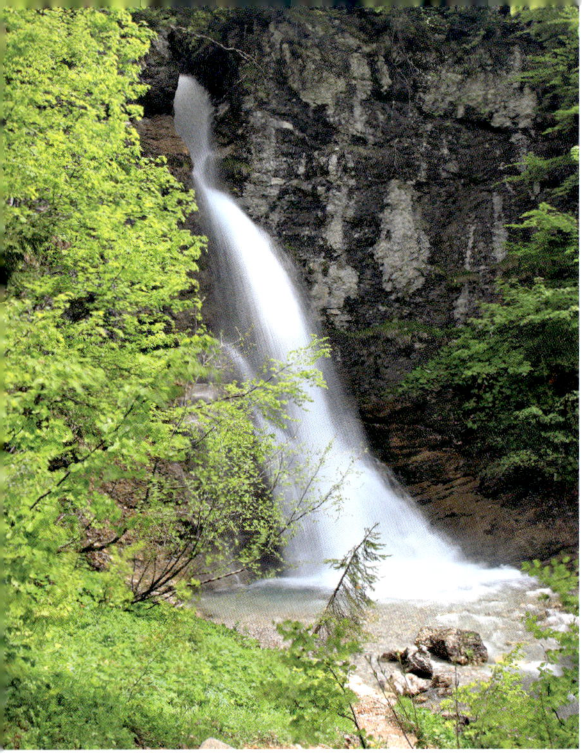

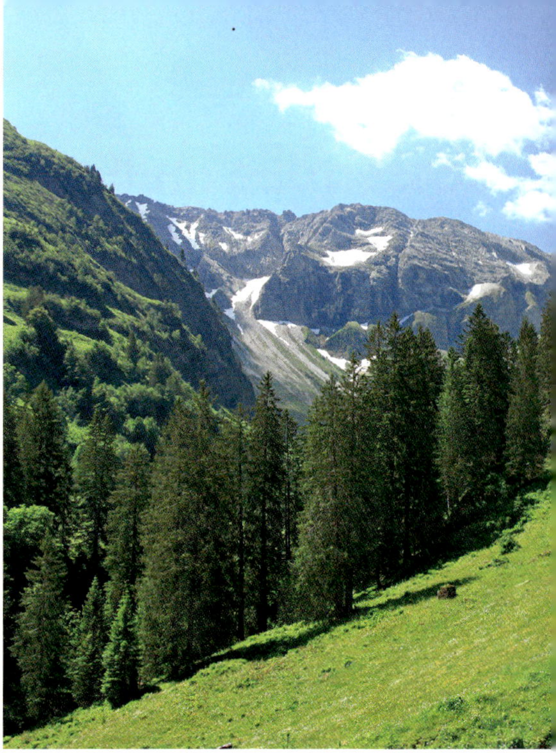

Oben und rechte Seite: Wasserfall-Szenerie bei der Unteren Bärgündelealpe

Unten: Die Untere Bärgündelealpe

Dahinter weitet sich der Talboden etwas und bietet Platz für einige größere Almweiden. Es geht stetig bergan, und schließlich können wir einen ersten Blick auf den imposanten Talschluss werfen mit den hoch aufragenden, felsigen Nordwänden des Vorderen Wilden (2240 m). Zur Linken steigt das Gelände steil an Richtung Wiedemerkopf und weiter zum Hochvogel, der sich jedoch von hier unten unseren Blicken entzieht. Schließlich

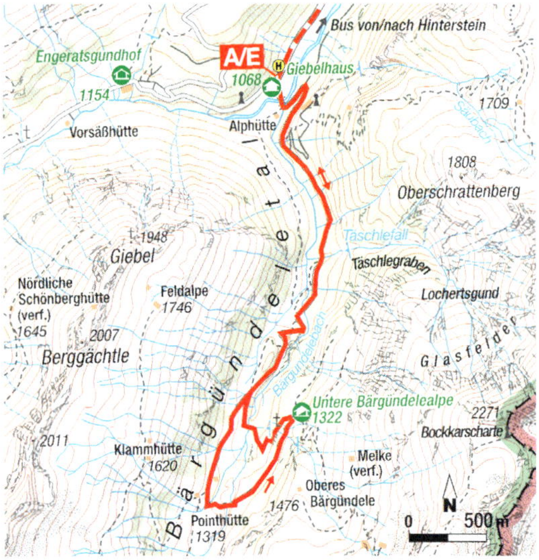

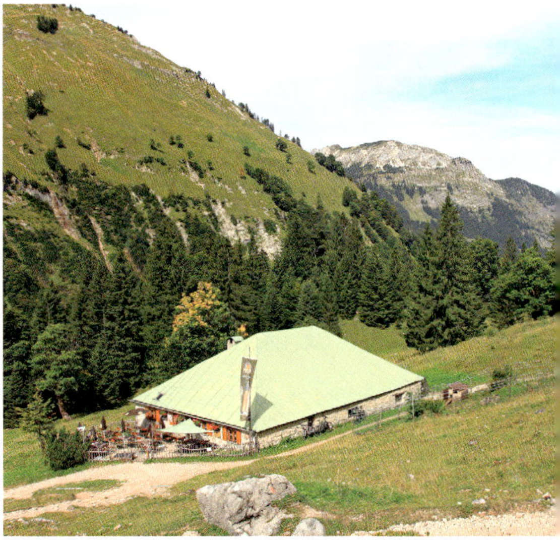

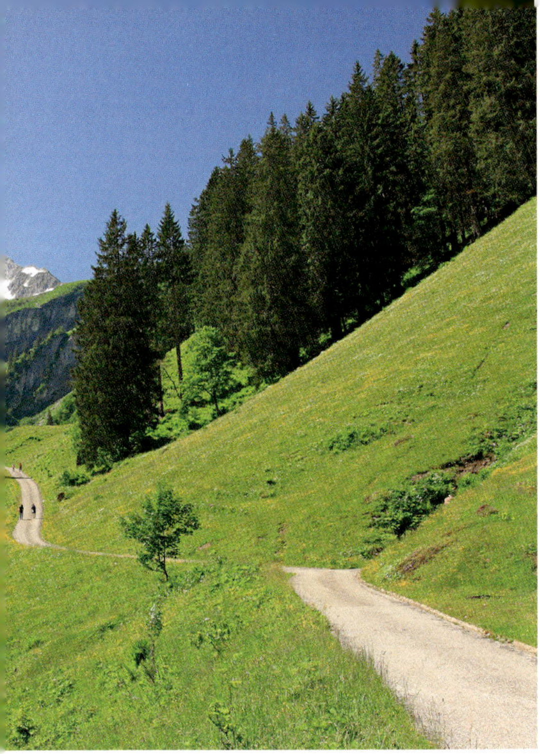

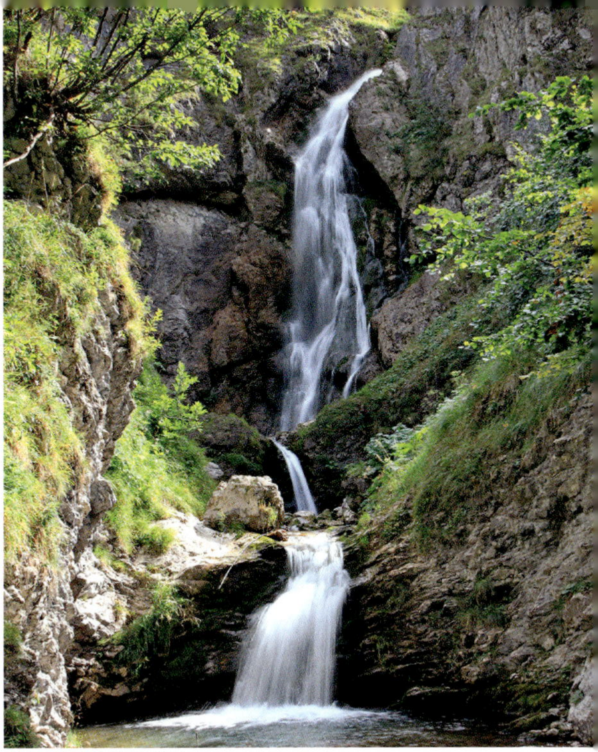

Mitte: Im idyllischen Bärgündeletal

erreichen wir die kleine Pointhütte (1319 m), von wo wir einen wunderschönen Blick in den eindrucksvollen Talschluss genießen können.

Wasserfälle bei der Bärgündelealpe Etwa 100 Meter vor der Pointhütte zweigt ein Fahrweg ab, auf dem wir leicht bergab zum nahen Bärgündelesbach hinabsteigen. Auf der anderen Bachseite geht es wieder talauswärts und auf etwas holprigem Weg hinüber zur Unteren Bärgündelealpe (1322 m). Kurz vorher passieren wir einen hübschen Wasserfall zur Rechten. Von der Alphütte folgen wir einem Pfad bergabwärts zum Waldrand und erreichen wenige Schritte später einen weiteren eindrucksvollen Wasserfall.

Dahinter steigen wir in einigen Kehren hinab zum Bärgündelesbach und auf der gegenüberliegenden Seite hinauf zur Straße, die wir bereits vom Hinweg kennen. Auf dieser geht es dann zurück zum Giebelhaus.

Steinadlerbeobachtung

Am Beginn der Tour beim Giebelhaus informiert das Adler-Haus, eine kleine Vogelwarte des Landesbunds für Vogelschutz (LBV), über die Besonderheiten des Bärgündeletales: In den hohen, teils senkrechten und unzugänglichen Felswänden im weiten Rund haben sich mehrere Steinadler-Paare angesiedelt, die mit etwas Glück und Geduld beobachtet werden können (Info: www.steinadlerschutz.de).

23 Schleierfall und Zipfelsbachfälle

Zwischen Ostrach- und Hintersteiner Tal

Mittel	9,1 km	300 Hm	3.45 Std.

Tourencharakter
Meist gute, breite Wege, einige kurze steile Passagen.

Ausgangs-/Endpunkt
Bad Oberdorf, Parkplatz Grübplätzle, 807 m

Anfahrt
ÖPNV: Busse von Oberstdorf und Sonthofen nach Bad Hindelang mit direktem Anschluss nach Hinterstein bis Haltestelle Bad Oberdorf Ortsmitte, ca. 1-mal/Std.; von dort ca. 500 m Fußweg in östlicher Richtung hinauf zum Hotel Prinz-Luitpold-Bad und auf dem Vaterlandsweg zu den Schleierfällen.
Auto: Vom Kreisel am westlichen Ortsrand von Bad Hindelang Richtung Hinterstein, nach ca. 3 km Parkplatz rechts an der Ostrachbrücke (Navi: 87541 Bad Hindelang, Ostrachstraße 53).

Einkehr
Wirtshaus Prinze Gumpe in Hinterstein (880 m; kurzer Abstecher, siehe Tipp S. 99)

Auf dieser abwechslungsreichen Wanderung erkunden wir das vordere Hintersteiner Tal. Wir besuchen den Schleierfall und die eindrucksvollen Zipfelsbachfälle und spazieren auf gemütlichen Uferwegen entlang der glasklaren Ostrach.

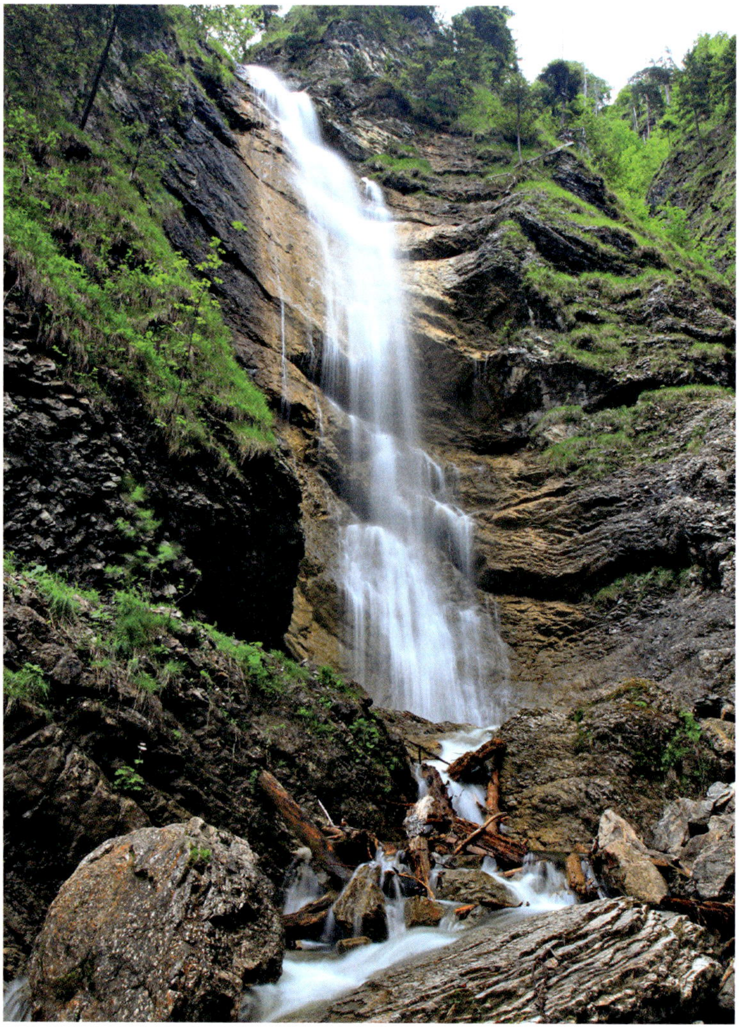

Der hohe Schleierfall bei Bad Oberdorf

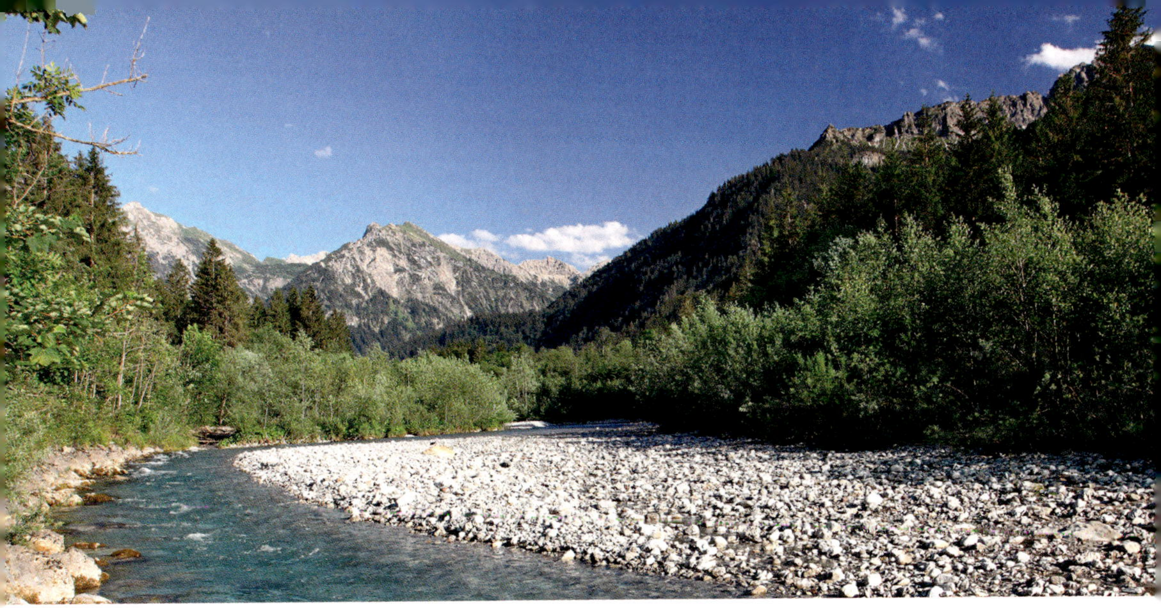

Zum Schleierfall Direkt gegenüber des – an der klaren Ostrach gelegenen – Parkplatzes Grübplätzle (807 m) beginnt ein von Bäumen gesäumter Fußweg. Auf diesem wandern wir am Ellesbach entlang aufwärts bis zu einem Querweg (unser späterer Weiterweg). Zuerst wartet allerdings noch ein schöner Abstecher auf uns: Dazu steigen wir noch kurz einige Kehren aufwärts und tauchen in einen zwar recht kurzen, aber sehr engen und tiefen Felseinschnitt ein, an dessen Ende der überraschend hohe Schleierfall (930 m) zu uns herabstürzt – bzw. eher herabrieselt, denn besonders viel Wasser ist es nicht, passend zu seinem Namen. Sehenswert ist er allemal.

Entlang der kristallklaren Ostrach

Frühling im Oberallgäu bei Bad Oberdorf

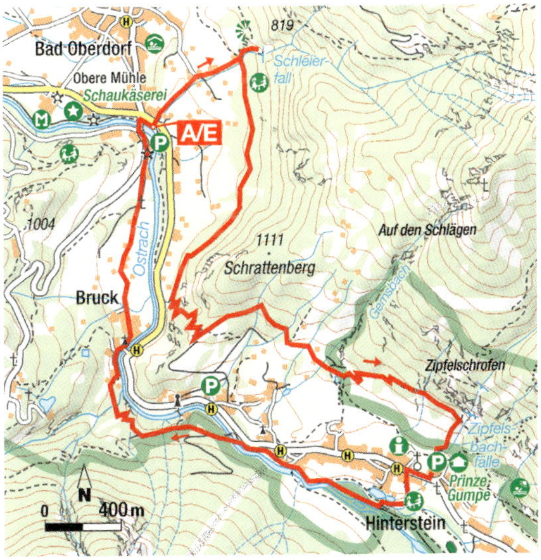

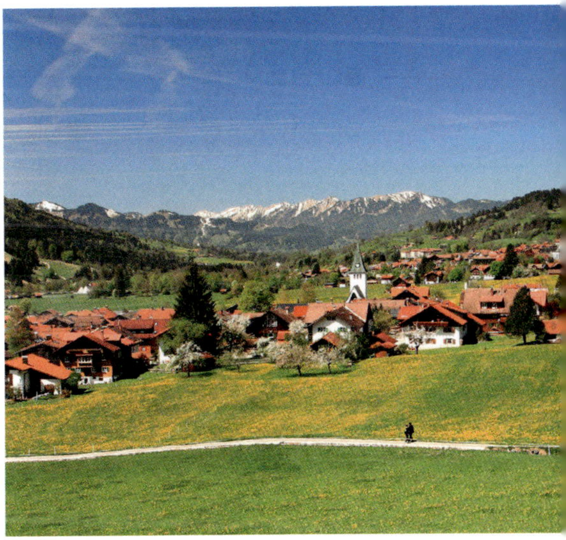

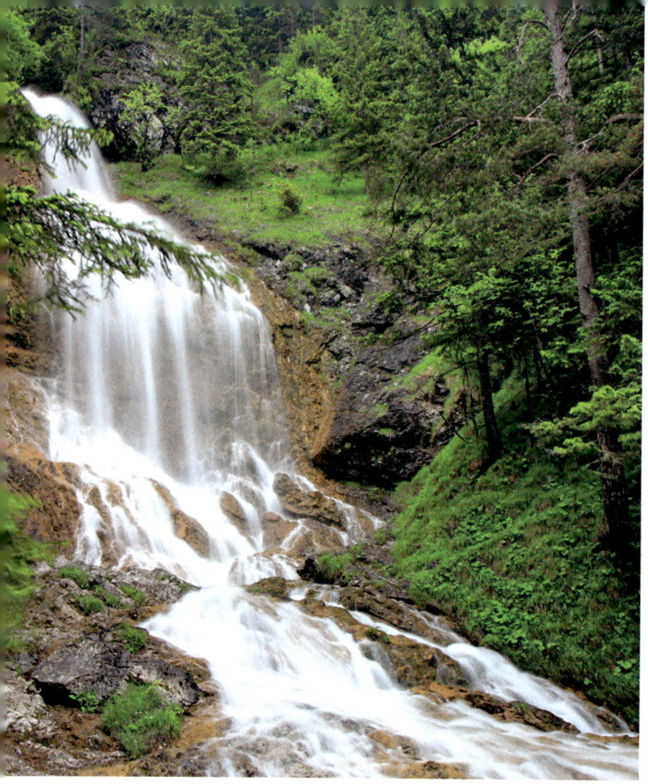

Der Zipfelsbachfall bei Hinterstein

Weiter zu den Zipfelsbachfällen Zurück am Querweg (»Vaterlandsweg«) halten wir uns links und spazieren auf einem schönen, weitgehend ebenen Waldweg mit dem einen oder anderen freien Aussichtspunkt südwärts. Schließlich geht es bergab, fast bis zur Straße. Kurz vorher biegen wir aber links ab und steigen dann steil in vielen Kehren eine Flanke hinauf bis zu einer Kuppe, hinter der sich ein freier Blick ins Hintersteiner Tal öffnet.

Oben auf der Kuppe folgen wir dem »Bärenweg« nach links und wandern am linken Talhang in leichtem Auf und Ab und in einem weiten Rechtsbogen taleinwärts. Der Weg verläuft meist am oberen Rand einer steilen Wiese mit schönem Ausblick über Tal und Ort. An einer Verzweigung (rechts Abstieg nach Hinterstein) halten wir uns schräg links und erreichen schließlich die schönen Zipfelsbachfälle (990 m).

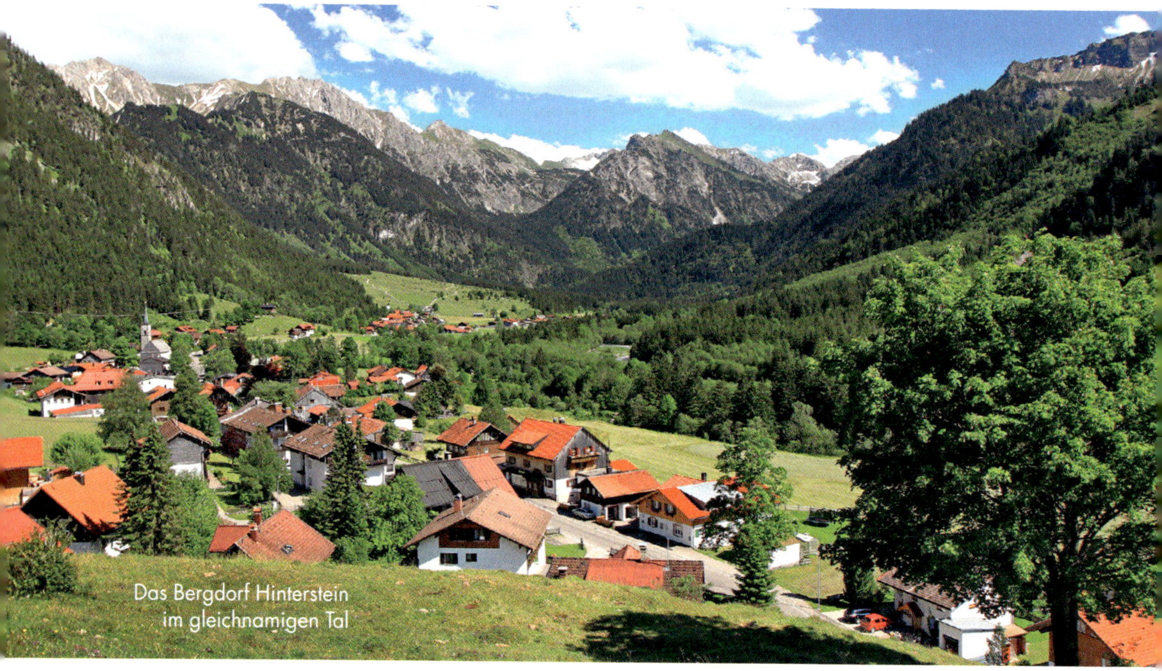

Das Bergdorf Hinterstein im gleichnamigen Tal

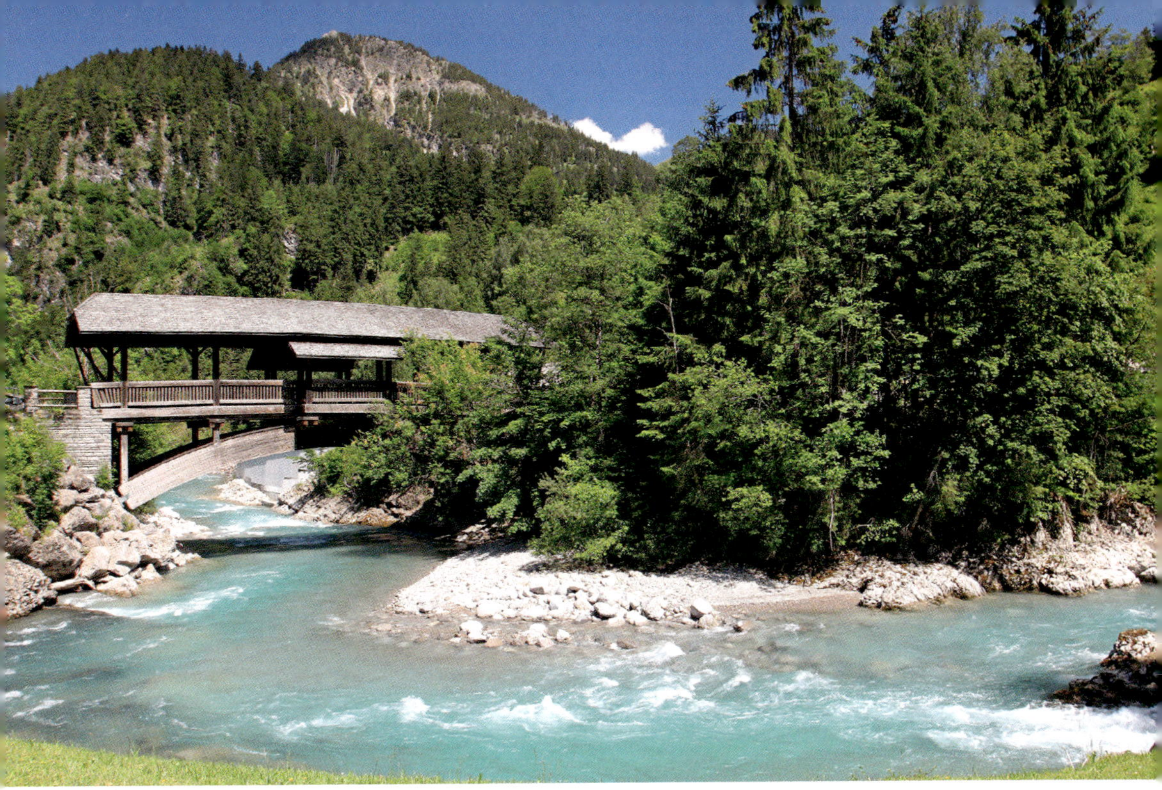

Die Ostrach bei Bruck, überspannt von einer schönen gedeckten Holzbrücke

Entlang der Ostrach Am diesseitigen Zipfelsbach-Ufer steigen wir steil in engen Serpentinen hinunter nach Hinterstein mit seiner hübschen Kirche. An der Hauptstraße rechts und drei Häuser weiter links und leicht bergab gelangen wir zur nahen Ostrach. Dort halten wir uns rechts und spazieren auf einem hübschen Uferweg direkt am glasklaren Wasser entlang flussabwärts. Wir passieren eine Holzbrücke und ein Stauwehr, laufen einige Meter direkt an der Straße entlang und wechseln dann auf einer Brücke ans linke Ostrachufer über. Dahinter überqueren wir eine bewaldete Kuppe und ein meist trockenes Bachbett, um schließlich, vorbei an einem Wasserkraftwerk, zum kleinen Dorf Bruck (837 m) mit schöner Holzbrücke zu gelangen. Durch den Ort hindurch und auf einem Wirtschaftsweg durch Wiesen und vorbei an einer alten Wassermühle gelangen wir schließlich zurück zum Parkplatz Grübplätzle bei Bad Oberdorf.

Prinze Gumpe

Im Ort Hinterstein, ca. 200 Meter östlich der Kirche, schmiegt sich die hübsch gestaltete Anlage der Prinze Gumpe an den Berghang, ein Kur- und Kneippgarten samt winzigem Naturfreibad mit Liegewiese und -stegen. Das kristallklare, sehr frische Bergwasser wird durch die Steinplatten am Boden erwärmt. Zur Einkehr lädt hier das gleichnamige Wirtshaus (Info: www.prinzegumpe.de).

24 Wildbach- und Hirschbachtobel

Wasserfälle bei Oberjoch

Schwer	7,0 km	400 Hm	2.45 Std.

Tourencharakter
In den Tobeln teils nass und auf glatten Felsen streckenweise sehr rutschig (mit Seilsicherung); im Hirschbachtobel steile Anstiege.

Ausgangs-/Endpunkt
Oberjoch, Ortsmitte, 1140 m, großer Parkplatz und Bushaltestelle

Anfahrt
ÖPNV: Busverkehr ab Sonthofen bzw. Wertach/Oy nach Oberjoch alle 1 bis 2 Stunden. Auto: B 19 bis Sonthofen Nord, von dort über Bad Hindelang die Jochpassstraße hinauf nach Oberjoch. Oder A7 bis Abfahrt Oy-Mittelberg und über Wertach nach Oberjoch (Navi: 87541 Bad Hindelang-Oberjoch, Passstraße 17).

Einkehr
Café Polite (940 m; 5 Min. Abstecher vom Hirschbachtobelweg); Gastronomie in Oberjoch

Eine spannende Runde führt uns auf stillen Wegen durch zwei schöne Tobel unterhalb des Jochpasses: zum einen in den malerischen Wildbachtobel, zum anderen in den eindrucksvollen Hirschbachtobel mit seinen steilen Felswänden und hohen Wasserfällen.

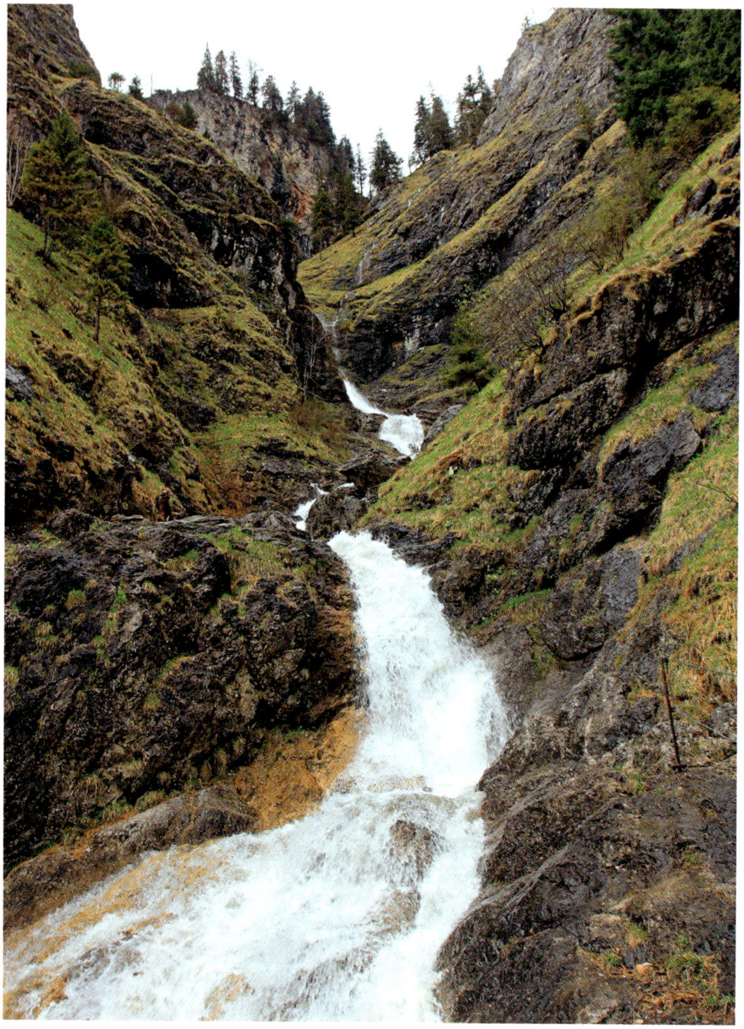

Der Hirschbach stürzt steil durch den Tobel hinab.

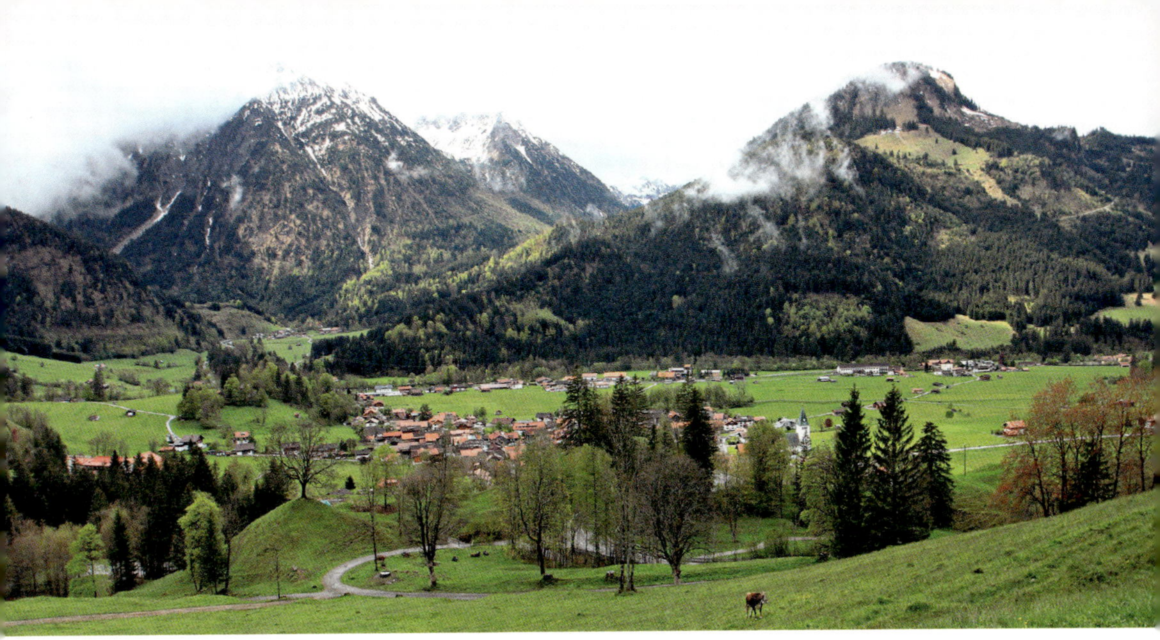

Blick hinab nach Bad Oberdorf im Ostrachtal

Abstieg durch den Wildbachtobel

Am westlichen Ende des großen Parkplatzes in Oberjoch (1140 m) folgen wir der Moorstraße, nach 150 Metern kurz rechts und gleich wieder links in die Salzgasse. Von dieser biegen wir nach dem dritten Haus erneut links ab in den Kanzel-Ringweg. Auf diesem lassen wir den Ort hinter uns und erreichen offene Wiesen. Nach wenigen Minuten zweigt gegenüber einem kleinen Speichersee rechts ein schmaler Pfad ab, der uns nach etwa 300 Metern zu einer Teerstraße bringt. Auf dieser gehen wir nur ein paar Schritte rechts und biegen dann links in einen Fußweg ein.

Vor uns liegt nun der wunderschöne Wildbachtobel. Während sich auf der nahen Passstraße der oft sehr dichte Verkehr berg- oder talwärts windet, ist es auf diesem Fußweg, der Oberjoch und Hindelang verbindet, geradezu himmlisch ruhig. Der Tobel ist ein enger, bewaldeter Einschnitt, durch den der Wildbach – je nach Wassermenge – mal durchaus wild talwärts strömt, oft aber auch eher harmlos und sehr idyllisch hindurchplätschert. Wir genießen die hübsche Tobelatmosphäre, ab und zu stürzt der Bach in kleineren Wasserfällen hinab, und rechts und links stoßen kleinere Bäche hinzu – eine sehr idyllische Umgebung.

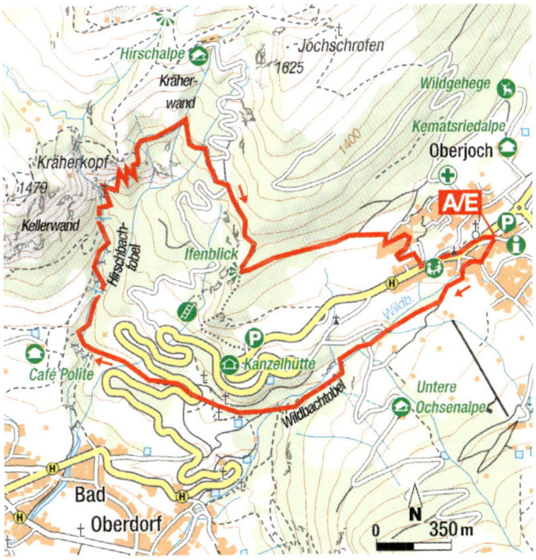

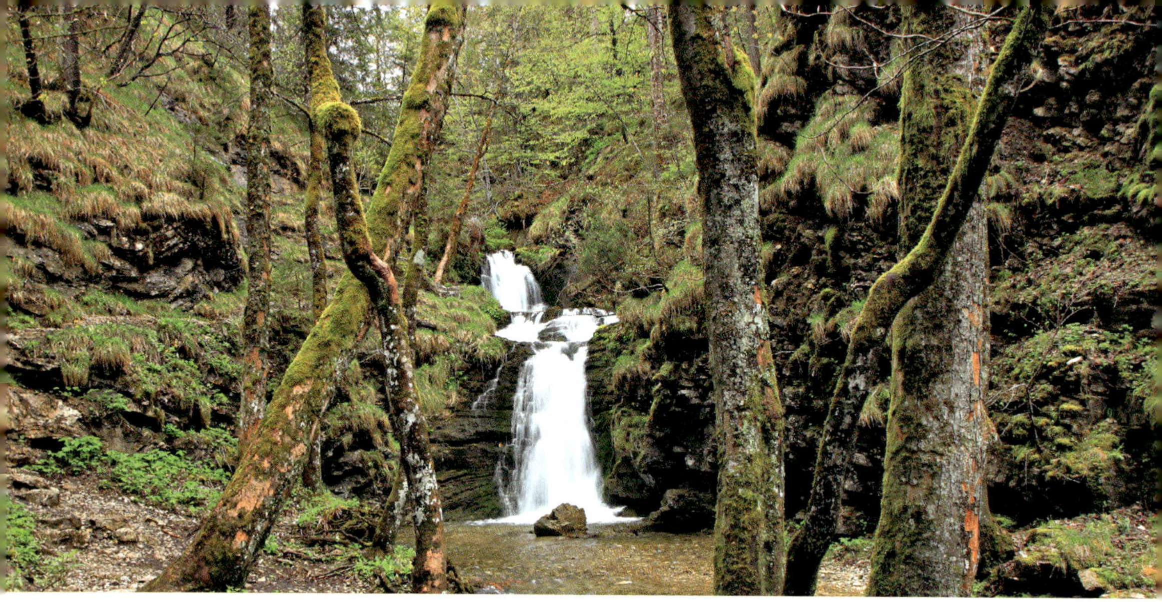

Wasserfall im Wildbachtobel

Der Weg verläuft überwiegend direkt am Ufer entlang, anfangs auf der rechten Seite, später wechseln wir auf die linke, meist leicht zu gehende Seite; nur im oberen Bereich gibt es einige etwas rutschige Stellen über glatten Fels mit Seilsicherungen und Trittstufen. Am unteren Ende des Tobels queren wir wieder auf die rechte Bachseite, verlassen den engen Tobel und treffen auf eine offene Wiese mit schönem Blick über das Ostrachtal. Wir queren die Wiese und stoßen auf die Autostraße (970 m), die wir – an einer etwas unübersichtlichen engen Kehre – überqueren.

Durch den Hirschbachtobel Auf der anderen Seite wandern wir – für kurze Zeit noch parallel zur Straße – hinüber zum nächsten Tobel. Es geht kurz in einigen engen Kehren recht steil in einen bewaldeten Einschnitt hinab und schon haben wir den Hirschbach erreicht (927 m). Hier besteht die Möglichkeit, in wenigen Minuten zum schön gelegenen Café Polite auf der gegenüberliegenden Bachseite hinaufzusteigen.

Wir beginnen hier unseren Anstieg entlang des Hirschbaches. Der Hirschbachtobel zeigt ein etwas anderes Gesicht als der recht grüne, feuchte und moosige Wildbachtobel. Alles erscheint eine Nummer größer und karger, mit nackten Felswänden rechts und links des Weges. Der Pfad ist schmal und felsig und zieht sich recht steil den engen Einschnitt hinauf, wobei wir immer wieder kleinere Wasserfälle und Stromschnellen passieren. Bald lassen wir den dichten Wald hinter uns, das Gelände wird noch steiler, und vor uns erheben sich die hohen Felswände von Kellerwand

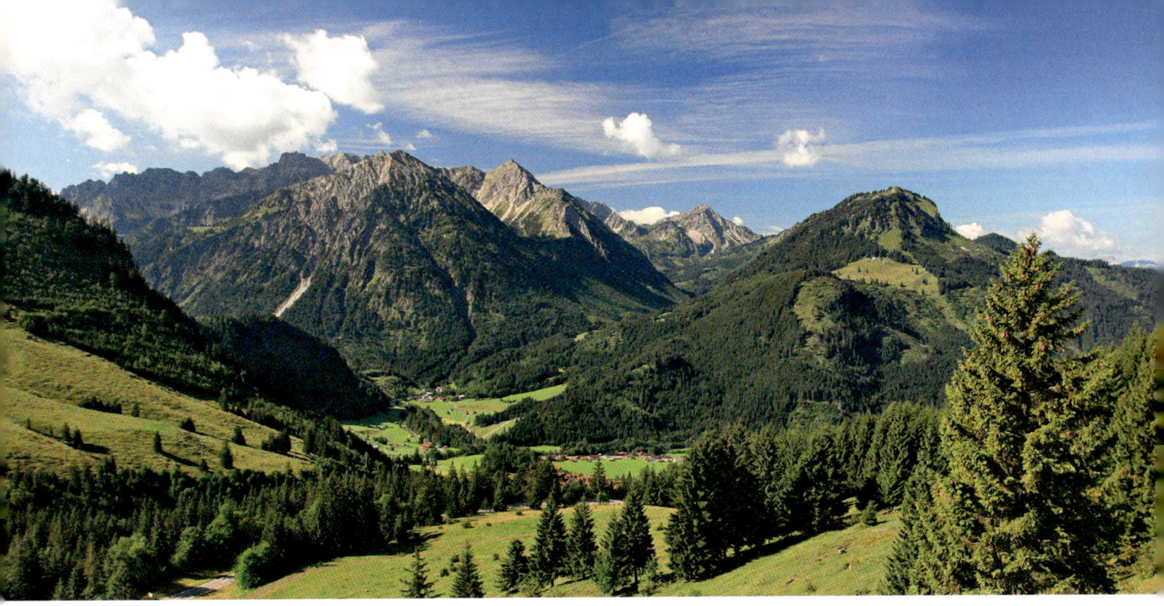

Ein aussichtsreicher Höhenweg führt zurück nach Oberjoch.

und Krähenwand. Der Hirschbach schießt eine karge, steile Rinne hinab, in der kein Platz mehr für einen Weg ist, sodass wir hier den Bach verlassen. Wir wechseln auf die rechte Bachseite und steigen in engen Serpentinen einen steilen Hang hinauf, während links über uns ein letzter, hoher Wasserfall ins Blickfeld rückt.

Mit Aussicht nach Oberjoch Schließlich stoßen wir auf einen breiten Forstweg (1285 m), auf dem wir uns rechts halten und – leicht ansteigend – im weiten Bogen hinüber zu einer Teerstraße spazieren. Auf dieser geht es für einige Minuten steil bergab, bis wir in der ersten Kehre links in einen schmalen Weg einbiegen. Wir queren einen steilen Hang, der immer noch die Narben eines verheerenden Herbststurms vor vielen Jahren trägt. Schließlich erreichen wir nach ein paar kurzen, steilen Serpentinen den Aussichtspunkt Ifenblick.

Von hier führt der weitere Rückweg als schöner Panoramaweg oberhalb einer steilen Wiese zurück nach Oberjoch, das wir beim Alpenhotel erreichen. Der Weg hinunter zur Hauptstraße verläuft quer über das Hotelgelände, unten an der Straße dann links und in wenigen Minuten zurück zum Parkplatz.

Kematsrieder Moos

Am östlichen Ortsrand von Oberjoch an der Straße Richtung Tannheimer Tal liegt das kleine, aber feine Kematsrieder Moos. Durch die noch sehr ursprüngliche Hochmoorlandschaft führt ein hübscher Pfad. Am Moorrand wartet ein einfaches, sehr gemütliches Hochmoorbad mit dunklem, aber sicherlich gesundem Wasser auf Badegäste.

25 Durch die Starzlachklamm

Rauschendes Erlebnis unterhalb des Grünten

Schwer | 4,0 km | 225 Hm | 1.45 Std.

Tourencharakter
In der Klamm enge, rutschige und oft nasse Passagen – unbedingt festes Schuhwerk. Teleskopstöcke können auch nicht schaden! Ansonsten gut zu begehende Wald- und Wiesenwege.

Ausgangs-/Endpunkt
Burgberg-Winkel, 785 m, Parkplatz im Ort an der Starzlach

Anfahrt
ÖPNV: Unregelmäßig Busse ab Sonthofen und Blaichach nach Burgberg; von dort ca. 30 Min. Fußweg nach Winkel.
Auto: Der kleine Ortsteil Winkel liegt zwischen Burgberg und Sonthofen unterhalb des Grünten. Von der B 19 Kempten-Oberstdorf die Ausfahrt Sonthofen Nord, ca. 2 km Richtung Hindelang, dann links in die Berghofener Straße und weitere 2 km nach Winkel (Navi: 87527 Sonthofen, Winkel 12).

Einkehr
Klammwirt (Brotzeitstube) direkt am Klamm-Eingang; Berggasthof Alpenblick; Sepp'l Wirt beim Parkplatz Winkel; Topfenalpe

Neben der bekannten Breitachklamm (siehe Tour 13) gibt es im Allgäu zahlreiche kleinere, dafür stillere Schluchten. Eine davon ist die Starzlachklamm an den südlichen Ausläufern des Grünten. Eine schöne Runde führt hier entlang dem rauschenden Wasser, durch stille Wälder und über aussichtsreiche Wiesen.

Aufstieg durch die Starzlachklamm Vom oberen Ende des in Winkel beidseitig des Flusses gelegenen Parkplatzes (785 m) folgen wir einem breiten Schotterweg leicht aufwärts und biegen nach wenigen Metern rechts in einen schmalen Waldweg ein. Ab hier geht es meist direkt an der Starzlach entlang, deren Wasser – im Gegensatz zu den meist glasklaren Flüssen im Oberallgäu – durch die Moore im Oberlauf etwas schwärzlich ist. Wir passieren eine Stelle mit breiten Kiesbänken und flachen Wasserstellen, wo mitwandernde Kinder sicher ein wenig Zeit zum Spielen verbringen möchten.

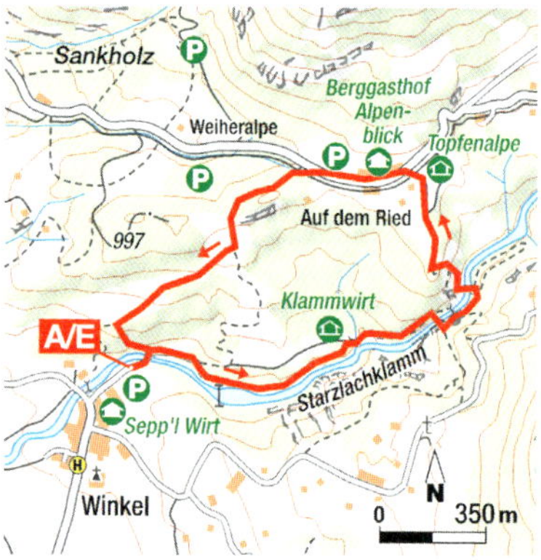

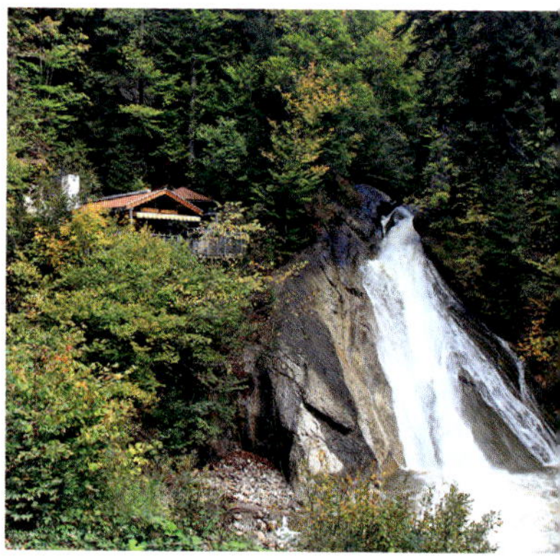

Die Klammhütte am Wasserfall beim Klammeingang

Kurz darauf erreichen wir einen fotogenen Wasserfall sowie die direkt danebengelegene kleine Klammhütte am Klammeingang (832 m). Hinter der Hütte ändert sich das Gelände auf spektakuläre Weise: Das Tal rückt eng zusammen, der Weg ist oft schmal und schmiegt sich dicht an nacktes Felsgestein und ist durch das glattpolierte, nasse Felsgestein manchmal unangenehm rutschig. Es geht stetig aufwärts, mal links, mal rechts der Starzlach, die unter uns durch die engen Felspassagen und zwischen den Felsbrocken hindurchströmt. Ein wunderschönes Erlebnis. Am Ende der Klamm ist ein kleiner Felsdurchlass (880 m) zu durchqueren; dahinter hört das Rauschen, das uns die ganze Zeit begleitet hat, schlagartig auf.

Ein erlebnisreicher Steig führt durch die Starzlachklamm.

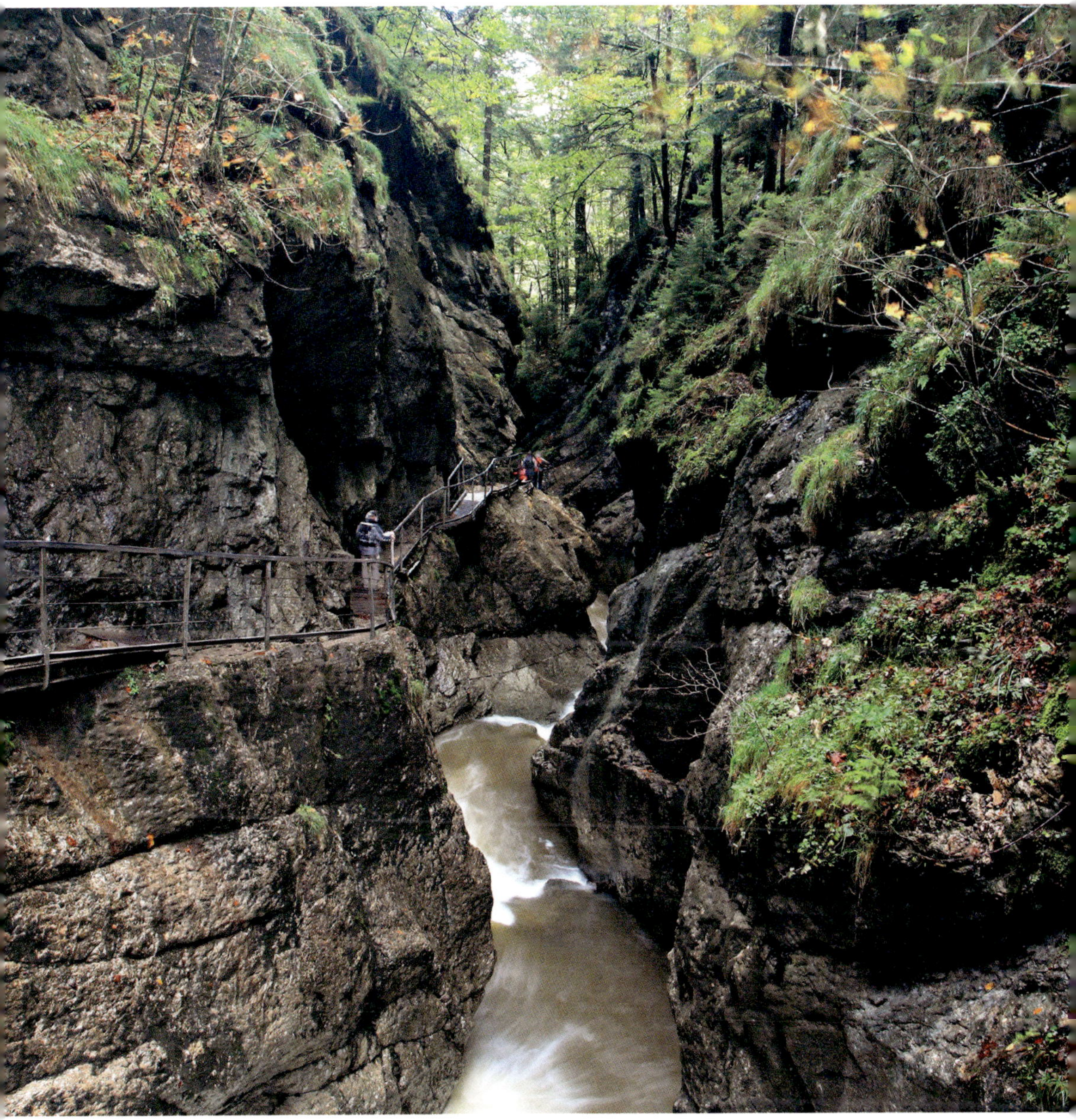

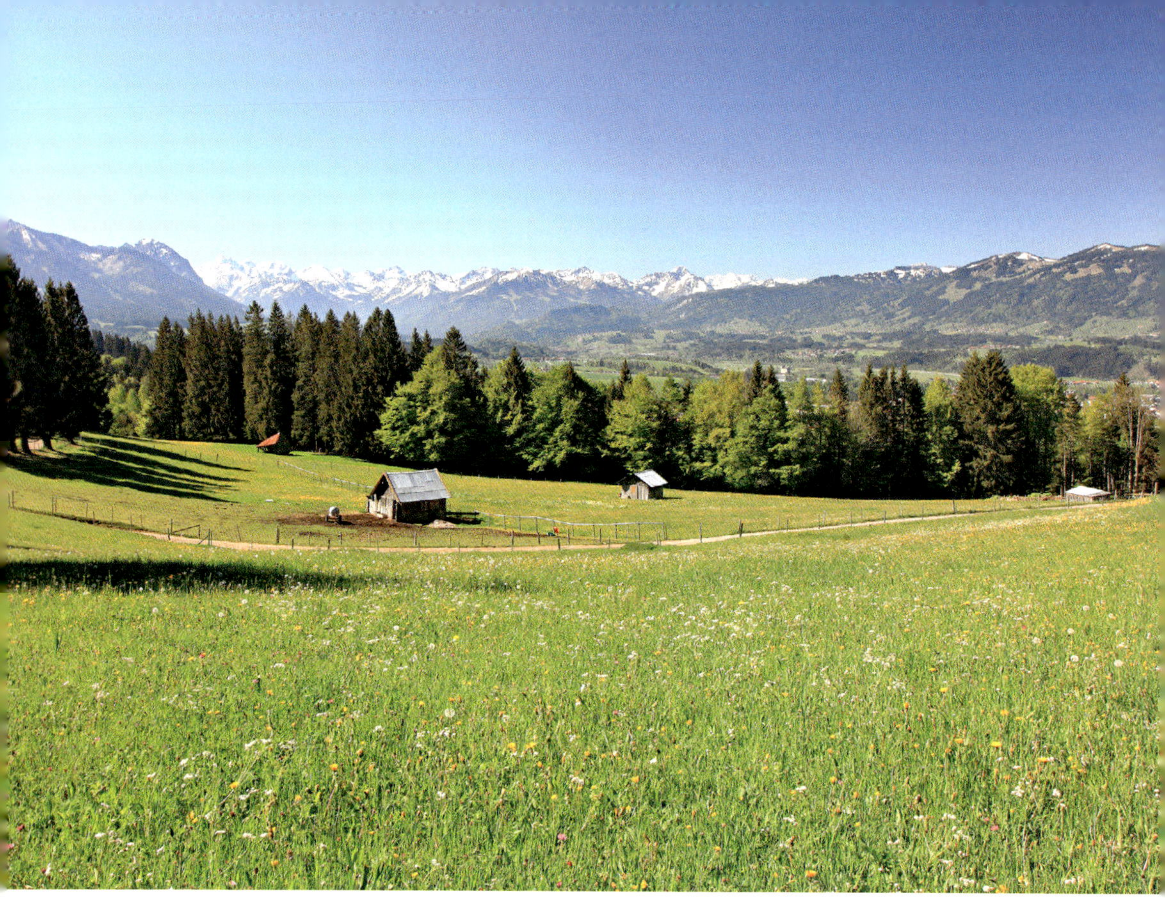

Aussichtsreiche Wiesen beim Gasthof Alpenblick

Zurück auf stillen Pfaden durch Wald und Wiesen Uns erwartet nun ein längerer Aufstieg links den steilen Hang hinauf, wobei sich der schöne Weg zwischen alten Bäumen und moorüberwucherten Felsen hindurchwindet. Am oberen Waldrand passieren wir die Topfenalpe und stoßen schließlich auf eine Fahrstraße, wo wir uns links halten. Es geht vorbei am Gasthaus Alpenblick (989 m) und an einem großen Parkplatz, bevor wir direkt dahinter die Straße wieder verlassen und in einen Forstweg einbiegen. Auf diesem steigen wir durch den Wald bis zu einer nahen Kuppe hinauf, biegen links in einen schmalen Pfad ein und erreichen eine offene Wiese mit schönem Blick übers Illertal bei Sonthofen. Der Weg biegt etwas nach rechts um und führt dann über aussichtsreiche Wiesen stetig absteigend hinab zu unserem Ausgangspunkt in Winkel.

Oder retour auf demselben Weg Wer sich für den Rückweg mit seinem doch ziemlich steilen Aufstieg nicht so recht begeistern kann, kann natürlich alternativ auch auf dem Hinweg wieder zurück durch die Klamm zum Ausgangspunkt wandern.

Schießbachtobel und Elleghöhe

26

Stille Tobelwanderung bei Wertach

Der Schießbachtobel wäre vermutlich andernorts bekannter, fristet aber im Allgäu aufgrund der großen »Konkurrenz« ein eher abgeschiedenes Dasein. Inmitten des stillen Waldes erwartet uns ein eindrucksvoller Wasserfall, und im weiteren Verlauf der Tour spazieren wir über die aussichtsreichen Höhen der Elleg.

Durch den einsamen Schießbachtobel Vom kleinen Parkplatz (935 m) folgen wir einem schmalen Pfad, der am Peterlesbach entlang aufwärtsführt. Wir tauchen sogleich ein in den stillen, bewaldeten Einschnitt des Tobels, der uns für die kommenden 20 Minuten erhalten bleibt. Der Weg ist oft kaum mehr als ein – nach Regentagen etwas matschiger – Trampelpfad, der sich das

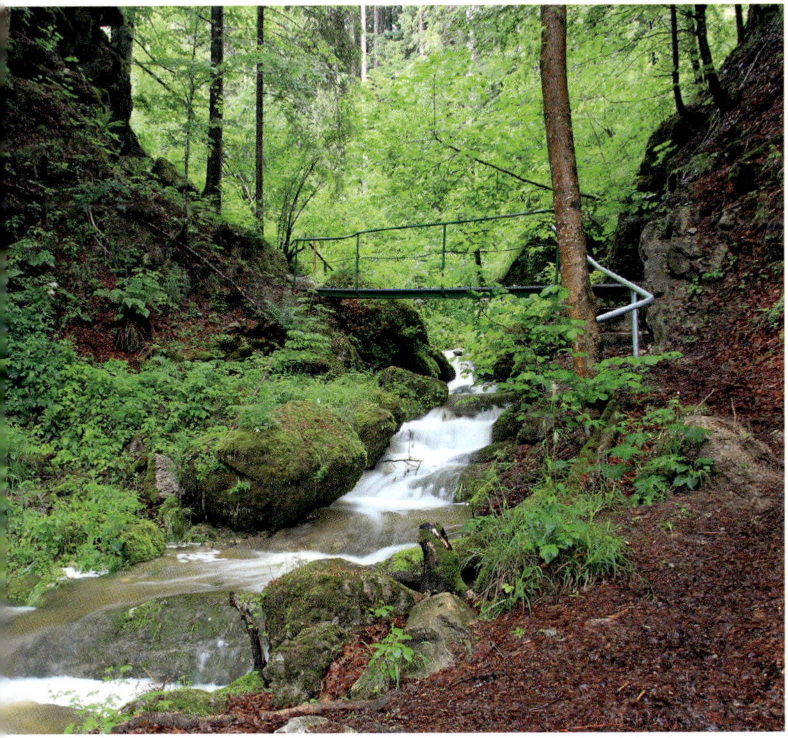

Im Schießbachtobel

Mittel	7,5 km	225 Hm	3.00 Std.

Tourencharakter
Im Tobel schmaler Pfad, teils recht matschig. Sonst gute Feld- und Wanderwege; ein kurzes Stück Straße (kaum Verkehr).

Ausgangs-/Endpunkt
Wertach, an der Straße Sonnenhang Richtung Oberellegg, 935 m

Anfahrt
ÖPNV: Busse von Oy (Bhf.) nach Wertach, Haltestelle Rathaus ca. stündlich; von dort ca. 300 m zur Kirche als Ausgangspunkt.
Auto: Ausgehend von der Wertacher Kirche im Ortszentrum der Straße »Sonnenhang« ca. 600 m Richtung Oberellegg folgen bis zu einem kleinen Grillplatz mit Parkmöglichkeit direkt an der Straße (Navi: 87497 Wertach, Sonnenhang 30).

Einkehr
Keine unterwegs; Gastronomie in Wertach

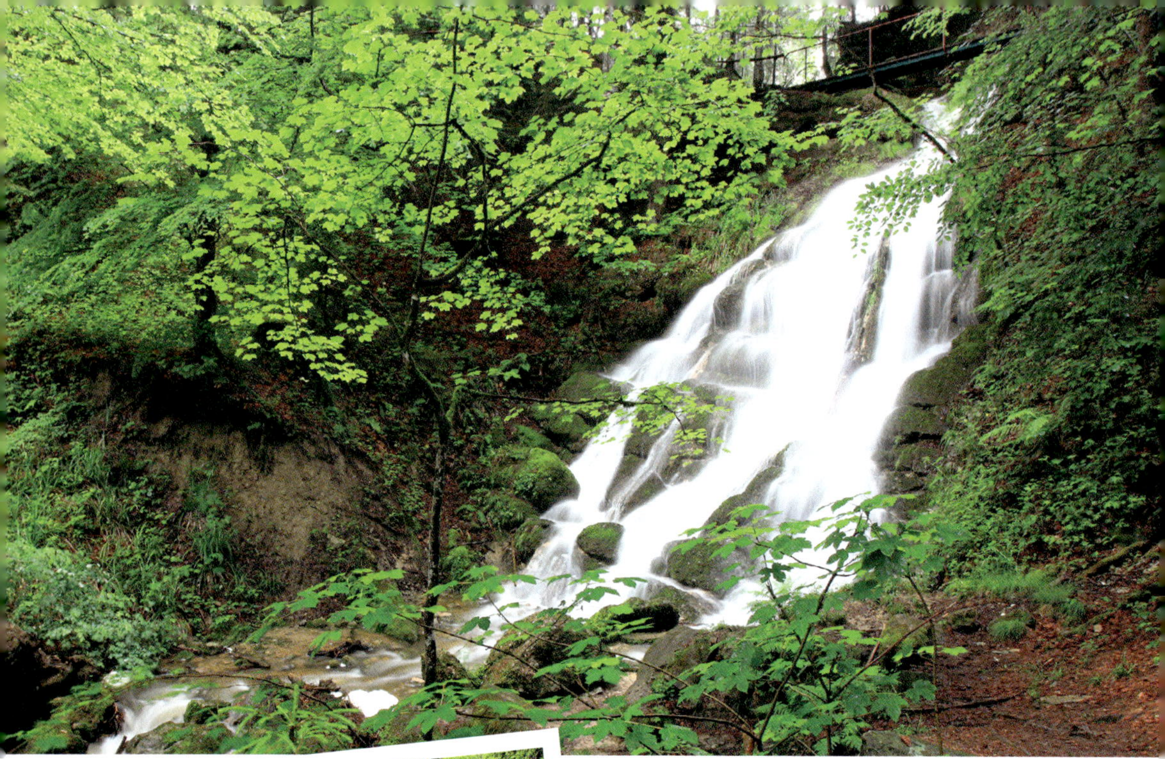

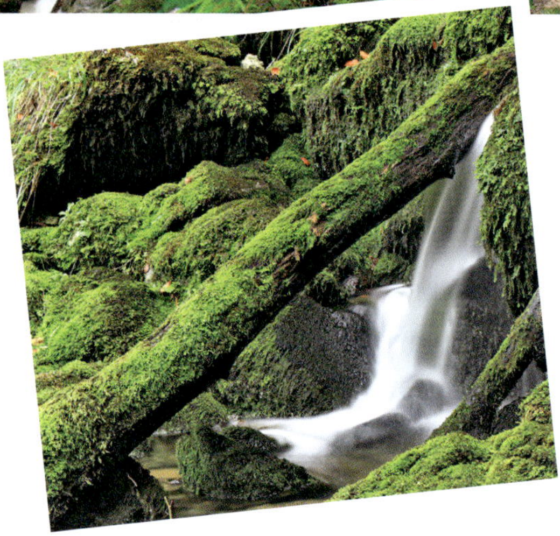

enge Tälchen hinaufzieht. Mal links, mal rechts des Baches geht es allmählich bergauf, bis plötzlich vor uns ein schöner und überraschend hoher Wasserfall auftaucht. Oberhalb des Falls queren wir den Bach und haben das obere Ende des Tobels erreicht. Die Landschaft ändert sich abrupt und wir stehen am Rand eines ausgedehnten Wiesenhanges. Der Peterlesbach ist nur noch ein kleines Bächlein, eingerahmt von einem wenige Meter breiten Waldstreifen, der parallel zu unserem Weg verläuft.

Oben und ganz oben: Naturidyll Schießbachtobel

Über aussichtsreiche Wiesenhänge der Elleghöhe Mehr oder weniger geradewegs geht es für uns den Wiesenhang bergan, wobei sich Richtung Südosten über den abfallenden Hang hinweg freie Blicke auf Wertacher Hörnle, Reuterwanne und Wertach öffnen. Schließlich erreichen wir die kleine Häuseransammlung von Gereute und eine Straße. Wir halten uns links und spazieren an dieser – kaum befahrenen – Straße mit schönem Panorama gut einen Kilometer bis zum kleinen Weiler Binzeler, wobei wir unterwegs den höchsten Punkt der Tour (ca. 1110 m) passieren.

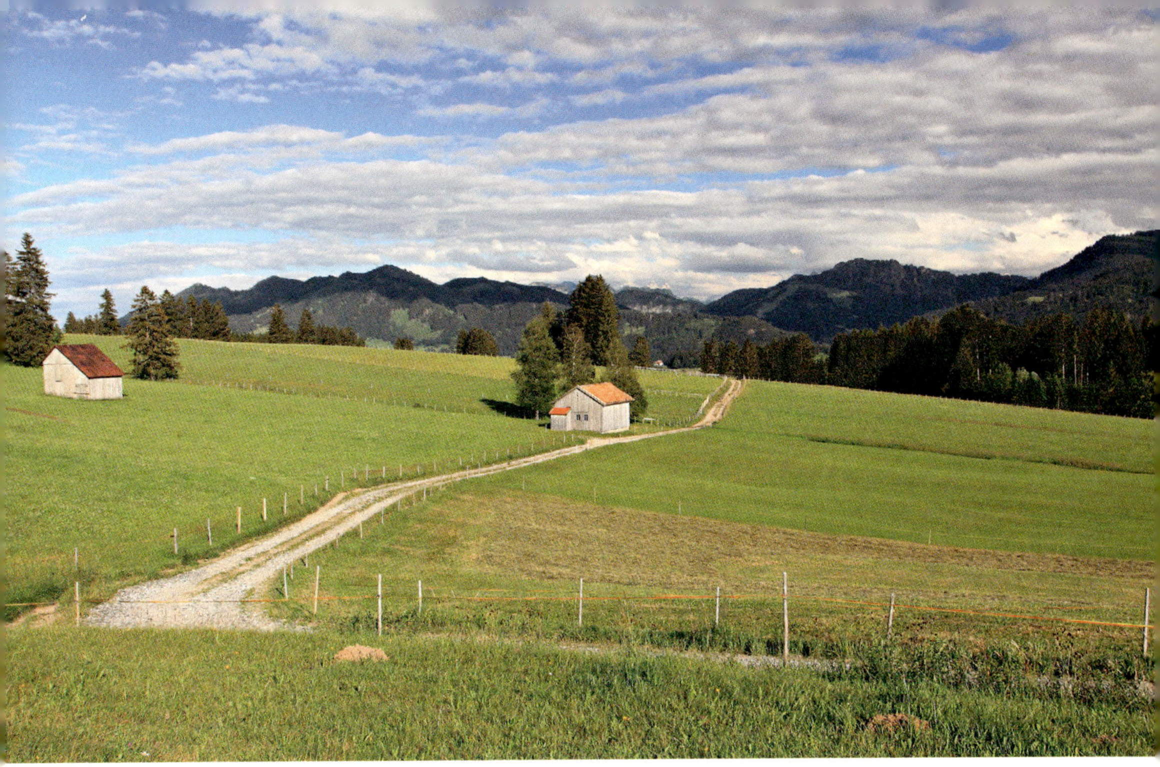

Durch offene Wiesen verläuft der Weg auf der Elleghöhe.

In Binzerle verlassen wir die Straße, folgen einem Fahrweg und wandern gemütlich für gut einen Kilometer den Wiesenhang abwärts, wobei wir das Panorama vor uns genießen. Bei einigen Gebäuden treffen wir auf eine Querstraße, halten uns links und gehen schnurgerade gut 500 Meter hinüber zu einem kleinen, bewaldeten Tälchen mit Bach; davor rechts und am Waldrand entlang abwärts. Wir treffen auf eine größere Straße und gehen auf dieser in den Ort Wertach hinein. Dort, wo die Hauptstraße eine Rechtskurve um die Kirche macht, biegen wir links ab in die St.-Ulrich-Straße, gut 100 Meter weiter schräg links in den Panoramaweg und 50 Meter weiter schräg rechts.

Wenige Minuten später lassen wir den Ort wieder hinter uns und spazieren über einen Feldweg hinüber zu einem Campingplatz (900 m). Links oberhalb davon, bei einem Spielplatz, stoßen wir wieder auf den Peterlesbach. An dessen Ufer wandern wir auf einem sehr idyllischen Weg durch ein kleines, bewaldetes Tälchen bachaufwärts. Und schließlich erreichen wir wieder die Straße »Sonnenhang« und wenige Meter links unseren Ausgangspunkt.

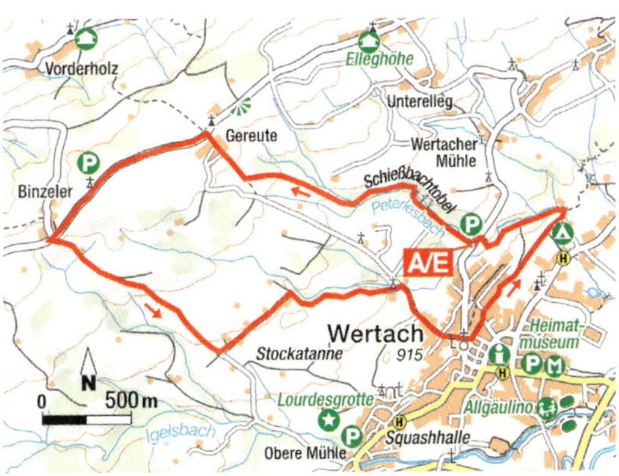

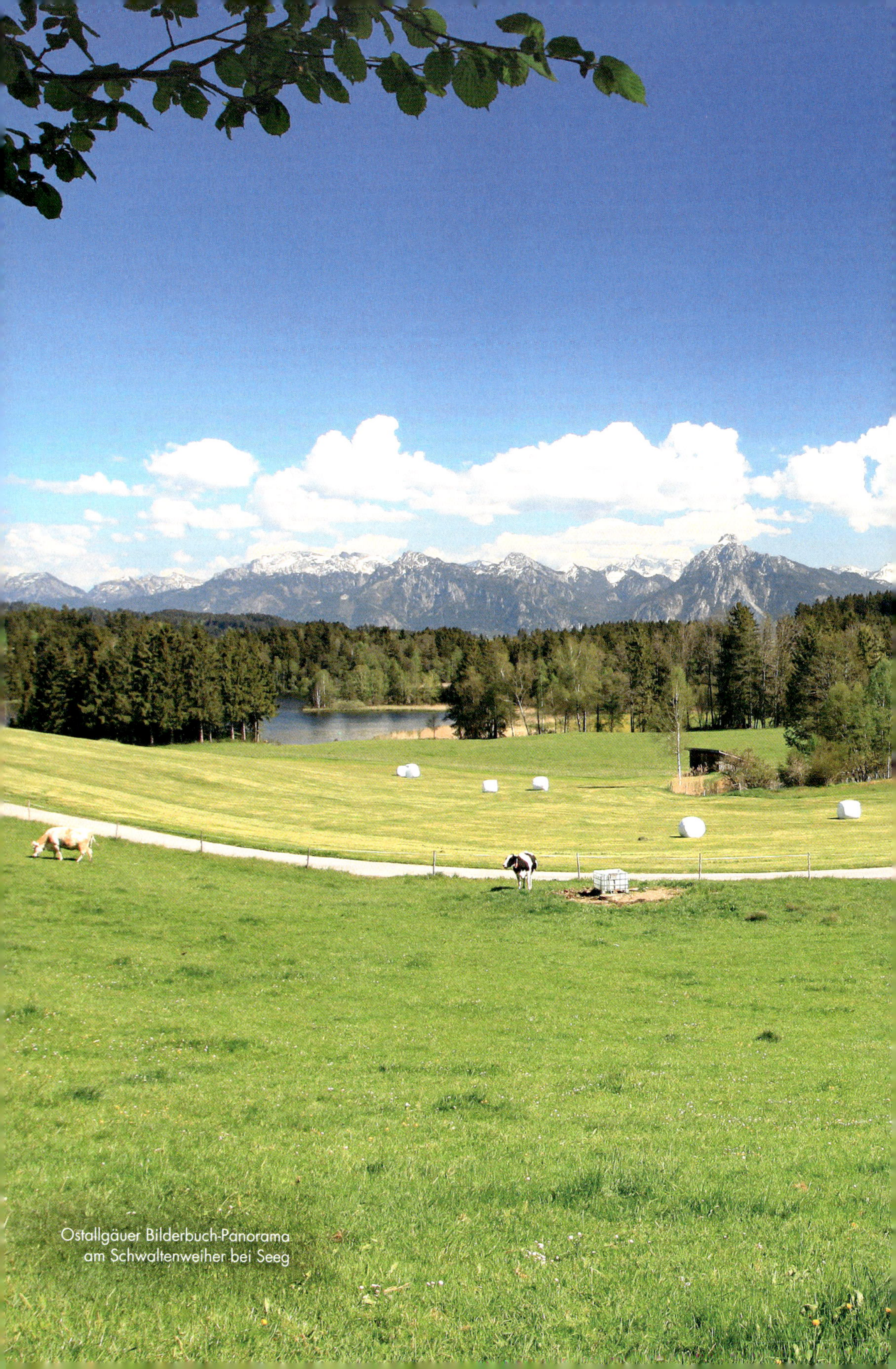

Ostallgäuer Bilderbuch-Panorama
am Schwaltenweiher bei Seeg

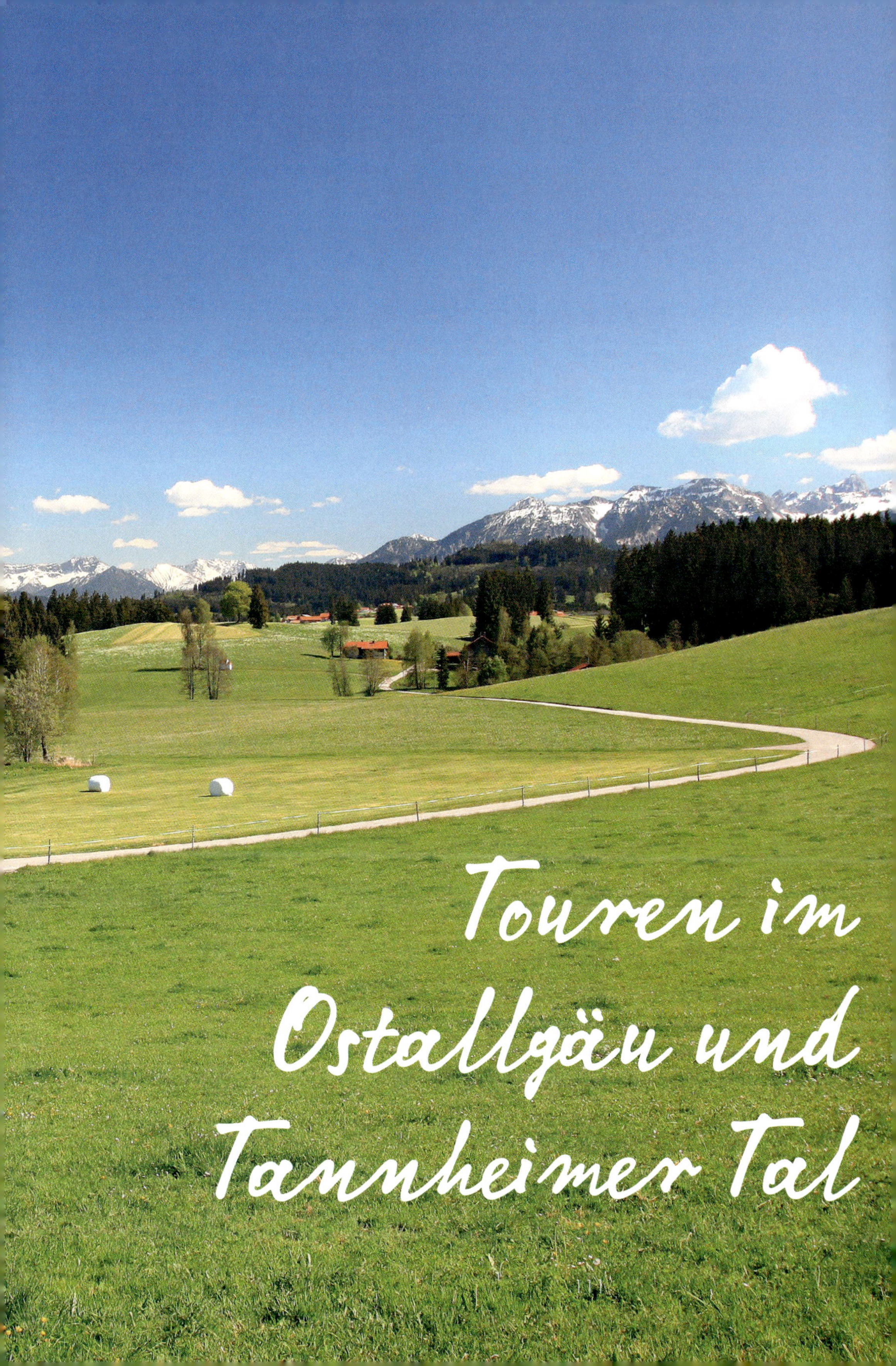
Touren im
Ostallgäu und
Tannheimer Tal

27 Höllschlucht und Wasserfallweg

Wasserfälle unterhalb der Alpspitz

Schwer	8,7 km	570 Hm	3.30 Std.

Tourencharakter
Gut begehbare Wanderwege, einige steile Passagen, die Trittsicherheit erfordern.

Ausgangs-/Endpunkt
Pfronten-Kappel, 886 m, ca. 3 km südöstlich von Nesselwang

Anfahrt
ÖPNV: Buslinie Füssen–Nesselwang, Haltestelle Pfronten Kappel.
Auto: Von der B 309 Nesselwang–Pfronten (Umgehungsstraße Kappel) ca. 500 m Richtung Dorf; großer Parkplatz am nördlichen Ortsrand am Wald (Navi: 87459 Pfronten-Kappel, Kappeler Straße).

Einkehr
Kappeler Alp (1350 m); Gasthof Engel in Kappel

Alpspitz und Edelsberg sind dank der Seilbahn bei Nesselwang sehr beliebte Gipfelziele. Sehr viel ruhiger geht es auf dieser Wanderung zu, auf der wir zwei eindrucksvolle Tobel an den bewaldeten Ausläufern der beiden Berge erkunden. Gipfelsammler können unterwegs einen längeren Abstecher auf die Alpspitz hinzufügen.

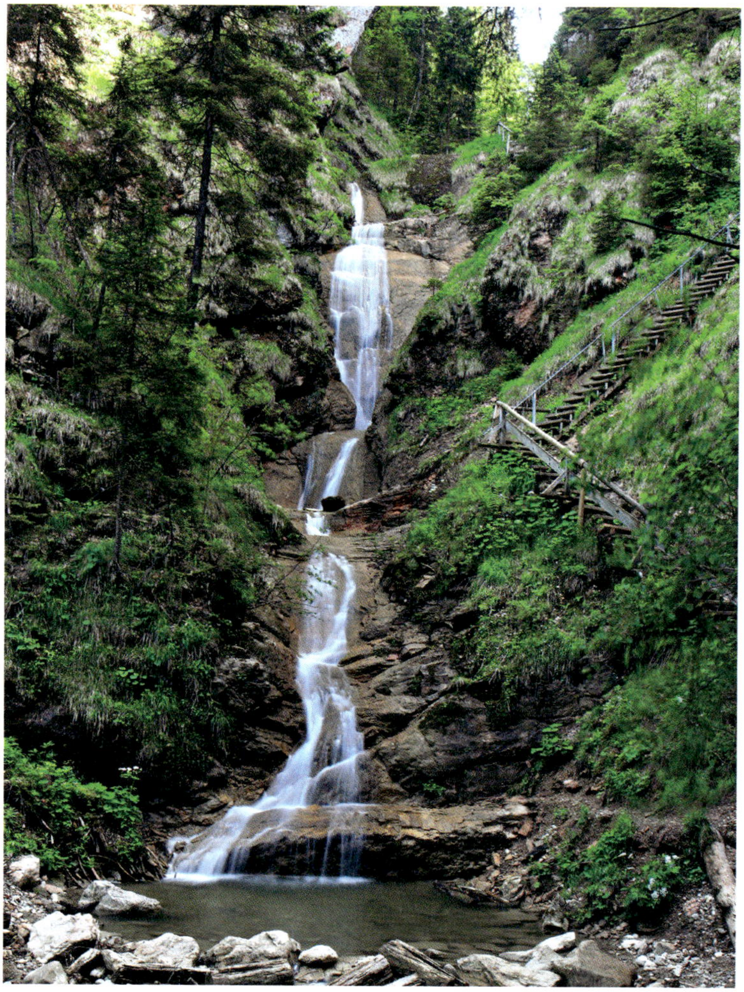

Über steile Stufen führt der Wasserfallweg direkt am hohen Fall entang.

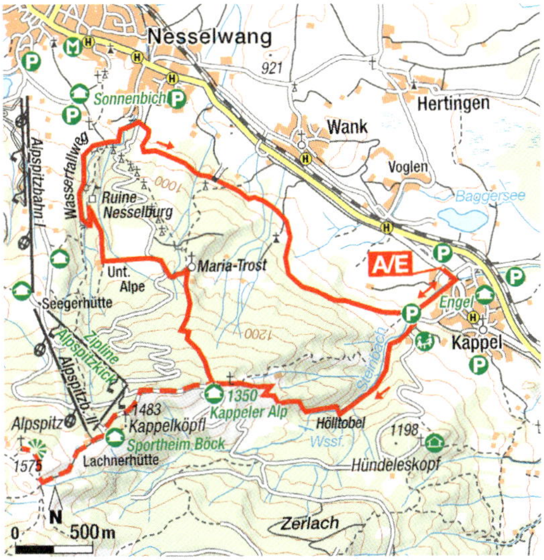

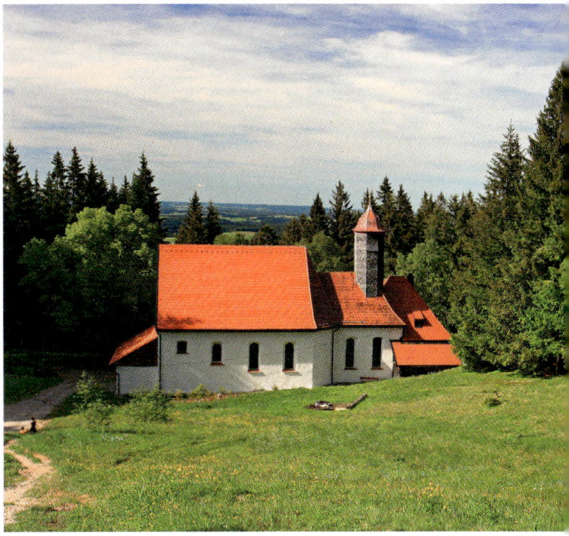

Wallfahrtskirche Maria Trost oberhalb von Nesselwang

Aufwärts durch die Höllschlucht Vom Parkplatz (900 m) geht es parallel zum Steinbach im Wald hinauf bis zu einem Waldseilgarten. Daran vorbei und kurz auf einer Forststraße weiter bergan, bis rechts ein breiter Wanderweg abzweigt und am Bach weiter talaufwärts führt. Nach ca. 20 Minuten geht der breite Weg in einen schmalen Pfad über, wir wechseln auf die gegenüberliegende Bachseite und steigen weiter an. Der Tobel wird allmählich wilder, es geht vorbei an hoch aufragenden Felswänden und einem hohen Wasserfall. Hier verlässt der Weg den Bach und führt steil durch Wald und später über offene Wiesen hinauf zur Kappeler Alp (1350 m) mit schöner Aussicht über das Ostallgäu.

Abstieg auf dem Wasserfallweg Neben der Kappeler Alp führt ein steiler Abstieg die Nordflanke hinab zur im Wald gelegenen – und mit einem eindrucksvollen Inneren überraschenden – Wallfahrtskapelle Maria Trost (1122 m). Zum weiteren Abstieg folgen wir für ca. 150 Meter der Straße links (»Ruine Nesselburg«), an der ersten Verzweigung rechts und nach 200 Metern wieder links (Wegweiser Richtung

Abstecher für Gipfelstürmer

Von der Kappeler Alp kann man über das Sportheim Böck zur Bergstation der Alpspitzbahn (1500 m) und den sie umgebenden weiten, aussichtsreichen Wiesen aufsteigen. Von dort sind es lediglich 800 Meter und 75 Höhenmeter bis zum Gipfelkreuz des Alpspitz (insgesamt ca. 225 Hm, hin und zurück ca. 1.15 Std.).

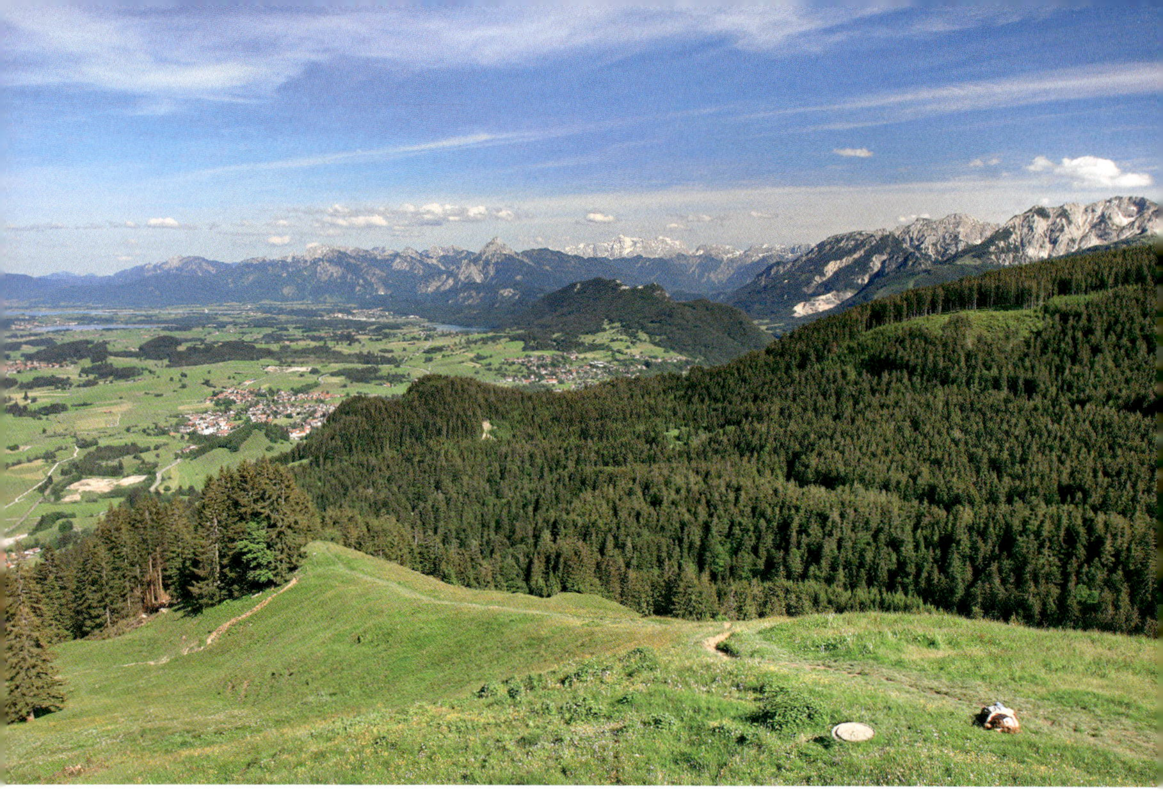

Weitblick von der Kappeler Alp hinüber ins Ostallgäu

»Wasserfall«) und hinüber zur schmucken Unteren Alm. Vor der Hütte halten wir uns rechts und steigen über einen Wiesenweg (Richtung »Ruine Nesselburg«) und dann steil im Wald bergab. Kurz hinter der versteckt im Wald liegenden Ruine der Nesselburg treffen wir auf einen schmalen Weg, auf dem wir – oberhalb des Baches – rechts nach Nesselwang gelangen könnten.

Der schönere Weg verläuft allerdings direkt am Wasser – und am Wasserfall – entlang. Um diesen zu erreichen, wenden wir uns nach links, gehen wieder etwas bergaufwärts, stoßen nach 200 Metern auf eine Holzbrücke und wechseln auf die gegenüberliegende Bachseite. Ein hübscher Weg erwartet uns, ganz gemütlich, rechts neben uns plätschert der Bach vor sich hin, bis es unerwartet steil bergab geht und wir neben einem spektakulären Wasserfall über Treppenstufen absteigen.

Über den Kappeler Höhenweg Kurz darauf ist der eigentliche Tobelweg zu Ende, wir queren aufs linke Bachufer und wandern noch etwa 500 Meter am Bach entlang abwärts. Und biegen dann in den Kappeler Höhenweg ein. Mal am Waldrand entlang, mal im Wald und später wieder etwas ansteigend geht es zurück zum Ausgangspunkt.

Vilsalpsee und Bergaicht-Wasserfall

28

Traumziele im Tannheimer Tal

Der Bergaicht-Wasserfall ist ein hoher Wasserfall im imposanten Talschluss des Vilstales. Dessen Höhepunkt ist aber zweifellos der herrliche Vilsalpsee mit seiner fast fjordartigen Landschaft und hohen Berggipfeln als imposante Kulisse. Eine abwechslungsreiche Runde voll wunderschöner Eindrücke.

Leicht | 7,0 km | 150 Hm | 2.30 Std.

Tourencharakter
Um den See herum breite, ebene Wege. Jenseits der Vilsalpe grobe Schotterpfade, alpiner und holpriger. Am Talende muss ein Bach durchwatet werden (sofern man nicht auf demselben Weg zurückkehren will). Dort halten sich Schneereste bis weit in den Frühsommer hinein.

Ausgangs-/Endpunkt
Tannheim, Parkplatz der Neunerköpfle-Seilbahn, 1100 m

Anfahrt
ÖPNV: Bus Reutte–Tannheim–Oberjoch ca. alle 60 bis 90 Min; von Pfronten Tälerbus (alle 2 Std.) nach Tannheim, Bushaltestelle Kreisverkehr. Auto: Die Zufahrtstraße zum Vilsalpsee ist von 10 bis 17 Uhr für Autos gesperrt. Dann ist der Ausgangspunkt der Parkplatz der Neunerköpflebahn. Von dort Bus-Pendelverkehr zum Vilsalpsee (zu Stoßzeiten 3-mal/Std., sonst stündlich); zudem verkehrt die kleine Touristenbahn »Alpenexpress« (Navi: A-6675 Tannheim, Bergbahnweg).

Einkehr
Vilsalpe (1178 m); Fischerstube am Vilsalpsee (1167 m) und Gasthof Vilsalpsee (Abriss und Neubau im Jahr 2022) am Nordufer beim Parkplatz

Zum herrlichen Vilsalpsee Der Vilsalpsee liegt gut vier Kilometer südlich von Tannheim in einem Seitental. Für die Strecke zwischen Tannheim (1100 m) und Seeufer (1165 m) bieten sich mehrere Varianten an: Wer vor 10 Uhr anreist, darf mit dem Auto bis zum See fahren, danach geht es vom großen Parkplatz in Tannheim entweder per Pendelbus, Touristenbähnle, Kutsche, Fahrrad oder zu Fuß. Für Fußgänger verläuft der Weg teils auf der – dann weitgehend autofreien – Straße, teils auf einem parallel dazu verlaufenden Wanderweg.

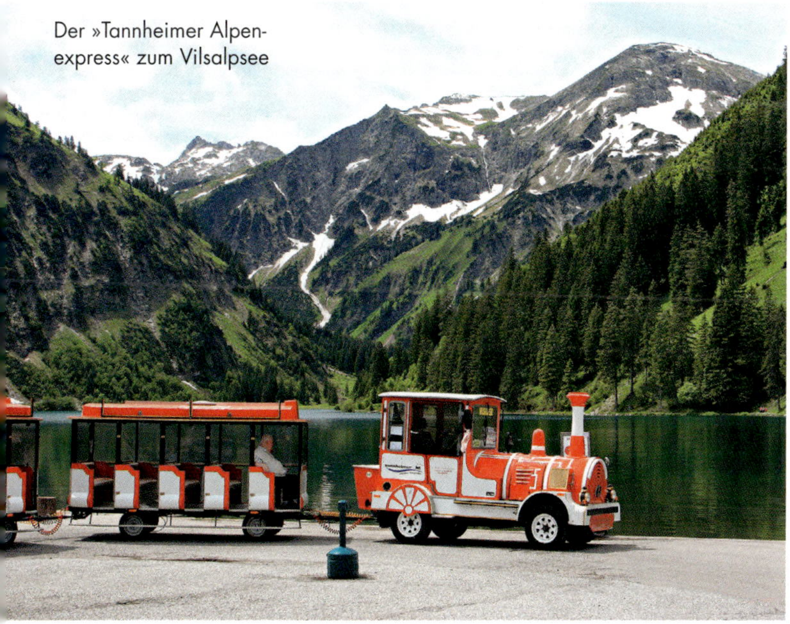

Der »Tannheimer Alpenexpress« zum Vilsalpsee

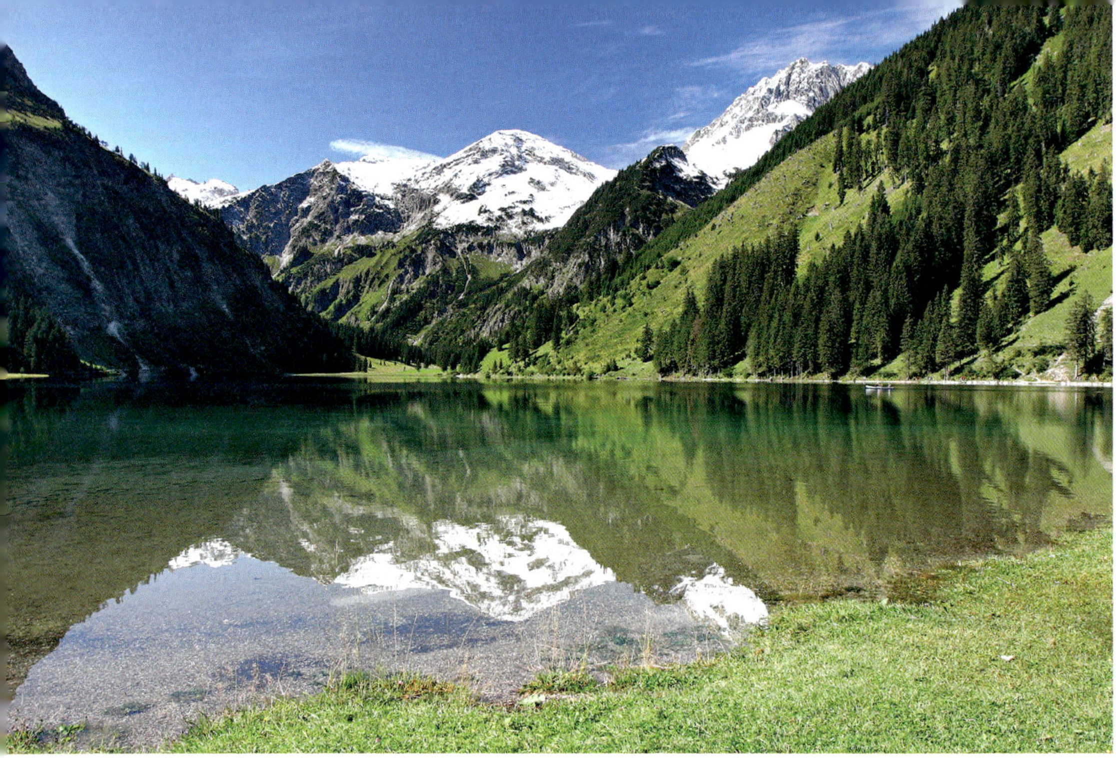

Der herrliche Vilsalpsee vor majestätischer Bergkulisse

Am Nordufer des Vilsalpsees rund um die beiden Gasthäuser ist immer recht viel Betrieb, trotzdem herrscht eine ganz angenehme Stimmung, was natürlich auch an der großartigen Szenerie liegt mit dem tiefblauen Wasser und den hohen Bergen im weiten Rund. Wir wandern linksherum um den See, durchstreifen die weiten Wiesen, die sich auf seiner Nordseite ausdehnen, und laufen auf breitem Schotterweg meist recht ufernah taleinwärts. Am südwestlichen Ende des Sees erstreckt sich eine weite Wiesenebene mit der hübschen Vilsalpe (1182 m), die von den mächtigen Felswänden des Rauhhorns überragt wird.

Felssturz am Vilsalpsee

Neben dem schönen See zieht auch eine mächtige »Narbe« die Blicke der Besucher auf sich: Im Jahr 2012 ereignete sich auf der Ostseite des Tales ein gewaltiger Bergsturz und so recht können die Verantwortlichen angesichts der steilen Flanken keine endgültige Entwarnung geben. Je nach aktueller Einschätzung sind Bereiche des Tales gesperrt und Wanderer werden umgeleitet.

Zum Bergaicht-Wasserfall Bei der Vilsalpe beginnt ein Rundweg zum Wasserfall im Talschluss. Wir lassen die lieblichen Almwiesen hinter uns und tauchen recht abrupt in eine ziemlich wilde, alpine Landschaft ein. Knapp 200 Meter hinter der Hütte gabelt sich der Weg, wir halten uns rechts. Wir durchqueren auf einem etwas holprigen Weg eine Landschaft mit wild durcheinandergewürfelt herumliegenden großen Felsbrocken, zwischen denen sich kleine Bäche hindurchschlängeln.

Dann wird der Blick frei auf den steilen Felsschluss des Tales, von dem der hohe Bergaicht-Wasserfall hinabstürzt. Der Weg wird schmaler windet sich allmählich einen Hang hinauf, es wird schottriger und vereinzelt tauchen Latschen und Erlen auf, bis wir auf den Bach stoßen, der vom Wasserfall gespeist wird (1260 m).

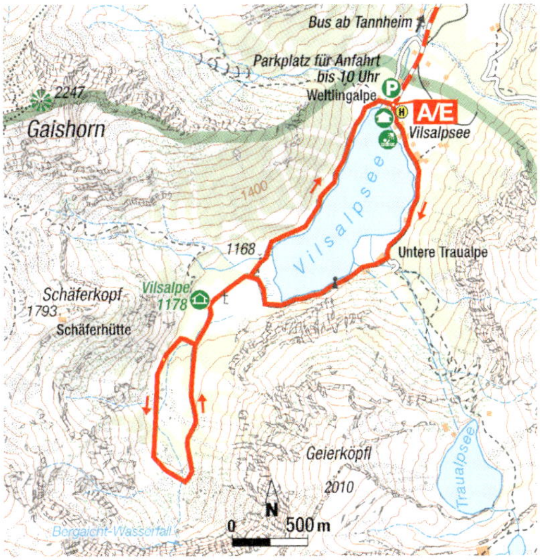

Zurück zum Vilsalpsee Mangels Steg oder Brücke müssen wir den Bach auf den großen Steinen überqueren, was aber meistens keinerlei Probleme darstellt. Wem das etwas zu wacklig ist, der geht am besten denselben Weg zurück (der im Grunde auch schöner ist). Ansonsten gelangt man auf der gegenüberliegenden Bachseite auf einem breiten Schotterweg durch dichten Kiefernwald zurück zur Vilsalpe. Kurz hinter der Hütte halten wir uns diesmal links und wandern auf dem schönen (fahrradfreien) Weg am westlichen Ufer des Sees entlang zurück zum Nordufer mit den beiden Gashäusern. Für die Rückkehr nach Tannheim haben wir dann wieder die Qual der Wahl.

Der Bergaicht-Wasserfall stürzt im Talschluss hinab.

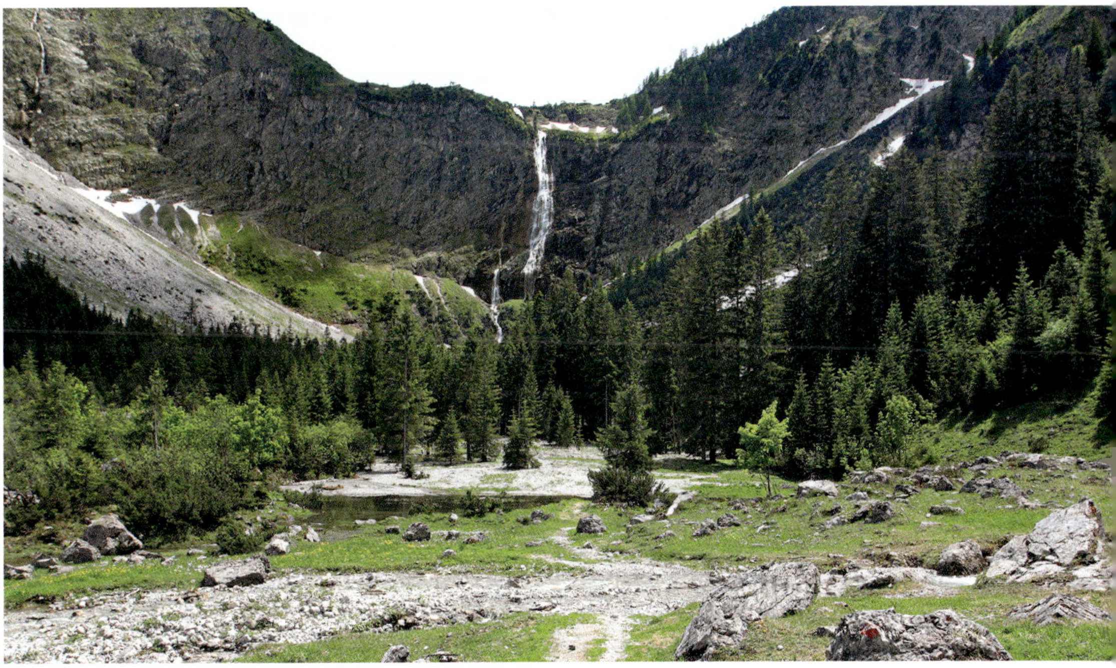

29 Pöllatschlucht und Alpsee

Herrliche Wasserziele bei Schloss Neuschwanstein

Mittel	10,5 km	325 Hm	3.45 Std.

Tourencharakter
Am Seeufer leichte Wege, in der Pöllatschlucht teils steil.

Ausgangs-/Endpunkt
Hohenschwangau, 808 m, ca. 3 km südöstlich von Füssen, Parkplätze bei den Königsschlössern

Anfahrt
ÖPNV: Busse ab Füssen (Bhf.) ca. stündlich.
Auto: Über die B 16 bzw. B 17, immer den Schildern »Königsschlössern« folgen; in Hohenschwangau ausreichend Parkplätze gleich am Beginn der »Touristenmeile« (Navi: 87645 Hohenschwangau, Alpseestraße 1).

Einkehr
Am Touranfang/-ende große Auswahl an Gastronomie in Hohenschwangau

Schloss Neuschwanstein zieht die Touristen in Massen an. Umso erstaunlicher ist es, dass es in unmittelbarer Nähe des »Märchenschlosses« von König Ludwig II. einige recht einsame Naturziele zu entdecken gibt: Auf dieser Tour erkunden wir die imposante Pöllatschlucht sowie den in weiten Bereichen sehr stillen Alpsee.

Durch die wilde Pöllatschlucht Vom Parkplatz am vorderen Kreisel in Hohenschwangau (808 m) folgen wir einem breiten Weg, der ebenerdig am Fuß des bewaldeten Steilhangs in nordöstlicher Richtung verläuft und nach gut 15 Minuten eine alte Gipsmühle sowie die Pöllat erreicht. Dort wenden wir uns nach rechts und erreichen sogleich die enge Pöllatschlucht.

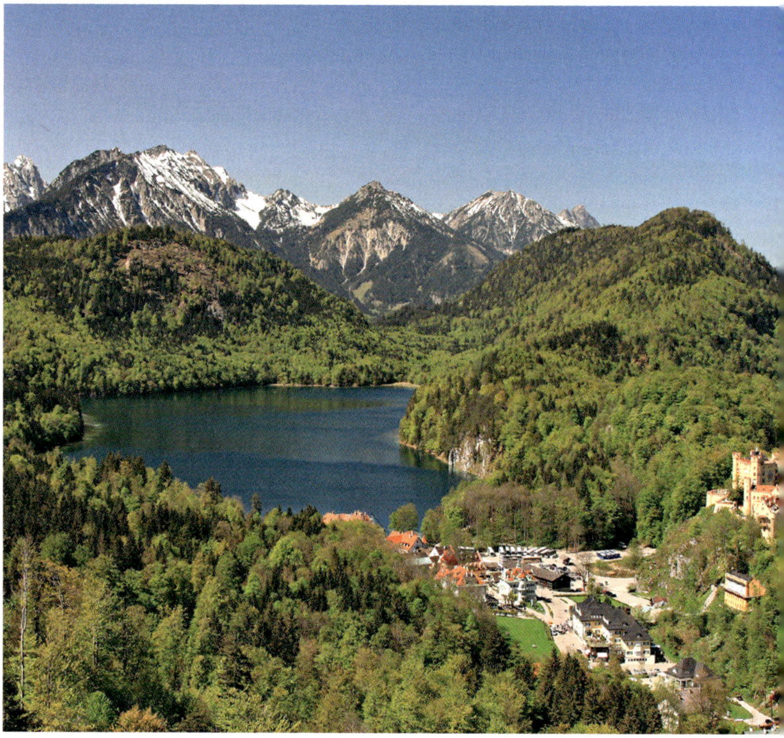

Tiefblick auf den Alpsee und Schloss Hohenschwangau

Auf einem Eisensteg entlang einer hohen, senkrechten Felswand steigen wir oberhalb der wild rauschenden Pöllat bergwärts. Wir passieren einen hübschen Abschnitt mit seichtem Wasser sowie kurz darauf einen beeindruckenden Wasserfall – direkt unterhalb der Marienbrücke gelegen, die hoch oben die enge Schlucht überspannt. Nach einem weiteren Anstieg über einige Treppenstufen stehen wir schließlich auf einem breiten, meist von unzähligen Touristen bevölkerten Teerweg knapp oberhalb von Schloss Neuschwanstein, das nach rechts in einigen Minuten zu erreichen ist.

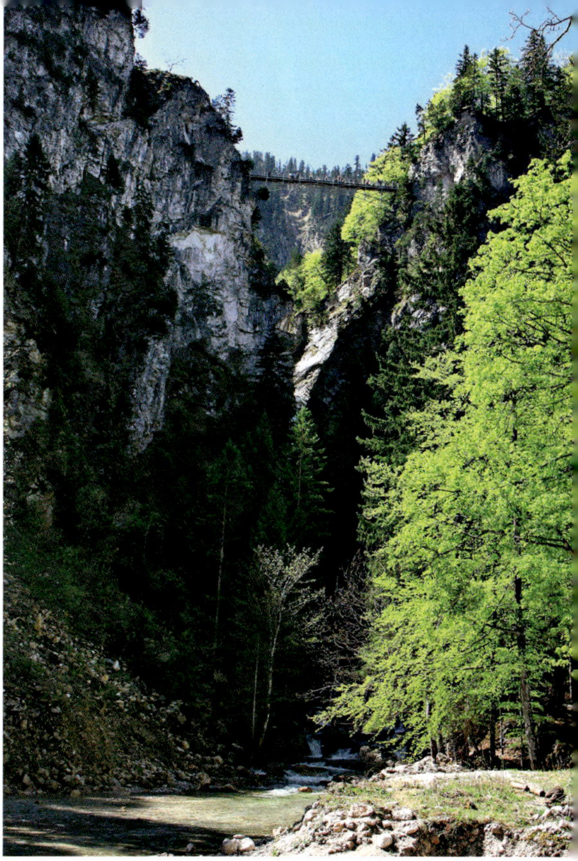

Die Marienbrücke überspannt die tiefe Pöllatschlucht.

Zum schönen Alpsee Wir halten uns hier links und steigen, vorbei am schönen Aussichtspunkt »Jugend« mit weitem Blick über den Alpsee, Schloss Hohenschwangau sowie die Tannheimer Berge, zu einer Bushaltestelle (990 m) hinauf. Von dort führt ein kurzer Abstecher zur Marienbrücke mit viel Gedränge, aber herrlichem Schlossblick. Zurück an der Bushaltestelle und der Wegkreuzung folgen wir der mittleren von drei Straßen (Aufstieg Richtung Säuling) ca. 250 Meter bergwärts und biegen dann rechts in den Oberen Winterzugweg ein. Auf diesem wandern wir immer geradeaus in südwestlicher Richtung, wobei wir in leichtem Auf und Ab einen bewaldeten Steilhang queren.

Nach gut 45 Minuten, hinter der sogenannten Marienbuche (949 m), steigen wir steil zum Südwestufer des Alpsees ab (817 m). Dort halten wir uns links und spazieren auf einen schönen Uferweg hinüber zum Westzipfel mit einem Gedenkstein und schönem Picknickplatz am Wasser. Richtung Osten über den See haben wir einen schönen Blick auf Säuling und das ferne Schloss Neuschwanstein. Anschließend wandern wir am Nordufer des Alpsees wieder zurück nach Hohenschwangau bzw. zum Parkplatz.

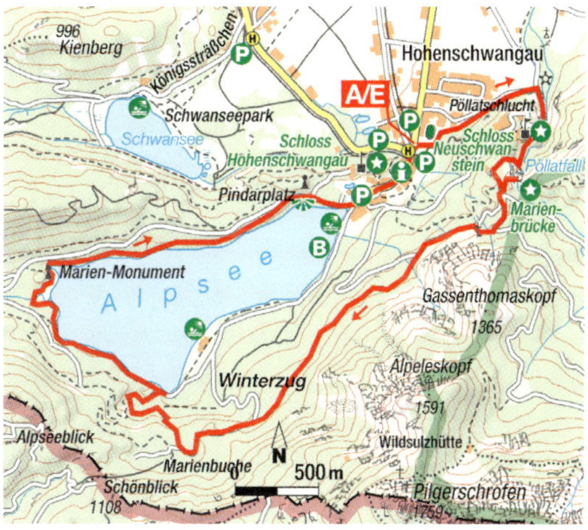

30 Vom Buchenberg zur Kenzenhütte

Tobel und Wasserfälle im Ammergebirge

Mittel | 11,1 km | 650/200 Hm | 4.15 Std.

Tourencharakter
Überwiegend breite Schotterwege, teils schmalere Pfade in den Tobeln.

Ausgangs-/Endpunkt
Halblech, Parkplatz Kenzenbus, 830 m

Anfahrt
ÖPNV: Busse Füssen–Steingaden alle 1 bis 2 Stunden, Bushaltestelle Halblech; von dort ca. 500 m Fußweg zum Ausgangspunkt. Oder Start in Buching, Haltestelle Ortsmitte. Auto: Halblech liegt an der B 17; Parkplatz und Kenzenhütte-Pendelbus-Haltestelle am südöstlichen Ortsrand direkt am Halblech. Von Füssen kommend ca. 500 m vor dem Ort Halblech rechts in den Mühlenweg und noch ca. 500 m zum Parkplatz; von Norden kommend am Ortsende, vor der Halblech-Brücke, links in die Straße Am Mühlbach (Navi: 87642 Halblech, Mühlweg).

Endpunkt
Kenzenhütte (1294 m); Rückfahrt mit Kenzenbus, Mitte Mai bis Mitte Oktober stündlich bis ca. 17:30 Uhr und nach Bedarf, Info: Tel. +49 8368-550 od. -285, www.halblech.de/kenzenhuette.html

Einkehr
Buchenbergalm (1140 m); Kenzenhütte (1294 m)

Diese recht lange Streckenwanderung führt uns tief hinein in das Ammergebirge mit vielen Wasserzielen unterwegs. Über den Bachweg steigen wir auf den Buchenberg, schöne Uferwege führen entlang von Stauseen und durch kleine Tobel, und am Ziel wartet neben der Kenzenhütte ein eindrucksvoller Wasserfall.

Aufstieg zum Buchenberg Vom Parkplatz (830 m) folgen wir der Zufahrtstraße ca. 500 Meter westwärts bis fast zur Bundesstraße. Dort halten wir uns scharf links und kurze Zeit später rechts, dann schnurgerade in den Ort Buching hinein. Dort geht es die zweite Querstraße links, nach 50 Metern schräg rechts und gleich wieder links in die schmale Straße »Am Steig«. Auf dieser erreichen wir – immer ungefähr geradeaus leicht ansteigend – den oberen Ortsrand. Auf einer Schotterstraße geht es stetig ansteigend einen Wiesenhang hinauf, bis wir die Straße links verlassen und in einen schmalen, bewaldeten Taleinschnitt eintauchen. Wir queren einen Bach und wandern dann am munter plätschernden Wasser entlang aufwärts.

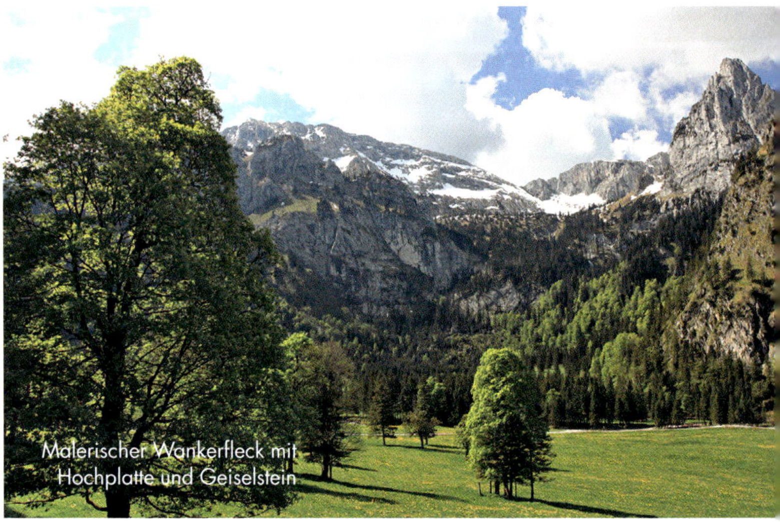

Malerischer Wankerfleck mit Hochplatte und Geiselstein

Zum Ende erwarten uns einige steilere Serpentinen, dann haben wir einen breiten Kamm erreicht und kurz darauf auch die Buchenbergalm sowie die Lift-Bergstation (1140 m). So unscheinbar der recht niedrige Gipfel von unten wirkt, so überraschend ist die Aussicht, die sich oben bietet. Forggensee und Bannwaldsee in ihrer ganzen Pracht breiten sich zu unseren Füßen aus, in der Ferne reihen sich die Gipfel der Tannheimer Berge aneinander. Richtung Osten schauen wir hinein ins nördliche Ammergebirge mit seinen dicht bewaldeten Kämmen und Bergrücken, aus denen – weit im Süden – einige helle Felsgipfel herausragen.

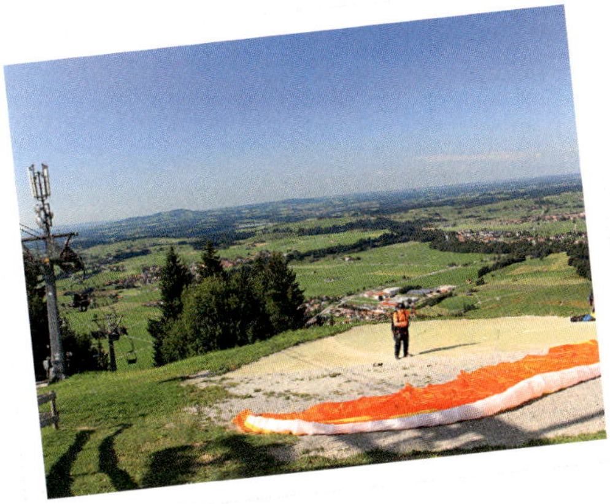

Der Buchenberg ist auch bei Paraglidern beliebt.

Auf stillen Wegen hinein ins Ammergebirge

Wir folgen nun einer breiten Schotterstraße wenige Minuten abwärts bis zur tiefsten Stelle, biegen dort rechts ab, bringen ein kurzes Waldstück hinter uns, halten uns am folgenden Abzweig links, um dann am Rande einer Feuchtwiese leicht abwärtszuwandern. Vor uns liegt eine kleine, aber feine Hochfläche mit schönen Wiesen und Mooren. An einem breiten Schotterweg wenden wir uns nach rechts und steigen kurz leicht bergan. Am höchsten Punkt biegen wir links in einen hübschen Waldweg ein. Rechts, tief unter uns, rauscht der Tiefenbach, zu dem wir – einem Wegweiser zur Kenzenhütte folgend – absteigen.

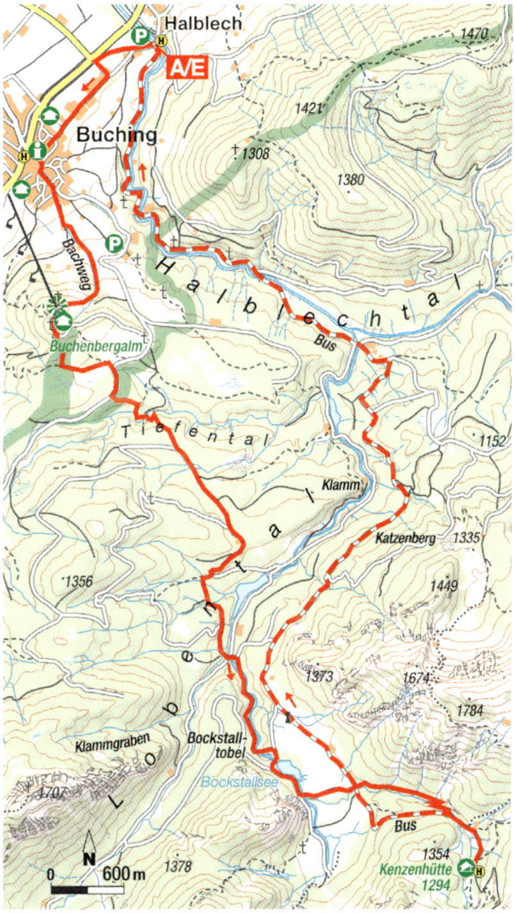

Auf der anderen Bachseite geht es wieder kurz und steil bergauf bis zu einem weiteren breiten Wirtschaftsweg, dort links und ohne nennenswertes Auf und Ab durch dichten Wald südwärts. In einer scharfen Linkskurve verlassen wir den Wirtschaftsweg, biegen rechts in einen schmaleren Waldweg ein, um nach 300 Metern erneut auf einen

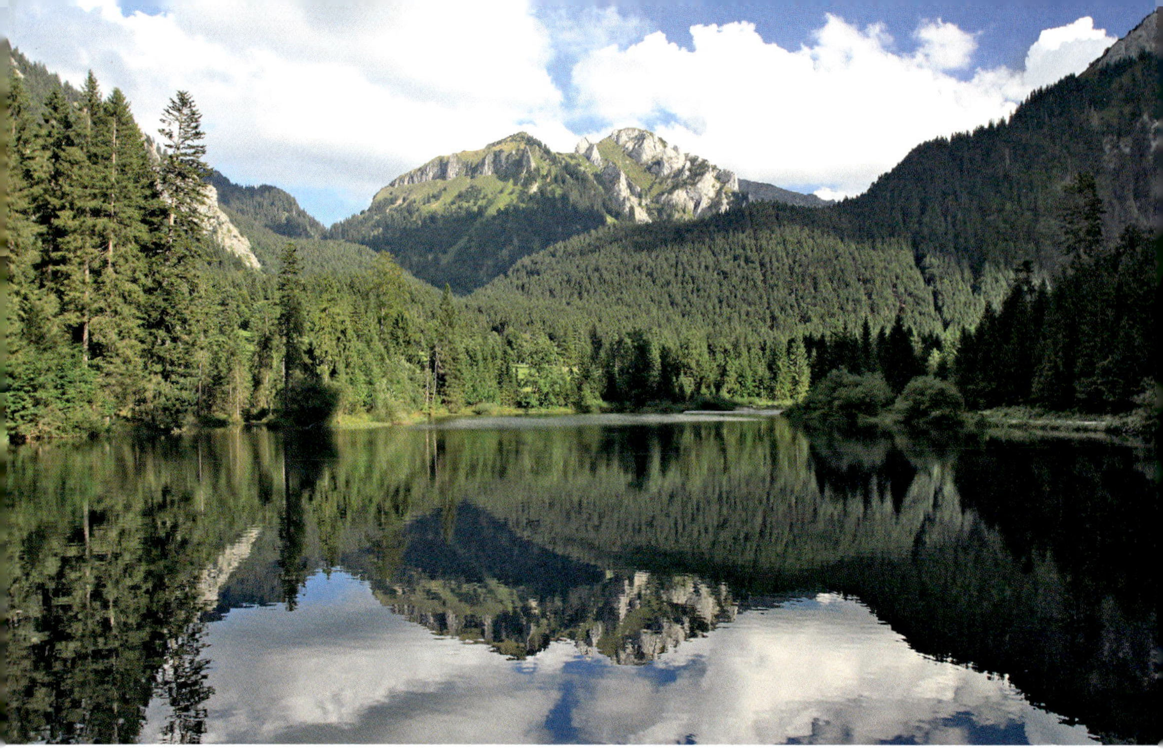

Am stillen Bockstall-Stausee

breiten Schotterweg zu treffen. Auf diesem wandern wir leicht bergab weiter, bis wir am Zusammenfluss von Lobentalbach und Bockstallbach beide Wasserläufe überqueren. Hinter der zweiten Brücke biegen wir sofort rechts ab, folgen dem Bachlauf, wechseln erneut auf die gegenüberliegende Bachseite und steigen nun durch den schmalen Bockstalltobel talaufwärts. An dessen oberen Ende erwartet uns ein hübscher, kleiner Stausee (1130 m). Am rechten Ufer entlang erreichen wir kurze Zeit später die weiten, offenen Wiesen des Wankerflecks.

Vom Wankerfleck zur Kenzenhütte Eine wunderbar idyllische Landschaft liegt vor uns: die sonnige Ebene, gespickt mit uralten Ahornbäumen und zur Rechten überragt von der steilen Nordwand der Hochplatte. Es ist eine wahre Freude, über diese Wiesen zu schlendern, und bald rückt rechts hinter uns auch die beeindruckende Kalkspitze des Geiselsteins ins Blickfeld. In der Nähe einer fotogenen Kapelle überqueren wir die Fahrstraße und wandern am linken Ufer des Kenzenbaches weiter stromaufwärts. Unterhalb eines wild schäumenden Wasserfalls queren wir den Bach und steigen auf der gegenüberliegenden Seite auf einem schmalen Waldweg wenige Minuten aufwärts, bis wir wieder auf die Fahrstraße stoßen. Auf dieser erreichen wir schließlich nach einem ca. 500 Meter langen, letzten Anstieg

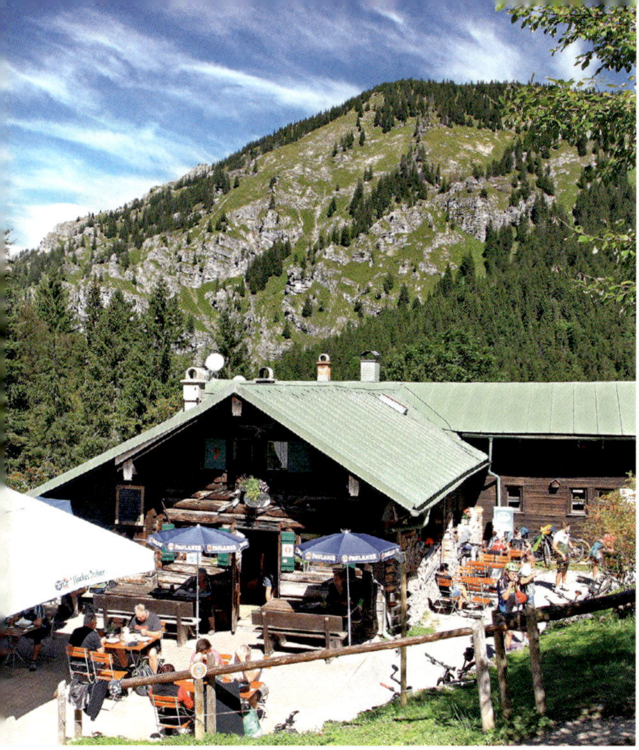

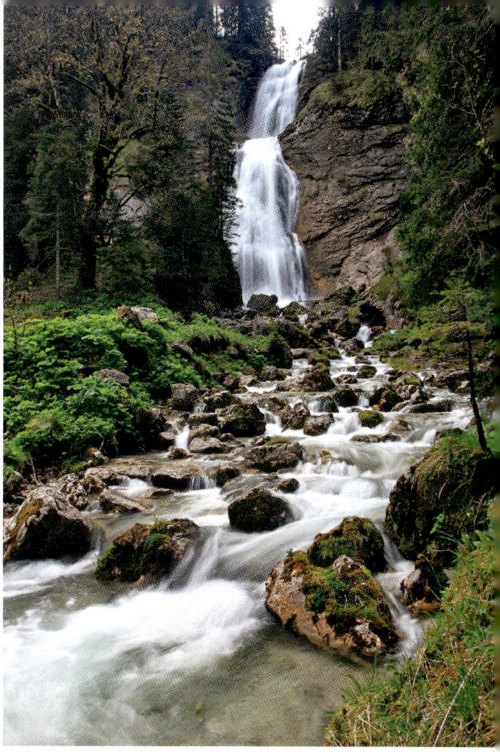

Der Kenzenwasserfall ist ein lohnender Abstecher von der Kenzenhütte.

Links: Am Ziel wartet die Kenzenhütte.

die Kenzenhütte (1294 m), die im bewaldeten Talschluss zwar wenig Aussicht, aber eine gemütliche Sonnenterrasse und hoch aufragende Gipfel ringsherum bietet.

Zum Abschluss wartet am Ende eines etwa fünfminütigen, leichten Abstechers hinter der Hütte noch ein hoher Wasserfall auf uns. Der Rückweg von der Kenzenhütte zum Wanderparkplatz am Halblech erfolgt dann mit dem mindestens stündlich verkehrenden Pendelbus.

Das Ammergebirge

Im Südosten wird das Ostallgäu von den Ammergauer Alpen, auch Ammergebirge genannt, begrenzt. Das etwa 630 Quadratkilometer umfassenden Gebiet erstreckt sich über Tirol sowie die beiden bayerischen Landkreise Ostallgäu und Garmisch-Partenkirchen. Fast der gesamte deutsche Anteil steht unter Naturschutz – das größte Naturschutzgebiet Bayerns. Das Ammergebirge war über Jahrhunderte königliches Jagdrevier, blieb deshalb fast komplett unbesiedelt und wurde – ungewöhnlich für das Allgäu – kaum almwirtschaftlich genutzt. Deshalb ist es heute großflächig von dichtem Wald bedeckt (Info: www.ammergauer-alpen.de).

Zugabe

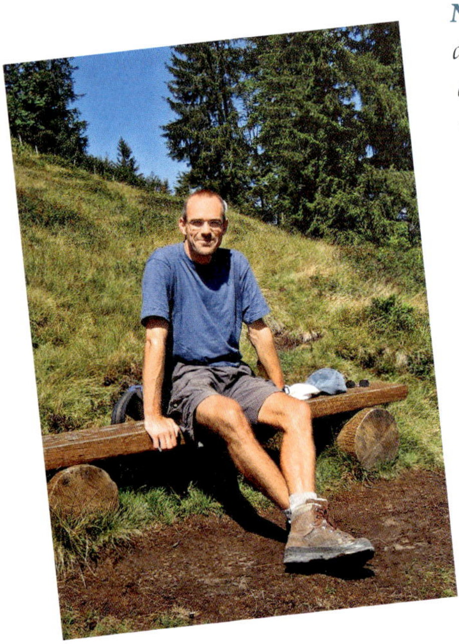

Natur und Kulturlandschaft *Das Allgäu ist eine der schönsten Naturlandschaften Deutschlands. Allerdings hat natürlich auch im Allgäu der Mensch über viele Jahrhunderte das Land bewirtschaftet und genutzt und eine Kulturlandschaft geschaffen, die nicht nur die gesamten Täler, sondern auch - durch die Almwirtschaft - die Berge bis in die Kammregionen umfasst.*

Täler und Tobel *Die steilen Tobel und felsigen Klammen hingegen haben sich teilweise bis zum heutigen Tag jeglichen gravierenden Eingriffen entzogen und strahlen in vielen Bereichen eine ungezähmte Wildheit aus, die man in Deutschland in der Form kaum noch vermutet. Neben den spektakulären Klammen und felsdurchsetzten Tobeln gehören zum Allgäu-Repertoire natürlich auch idyllische, stille Taleinschnitte mit hellen Mischwäldern und munter dahinplätschernden Bächen.*

Jenseits der Touristenpfade *Für Abwechslung ist also gesorgt und jeder Tobel hat seinen ganz eigenen Charakter. Für mich persönlich ist auch nach so vielen Jahren immer wieder überraschend, dass es neben den vielen bekannten, in keinem Wander- und Reiseführer fehlenden und teilweise arg überlaufenen Tobel-Highlights wie Breitachklamm oder Eistobel so viele andere besuchenswerte Tobel im Allgäu gibt, in denen man unterwegs oft mehr Wasseramseln als Wanderer antrifft.*

Es gibt also viel zu entdecken in dieser schönen Ecke Bayerns!

Gerald Schwabe

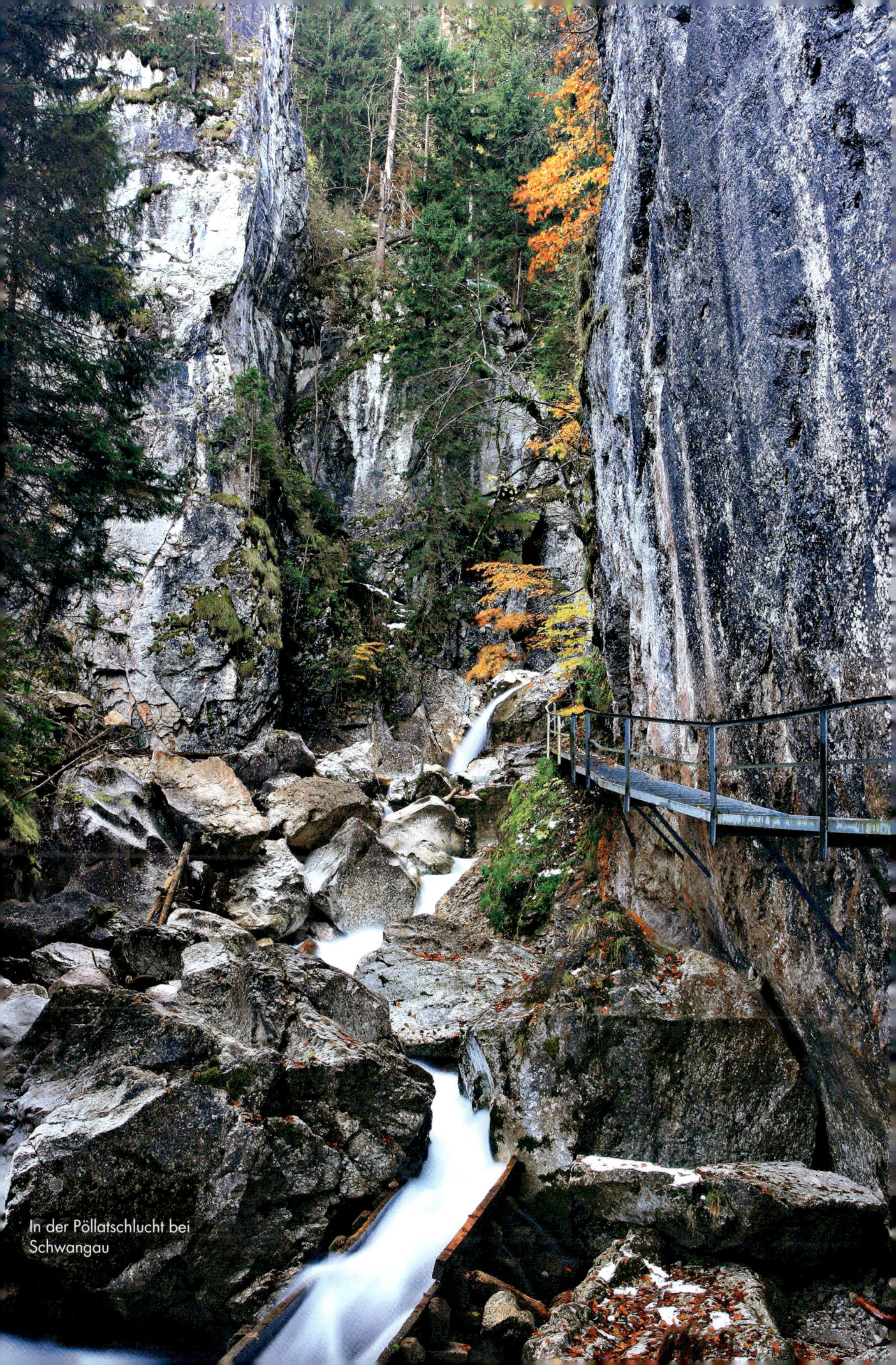

In der Pöllatschlucht bei Schwangau

Register

Impressum

Verantwortlich: Sabine Klingan
Redaktion, Lektorat und Layout: Christian Steinmaßl
Repro: P.R.O.Medien
Kartografie: Bruckmann Verlag GmbH, Heidi Schmalfuß
Herstellung: Bettina Schippel
Printed in Slovenia by Florjancic

★★★★★

Sind Sie mit diesem Titel zufrieden? Dann würden wir uns über Ihre Weiterempfehlung freuen. Erzählen Sie es im Freundeskreis, berichten Sie Ihrem Buchhändler, oder bewerten Sie bei Onlinekauf. Und wenn Sie Kritik, Korrekturen, Aktualisierungen haben, freuen wir uns über Ihre Nachricht an den J. Berg Verlag, Postfach 40 02 09, D-80702 München oder per E-Mail an lektorat@verlagshaus.de.

Unser komplettes Programm finden Sie unter www.j-berg-verlag.de

In diesem Buch wird aus Gründen der besseren Lesbarkeit das generische Maskulinum verwendet. Weibliche und anderweitige Geschlechteridentitäten werden dabei ausdrücklich mitgemeint, soweit es für die Aussage erforderlich ist.

Empfehlung der Redaktion
Sie sind auf der Suche nach weiterführender Literatur? Dann empfehlen wir Ihnen den Titel »Wilde Wasserfälle und Klammen in den Bayerischen Hausbergen« von Lisa und Wilfried Bahnmüller. Oder Sie werfen einen Blick in die Zeitschrift »BERGSTEIGER«. Hier werden Sie bestimmt fündig.

Bildnachweis: Alle Bilder stammen vom Autor.
Umschlagvorderseite: Im Haldertobel (Tour 12)
Umschlagrückseite: An der Ostrach (Tour 23)

Die Deutsche Nationalbibliothek verzeichnet diese Publikation in der Deutschen Nationalbibliografie; detaillierte bibliografische Daten sind im Internet über http://dnb.d-nb.de abrufbar.

ISBN 978-3-86246-828-7